呻吟语

〔明〕吕坤◎著

周永安 杨承清◎解译

全鉴

中国纺织出版社有限公司 | 国家一级出版社
全国百佳图书出版单位

内 容 提 要

本书由明末著名思想家、学者，时任山西巡抚吕坤著，是一部语录体著作，刊刻于明万历二十一年。全书共六卷，前三卷为内篇，计有《性命》《存心》《伦理》《谈道》等八篇；后三卷为外篇，共有《天地》《世运》《圣贤》等九篇。书中数千条含意深刻、富有哲理的语录，和我们谈人生、谈哲理、抨时弊，内容涉及人生修养、处世原则、兴邦治国、养生之道，乃至自然社会，可以说是一部提高个人心性修养和智慧见识的实用百科全书。其行文中时常出现的警言妙语、真知灼见让人拍案叫绝。

图书在版编目（CIP）数据

呻吟语全鉴 / （明）吕坤著；周永安，杨承清解译. --北京：中国纺织出版社有限公司，2022.6
ISBN 978-7-5180-9323-6

Ⅰ. ①呻… Ⅱ. ①吕… ②周… ③杨… Ⅲ. ①人生哲学—中国—明代 Ⅳ. ①B248.92

中国版本图书馆CIP数据核字（2022）第014974号

策划编辑：于磊岚　　　特约编辑：金　华
责任校对：高　涵　　　责任印制：储志伟

中国纺织出版社有限公司出版发行
地址：北京市朝阳区百子湾东里 A407 号楼　邮政编码：100124
销售电话：010—67004422　传真：010—87155801
http://www.c-textilep.com
中国纺织出版社天猫旗舰店
官方微博 http://weibo.com/2119887771
佳兴达印刷（天津）有限公司印刷　各地新华书店经销
2022 年 6 月第 1 版第 1 次印刷
开本：710×1000　1/16　印张：20
字数：219 千字　定价：48.00 元

凡购本书，如有缺页、倒页、脱页，由本社图书营销中心调换

经典古籍，往往蕴含着人生大智慧。所以，很多人对其追崇不止。《呻吟语》就是因充满人生大智慧而被无数人追崇的一部国学经典，是和《菜根谭》《小窗幽记》《围炉夜话》齐名的处世奇书。

作者吕坤，字叔简，号心吾、新吾，晚号抱独居士，明代归德府宁陵（今河南商丘宁陵县）吕大庄人，明朝文学家、思想家。吕坤刚正不阿，为政清廉，他与沈鲤、郭正域被誉为明万历年间天下"三大贤"。他用简明的语录形式，针对明朝后期由盛转衰出现的各种社会弊病，提出了兴利除弊、励精图治的种种主张，并阐述了自己对修身养性、人情世故等方面的心得体会和见解，是难得的警世肺腑之言。《呻吟语》以儒家的正统思想作为基础和立足点，同时又吸纳融合了道家、墨家、法家、阴阳家等诸子百家的思想精华，结合自己的认识和思考，阐述了作者的观点和主张，金句纷呈。今天的人们，慰藉心灵也好，为人处世也好，一定能够从中找到自己所需要的存世良方。

如在修身养性方面，作者认为一个人无论处于什么样的地位，扮演着什么角色，都要加强自身的修养，在言行举止上都要谨慎而为，如此才能有所成就；在为人处世方面，作者提出了多个观点和原则，如宽容大度、留有余地、与人无争、谦虚退让等，只有这样才能避免在与人交往中遇到障碍……不仅如此，在持家育人、求学、治理政事乃至在自然和社会的关系上，作者都有自己的独到见解。作者从十几个不同的侧面展示了自己的体会和心得，或是人生经验的总结，或是深思熟虑的格言，读这样的书，你就像听一位厚道正直的长者娓娓而谈，亲切有趣，个中意味使人回味无穷。可以说，《呻吟语》中的很多人生观点和处世方法是对中华民族优良传统的弘扬，体现了中国古代优秀知识分子的本质特征，值得今人去继承、弘扬。

《呻吟语全鉴》在保留原著完整内容的基础上，为生僻字注音，对生僻难解的词加以注释，并在"内文导读"版块对各章节进行解析，引导读者阅读和理解原著内容，最大限度地汲取国学中的精神营养。

解译者

2021 年 10 月

内文导读

作者所说的"病",一是指他自己内心的痛苦与困惑；二是指社会现实所存在的种种不足与弊端；三是指当时人们思想修养的缺失或导向偏离。当然，作者说明自己的多"病"，也包含了对自己多"病"而不能引以为戒的自责或自嘲。

作者所体验到的苦痛，世人难以理解，甚至在这苦痛过去之后连自己也会淡忘，因此要记下来；记下之后，带在身边用以提醒自己、疗救自己；以自身的感受和反思来警醒世人、疗救世人。

作者借着对刘景泽"医予"的感激，委婉地表达出对《呻吟语》能有益于世人的期盼。此句作为原序的结尾，凝聚了作者对自身境遇的无穷感慨，也传达出作者对所肩负的社会责任的不放弃。

呻吟，病声也。呻吟语，病时疾痛语也。病中疾痛，惟病者知，难与他人道，亦惟病时觉，既愈，旋复忘也。

予小子生而昏弱善病，病时呻吟，辄志所苦以自恨曰："慎疾，无复病。"已而弗慎，又复病，辄又志之。盖百病备经，不可胜志。一病数经，竟不能惩。语曰："三折肱成良医。"予乃九折臂矣。瘰瘤年年，呻吟犹昨。嗟嗟！多病无完身，久病无完气，予奄奄视息，而人也哉！

三十年来，所志《呻吟语》凡若干卷，携以自药。司农大夫刘景泽摄心缮性，平生无所呻吟，予甚爱之。顷共事雁门，各谈所苦，予出《呻吟语》视景泽。景泽曰："吾亦有所呻吟而未之志也。吾人之病，大都相同，子既志之矣，盍以公人？盖三益焉：医病者，见子呻吟，起将死病；同病者，见子呻吟，医各有病；未病者，见子呻吟，谨未然病。是子以一身示惩于天下，而所寿者众也。即子不愈，能以愈人，不既多乎？"余矍然曰："病语狂，又以其狂者惑人闻听，可乎？"因择其狂而未甚者存之。呜呼！使予视息苟存，当求三年艾，健此余生，何敢以痼痼自弃？景泽，景泽，其尚医予也夫！

万历癸巳三月，抱独居士宁陵吕坤书。

内文导读

　　古代的"礼"，最初是指宗教祭祀中的规矩，又历夏、商、周三代而形成一套典章制度，再后来，历经孔子及其追随者，以及孟子及后代的儒家不断充实其内容，要求社会秩序是贵贱、尊卑、长幼、亲疏有别，人们的生活方式和行为符合他们在家族内的身份和社会、政治地位，不同的身份有不同的行为规范，这就是礼——是古人极其尊崇的道德规范。

　　礼，主要指德育。本卷虽然是"礼集"，似乎应该阐述"礼"，而"礼"具有极强的形式化的特点，中国很多古代经典往往都是从形式上阐述"礼"，如《孔子家语》《周礼》等。但是，作者在这里对"礼"的形式丝毫没有阐述，而是着笔于人的内在和精神层面，从"生命""涵养""人伦"和"道"四个方面深层次地去解剖"礼"，从本质上对人进行教化和点拨，不仅对古人，就是对现代人来说，也是一份丰厚的道德给养。

性命

内文导读

本章作者从唯物主义角度，对生命的本质和原理提出见解，是十分可贵的；作者从气质和精神的角度，对生命的质量方面给出标准，对生命质量的提升提出自己的看法，是十分独特的。

中国古人像这样对生命本质的探讨可谓是少之又少，虽然这里对生命的解读比较零碎，也不全面，不成系统，但却体现了中国古人对生命的独特认识。

正命者，完却正理，全却初气，未尝以我害之，虽桎梏①而死，不害其为正命。若初气凿丧②，正理不完，即正寝告终，恐非正命也。

德性以收敛沉着为第一，收敛沉着中又以精明平易为第一。大段收敛沉着人怕含糊，怕深险。浅浮子虽光明洞达，非蓄德之器也。

或问："人将死而见鬼神，真耶？幻耶？"曰："人寐则为真见，梦则为妄见。魂游而不附体，故随所之而见物，此外妄也。神与心离合而不安定，故随所交而成景，此内妄也。故至人无梦，愚人无梦，无妄念也。人

---

① 桎梏：刑具，此处指囚禁，困毙。

② 初气凿丧：元气流失。

之将死如梦然，魂飞扬而神乱于目，气浮散而邪客于心，故所见皆妄，非真有也。或有将死而见人拘系者，尤妄也。异端之语，入人骨髓，将死而惧，故常若有见。若死必有召之者，则牛羊蚊蚁之死，果亦有召之者耶？大抵草木之生枯，土石之凝散，人与众动之死生、始终、有无，只是一理，更无他说。万一有之，亦怪异也。"

气，无终尽之时；形，无不毁之理。

真机、真味要涵蓄，休点破。其妙无穷，不可言喻，所以圣人无言。一犯口颊①，穷年说不尽，又离披浇漓②，无一些咀嚼处矣。

性分不可使亏欠，故其取数也常多，曰穷理，曰尽性，曰达天③，曰入神，曰致广大、极高明。情欲不可使赢余，故其取数也常少，曰谨言，曰慎行，曰约己，曰清心，曰节饮食、寡嗜欲。

---

① 口颊：口舌。

② 离披浇漓：往裂缝里浇水。

③ 达天：达到上苍赋予的最高境界。

深沉厚重是第一等资质；磊落豪雄是第二等资质；聪明才辨是第三等资质。

六合原是个情世界，故万物以之相苦乐，而至人、圣人不与焉。

凡人光明博大、浑厚含蓄，是天地之气；温煦和平，是阳春之气；宽纵任物，是长夏之气；严凝敛约、喜刑好杀，是秋之气；沉藏固啬，是冬之气；暴怒是震雷之气，狂肆是疾风之气，昏惑是霾雾之气，隐恨留连是积阴之气，从容温润是和风甘雨之气，聪明洞达是青天朗月之气。有所钟①者，必有所似。

先天之气，发泄处不过毫厘；后天之气，扩充之，必极分量。其实分量极处原是毫厘中有底，若毫厘中合下原无，便是一些增不去。万物之形色才情，种种可验也。

蜗藏于壳，烈日经年而不枯，必有所以不枯者在也，此之谓以神用，先天造物命脉处。

兰以火而香，亦以火而灭；膏以火而明，亦以火而竭；炮以火而声，亦以火而泄。阴者，所以存也；阳者，所以亡也。岂独声色、气味然哉？世知郁者之为足，是谓万年之烛。

火性发扬，水性流动，木性条畅，金性坚刚，土性重厚，其生物也亦然。

一则见性，两则生情。人未有偶而能静者，物未有偶而无声者。

声无形色，寄之于器；火无体质，寄之于薪；色无着落，寄之草木。故五行惟火无体，而用不穷。

---

① 钟：禀受。

人之念头与气血同为消长。四十以前是个进心，识见未定而敢于有为；四十以后是个定心，识见既定而事有酌量；六十以后是个退心，见识虽真而精力不振。未必人人皆此，而此其大凡也。古者四十仕，六十、七十致仕，盖审之矣。人亦有少年退缩不任事，厌厌若泉下人者；亦有衰年狂躁妄动喜事者，皆非常理。若乃以见事风生之少年为任事，以念头灰冷之衰夫为老成，则误矣。邓禹沉毅，马援矍铄，古诚有之，岂多得哉！

命本在天，君子之命在我，小人之命亦在我。君子以义处命，不以其道得之不处，命不足道也；小人以欲犯命，不可得而必欲得之，命不肯受也。但君子谓命在我，得天命之本然；小人谓命在我，幸气数之或然。是以君子之心常泰，小人之心常劳。

性者，理气之总名。无不善之理，无皆善之气。论性善者，纯以理言也；论性恶与善恶混者，兼气而言也。故经传言性各各不同，惟孔子无病。

气、习①，学者之二障也。仁者与义者相非，礼者与信者相左，皆气质障也。高髻而笑低鬏（zhuā），长裾而讥短袂，皆习见障也。大道明，率天下气质而归之，即不能归，不敢以所偏者病人矣；王制一，齐天下趋向而同之，即不能同，不敢以所狃②（niǔ）者病人矣。哀哉！兹谁任之？

虞廷③不专言性善，曰："人心惟危，道心惟微。"或曰："人心非性。"曰："非性可矣，亦是阴阳五行化生否？"六经不专言性善，曰："惟皇上帝，降衷下民，厥有恒性。"又曰："天生烝民有欲，无主乃乱。"孔子不专言性善，曰："继之者，善也；成之者，性也。"又曰："性相近也，惟上

---

① 气、习：气质、习惯。

② 狃：习惯，拘泥于。

③ 虞廷：指虞舜的朝廷。相传虞舜为古代的圣明之主，故亦以"虞廷"为"圣朝"的代称。

智与下愚不移。"才说相近，便不是一个。相远从相近起脚。子思不专言性善，曰："修道之谓教。"性皆善矣，道胡可修？孟子不专言性善，曰："声色、臭味、安佚，性也。"或曰："这性是好性。"曰："好性如何君子不谓？"又曰："动心忍性。"善性岂可忍乎？犬之性，牛之性，岂非性乎？犬、牛之性，亦仁、义、礼、智、信之性乎？细推之，犬之性犹犬之性，牛之性犹牛之性乎？周茂叔不专言性善，曰："五性相感而善恶分，万事出矣。"又曰："几善恶。"程伯淳不专言性善，曰："恶亦不可不谓之性。"大抵言性善者，主义理而不言气质。盖自孟子之折诸家始，后来诸儒遂主此说而不敢异同，是未观于天地万物之情也。义理固是天赋，气质亦岂人为哉？无论众人，即尧、舜、禹、汤、文、武、周、孔，岂是一样气质哉？愚僭①（jiàn）为之说曰："义理之性，有善无恶；气质之性，有善有恶。

①僭：超越身份，古代指地位在下的冒用在上的名义或礼仪、器物。这里是作者自谦的说法。

气质亦天命于人而与生俱生者，不谓之性可乎？"程子云："论性不论气不备，论气不论性不明。"将性气分作两项，便不透彻。张子以善为天地之性，清浊纯驳为气质之性，似觉支离。其实，天地只是一个气，理在气之中，赋于万物，方以性言。故性字从生从心，言有生之心也。设使没有气质，只是一个德性，人人都是生知圣人，千古圣贤千言万语，教化刑名都是多了底，何所苦而如此乎？这都是降伏气质，扶持德性。立案于此，俟千百世之后驳之。

性，一母而五子。五性者，一性之子也。情者，五性之子也。一性静，静者阴；五性动，动者阳。性本浑沦，至静不动，故曰"人生而静，天之性也"。才说性，便已不是性矣。此一性之说也。

宋儒有功于孟子，只是补出个气质之性来，省多少口吻！

问："禽兽草木亦有性否？"曰："有。"再问："其生亦天命否？"曰："天以阴阳五行化生万物，安得非天命？"

或问："孔子教人，性非所先。"曰："圣人开口处都是性。"

水无渣，着土便浊；火无气，着木便烟。性无二，着气质便染。

满方寸浑成一个德性，无分毫私欲，便是一心之仁；六尺浑成一个冲和，无分毫病痛，便是一身之仁；满六合浑成一个身躯，无分毫间隔，便是合天下以成其仁。仁是全体，无毫发欠缺；仁是纯体，无纤芥瑕疵；仁是天成，无些子造作。众人分一心为胡越，圣人会天下以成其身。愚尝谓："两间①无物我，万古一呼吸。"

---

① 两间：指天地间。

存心

内文导读

"存心"，顾名思义就是人要"存"什么样的心态，主要阐述人应该有什么样的涵养。这一章对心态的论述，也是中国古人一贯的认识，不外乎是"谦虚""淡定""忍恕"和"乐观"等，这方面的内容和《菜根谭》《忍经》等相关内容相比，看起来没有多少新意，只不过是说法不同罢了。但是，这里所提及的，都是心态修养的核心内容，作者在表述上多采用举例、引喻等手法，将各家相关的传统观点进行自我的通俗译解，在生动阐述心态修养的同时，更能让读者接受和引发深入思考。

心要如天平，称物时，物忙而衡不忙；物去时，即悬空在此。只恁静虚中正，何等自在！

收放心，休要如追放豚，既入笠了，便要使他从容闲畅，无拘迫懊恼①（náo）之状。若恨他难收，一向束缚在此，与放失同，何者？同归于无得也。故再放便奔逸不可收拾。君子之心，如习鹰驯雉，搏击飞腾，主人略不防闲，及上臂归庭，却恁忘机自得，略不惊畏。

学者只事事留心，一毫不肯苟且，德业之进也，如流水矣。

---

① 懊恼：烦闷。

不动气，事事好。

心放不放，要在邪正上说，不在出入上说。且如高卧山林，游心廊庙；身处衰世，梦想唐虞。游子思亲，贞妇怀夫，这是个放心否？若不论邪正，只较出入，却是禅定之学。

或问："放心^①如何收？"余曰："只君此问，便是收了。这放收甚容易，才昏昏便出去，才惺惺便在此。"

常使精神在心目间，便有主而不眩；于客感之交，只一昏昏，便是胡乱应酬。岂无偶合？终非心上经历过，竟无长进，譬之梦食，岂能饱哉？

防欲如挽逆水之舟，才歇力便下流；力善如缘无枝之树，才住脚便下坠。是以君子之心无时而不敬畏也。

一善念发，未说到扩充，且先执持住，此万善之囮^②（é）也。若随来随去，更不操存此心，如驿传^③然，终身无主人住矣。

千日集义，禁不得一刻不慊于心，是以君子瞬存息养，无一刻不在道义上。其防不义也，如千金之子之防盗，惧馁之故也。

无屋漏工夫，做不得宇宙事业。

君子口中无惯语，存心故也。故曰："修辞立其诚。"不诚，何以修辞？

一念收敛，则万善来同；一念放恣，则百邪乘衅。

得罪于法，尚可逃避；得罪于理，更没处存身。只我底心，便放不过我。是故君子畏理甚于畏法。

---

① 放心：放纵恣意之心。

② 囮：用活鸟来诱捕他鸟的设置，称"囮子"。这里指万善之成因。

③ 驿传：传舍；驿站。为我国历代封建政府供官员往来和递送公文用的交通机构。

　　或问："鸡鸣而起，若未接物，如何为善？"程子曰："只主于敬便是善。"愚谓惟圣人未接物时，何思何虑？贤人以下，睡觉时合下便动个念头，或昨日已行事，或今日当行事，便来心上。只看这念头如何，若一念向好处想，便是舜边人；若一念向不好处想，便是跖边人。若念中是善，而本意却有所为，这又是舜中跖，渐来渐去，还向跖边去矣。此是务头工夫。此时克己更觉容易，点检更觉精明，所谓去恶在纤微，持善在根本也。

　　目中有花，则视万物皆妄见也；耳中有声，则听万物皆妄闻也；心中有物，则处万物皆妄意也。是故此心贵虚。

　　忘是无心之病，助长是有心之病。心要从容自在，活泼于有无之间。

　　"静"之一字，十二时离不了，一刻才离便乱了。门尽日开阖，枢常静；妍媸尽日往来，镜常静；人尽日应酬，心常静。惟静也，故能张主得动，若逐动而去，应事定不分晓。便是睡时此念不静，作个梦儿也胡乱。

　　把意念沉潜得下，何理不可得？把志气奋发得起，何事不可做？今之学者，将个浮躁心观理，将个委靡心临事，只模糊过了一生。

　　"心""平""气""和"，此四字非涵养不能做，工夫只在个定火。火定则百物兼照，万事得理。水明而火昏。静属水，动属火，故病人火动则躁扰狂越，及其苏定，浑不能记。苏定①者，水澄清而火熄也。故人非火不生，非火不死；事非火不济，非火不败。惟君子善处火，故身安而德滋。

　　当可怨可怒、可辩可诉、可喜可愕之际，其气甚平，这是多大涵养！

　　天地间真滋味，惟静者能尝得出；天地间真机括，惟静者能看得透；天地间真情景，惟静者能题得破。作热闹人，说孟浪语，岂无一得？皆偶

---

　　① 苏定：清醒而镇定的意思。

合也。

未有甘心快意而不殃身者，惟理义之悦我心，却步步是安乐境。

问："慎独如何解？"曰："先要认住'独'字。独字就是'意'字。稠人广坐、千军万马中，都有个'独'。只这意念发出来是大中至正底，这不劳'慎'，就将这'独'字做去，便是天德王道。这意念发出来，九分九厘是，只有一厘苟且为人之意，便要点检克治，这便是'慎独'了。"

用三十年心力除一个"伪"字不得。或曰："君尽尚实矣。"余曰："所谓伪者，岂必在言行间哉？实心为民，杂一念德我之心便是伪；实心为善，杂一念求知之心便是伪；道理上该做十分，只争一毫未满足便是伪；汲汲于向义，才有二三心便是伪；白昼所为皆善，而梦寐有非僻之干①便是伪；心中有九分，外面做得恰象十分便是伪。此独觉之伪也，余皆不能去，恐渐溃防闲，延恶于言行间耳。"

自家好处掩藏几分，这是涵蓄以养深；别人不好处要掩藏几分，这是浑厚以养大。

宁耐是思事第一法，安详是处事第一法，谦退是保身第一法，涵容是处人第一法。置富贵、贫贱、死生、常变于度外，是养心第一法。

胸中情景要看得：春不是繁华、夏不是发畅、秋不是寥落、冬不是枯槁，方为我境。

大丈夫不怕人，只是怕理；不恃人，只是恃道。

静里看物欲，如业镜照妖。

"躁心浮气，浅衷狭量"，此八字，进德者之大忌也。去此八字，只用

---

① 非僻之干：邪恶行为。非、僻，都有邪、不正的意思。

得一字，曰主"静"。静则凝重，静中境自是宽阔。

士君子要养心气，心气一衰，天下万事分毫做不得。冉有只是个心气不足。

主静之力，大于千牛，勇于十虎。

君子洗得此心净，则两间不见一尘；充得此心尽，则两间不见一碍；养得此心定，则两间不见一怖；持得此心坚，则两间不见一难。

人只是心不放肆，便无过差；只是心不怠忽，便无遗忘。

胸中只摆脱一"恋"字，便十分爽净，十分自在。人生最苦处，只是此心沾泥带水，明是知得，不能断割耳。

盗只是欺人。此心有一毫欺人、一事欺人、一语欺人，人虽不知，即未发觉之盗也。言如是而行欺之，是行者言之盗也；心如是而口欺之，是口者心之盗也；才发一个真实心，骤发一个伪妄心，是心者心之盗也。谚云："瞒心昧己。"有味哉其言之矣。欺世盗名其过大，瞒心昧己其过深。

此心果有不可昧之真知，不可强之定见，虽断舌可也，决不可从人然诺。

才要说睡，便睡不着；才说要忘，便忘不得。

举世都是我心。去了这我心，便是四通八达，六合内无一些界限。要去我心，须要时时省察：这念头是为天地万物，是为我？

目不容一尘，齿不容一芥，非我固有也。如何灵台内许多荆榛①（jīng zhēn），却自容得？

手有手之道，足有足之道，耳目鼻口有耳目鼻口之道。但此辈皆是奴

---

① 荆榛：亦作"荆蓁"。泛指丛生灌木，多用以形容荒芜情景。这里指内心杂念。

婢，都听天君使令。使之以正也，顺从，使之以邪也，顺从。渠自没罪过，若有罪过，都是天君承当。

心一松散，万事不可收拾；心一疏忽，万事不入耳目；心一执着，万事不得自然。

当尊严之地、大众之前、震怖之景，而心动气丧，只是涵养不定。

久视则熟字不识，注视则静物若动。乃知蓄疑者，乱真知；过思者，迷正应。

常使天君为主，万感为客便好。只与他平交，已自亵其居尊之体。若跟他走去走来，被他愚弄掇哄，这是小儿童，这是真奴婢，有甚面目来灵台上坐？使四肢百骸可羞可笑！

不存心，看不出自家不是。只于动静语默、接物应事时，件件想一想，便见浑身都是过失。须动合天则①，然后为是。日用间，如何疏忽得一时？学者思之。

人生在天地间，无日不动念，就

---

① 天则：自然法则。

有个动念底道理；无日不说话，就有个说话底道理；无日不处事，就有个处事底道理；无日不接人，就有个接人底道理；无日不理物，就有个理物底道理；以至怨怒笑歌、伤悲感叹、顾盼指示、咳唾涕洟、隐微委曲、造次颠沛、疾病危亡，莫不各有道理。只是时时体认，件件讲求。细行小物，尚求合则，彝伦大节岂可逾闲？故始自垂髫，终于属纩，持一个自强不息之心，通乎昼夜，要之于纯一不已之地，忘乎死生。此还本归全之道，戴天履地之宜。不然，恣情纵意而各求遂其所欲，凡有知觉运动者皆然，无取于万物之灵矣。或曰："有要乎？"曰："有。其要只在存心。""心何以存？"曰："只在主静。只静了，千酬万应都在道理上，事事不错。"

迷人之迷，其觉也易；明人之迷，其觉也难。

心相信，则迹者土苴（jū）也，何烦语言？相疑，则迹者媒蘖也，益生猜贰。故有誓心不足自明，避嫌反成自诬者，相疑之故也。是故心一而迹万，故君子治心不修迹。《中孚》，治心之至也，豚鱼且信，何疑之有？

君子畏天不畏人；畏名教不畏刑罚；畏不义不畏不利；畏徒生不畏舍生。

"忍""激"二字是祸福关。

殃咎之来，未有不始于快心者，故君子得意而忧，逢喜而惧。

一念孳孳[1]，惟善是图，曰正思；一念孳孳，惟欲是愿，曰邪思；非分之福，期望太高，曰越思；先事徘徊，后事懊恨，曰萦思；游心千里，岐虑百端，曰浮思；事无可疑，当断不断，曰惑思；事不涉己，为他人忧，

---

① 孳孳：同"孜孜"。孳，通"孜"。

曰狂思；无可奈何，当罢不罢，曰徒思；日用职业，本分工夫，朝惟暮图，期无旷废，曰本思。此九思者，日用之间，不在此则在彼。善摄心者，其惟本思乎？身有定业，日有定务，暮则省白昼之所行，朝则计今日之所事，念兹在兹，不肯一事苟且，不肯一时放过，庶心有着落，不得他适，而德业日有长进矣。

学者只多忻喜心，便不是凝道之器。

小人亦有坦荡荡处，无忌惮是已；君子亦有常戚戚处，终身之忧是已。

只脱尽轻薄心，便可达天德。汉唐以下儒者，脱尽此二字，不多人。

斯道这个担子，海内必有人负荷。有能慨然自任者，愿以绵弱筋骨助一肩之力，虽走僵死不恨。

耳目之玩，偶当于心，得之则喜，失之则悲，此儿女子常态也。世间甚物与我相关，而以得喜、以失悲耶？圣人看得此身，亦不关悲喜，是吾道之一囊橐①（tuó）耳。爱囊橐之所受者，不以囊橐易所受，如之何以囊橐弃所受也？而况耳目之玩，又囊橐之外物乎？

寐是情生景，无情而景者，兆也；寤后景生情，无景而情者，妄也。

人情有当然之愿，有过分之欲。圣王者足其当然之愿，而裁其过分之欲，非以相苦也。天地间欲愿只有此数，此有余而彼不足，圣王调剂而均厘之，裁其过分者以益其当然。夫是之谓至平，而人无淫情、无觖望②。

恶恶太严，便是一恶；乐善甚亟，便是一善。

"投佳果于便溺，濯而献之，食乎？"曰："不食。""不见而食之，病

---

①囊橐：袋子。这反映了吕坤重道轻身的思想。

②觖望：因不满意而怨恨。

乎？"曰："不病。""隔山而指骂之，闻乎？"曰："不闻。""对面而指骂之，怒乎？"曰："怒。"曰：此见闻障也。夫能使见而食，闻而不怒，虽入黑海、蹈白刃可也！此炼心者之所当知也。

只有一毫粗疏处，便认理不真，所以说惟精，不然众论淆之而必疑；只有一毫二三心，便守理不定，所以说惟一，不然利害临之而必变。

种豆，其苗必豆；种瓜，其苗必瓜，未有所存如是，而所发不如是者。心本人欲而事欲天理；心本邪曲而言欲正直，其将能乎？是以君子慎其所存。所存是，种种皆是；所存非，种种皆非，未有分毫爽者。

属纩①之时，般般都带不得，惟是带得此心，却教坏了，是空身归去矣。可为万古一恨。

吾辈所欠，只是涵养不纯不定。故言则矢口所发，不当事，不循物，不宜人；事则恣意所行，或太过，

---

① 属纩：谓用新绵置于临死者鼻前，察其是否断气。指临终。

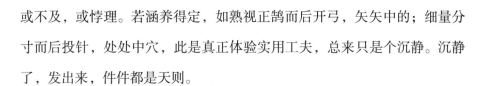

或不及，或悖理。若涵养得定，如熟视正鹄而后开弓，矢矢中的；细量分寸而后投针，处处中穴，此是真正体验实用工夫，总来只是个沉静。沉静了，发出来，件件都是天则。

定静中境界与六合一般大，里面空空寂寂，无一个事物，才问他索时，般般足，样样有。

"暮夜无知"，此四字百恶之总根也。人之罪莫大于欺，欺者，利其无知也。大奸大盗，皆自无知之心充之。天下大恶只有二种：欺无知、不畏有知。欺无知，还是有所忌惮心，此是诚伪关。不畏有知，是个无所忌惮心，此是死生关。犹知有畏，良心尚未死也。

天地万物之理，出于静，入于静；人心之理，发于静，归于静。静者，万理之橐籥①（tuó yuè），万化之枢纽也。动中发出来，与天则便不相似。故虽暴肆之人，平旦皆有良心，发于静也；过后皆有悔心，归于静也。

动时只见发挥不尽，那里觉错？故君子主静而慎动。主静，则动者静之枝叶也；慎动，则动者静之约束也。又何过焉？

童心最是作人一大病，只脱了童心，便是大人君子。或问之。曰："凡炎热念、骄矜念、华美念、欲速念、浮薄念、声名念，皆童心也。"

吾辈终日念头离不了四个字，曰"得、失、毁、誉"。其为善也，先动个得与誉底念头；其不敢为恶也，先动个失与毁底念头。总是欲心、伪心，与圣人天地悬隔。圣人发出善念，如饥者之必食，渴者之必饮。其必不为不善，如烈火之不入，深渊之不投，任其自然而已。贤人念头只认个可否，理所当为，则自强不息；所不可为，则坚忍不行。然则得、失、毁、

---

①橐籥：古代冶铁鼓风用的器具。此喻肺主气，司呼吸，调节气机的功能，指关键之处。

誉之念可尽去乎？曰："胡可去也！天地间，惟中人最多。此四字者，圣贤藉以训世，君子藉以检身。曰'作善降之百祥，作不善降之百殃'，以得失训世也。曰'疾没世而名不称'，曰'年四十而见恶'，以毁誉训世也。此圣人待衰世之心也。彼中人者，不畏此以检身，将何所不至哉？故尧舜能去此四字，无为而善，忘得失毁誉之心也。桀纣能去此四字，敢于为恶，不得失毁誉之恤也。"

心要虚，无一点渣滓；心要实，无一毫欠缺。

只一事不留心，便有一事不得其理；一物不留心，便有一物不得其所。

只大公了，便是包涵天下气象。

士君子作人，事事时时只要个用心。一事不从心中出，便是乱举动；一刻心不在腔子里，便是空躯壳。

古人也算一个人，我辈成底是甚什人？若不愧不奋，便是无志。

圣、狂之分，只在苟、不苟两字。

余甚爱万籁无声、萧然一室之趣。或曰："无乃大寂灭乎？"曰："无边风月自在。"

无技痒心，是多大涵养！故程子见猎而痒。学者各有所痒，便当各就痒处搔之。

欲，只是有进气无退气；理，只是有退气无进气。善学者，审于进退之间而已。

圣人悬虚明以待天下之感，不先意以感天下之事。其感也，以我胸中道理顺应之；其无感也，此心空空洞洞，寂然旷然。譬之鉴，光明在此，物来则照之，物去则光明自在，彼事未来而意必，是持鉴觅物也。尝谓：镜是物之圣人，镜日照万物而常明，无心而不劳故也。圣人日应万事而不累，有心而不役故也。夫惟为物役而后累心，而后应有偏着。

恕心养到极处，只看得世间人都无罪过。

物有以慢藏而失，亦有以谨藏而失者；礼有以疏忽而误，亦有以敬畏而误者。故用心在有无之间。

说不得真知明见，一些涵养不到，发出来便是本象，仓卒之际，自然掩护不得。

一友人沉雅从容，若温而不理者。随身急用之物，座客失备者三人，此友取之袖中，皆足以应之。或难以数物，呼左右取之，携中犁然在也。余叹服曰："君不穷于用哉！"曰："我无以用为也。此第二着，偶备其万一耳。备之心，慎之之心也。慎在备先，凡所以需吾备者，吾已先图，无赖于备。故自有备以来，吾无万一，故备常余而不用。"或曰："是无用备矣。"曰："无万一而犹备，此吾之所以为慎也。若恃备而不慎，则备也者，长吾之怠者也，久之必穷于所备之外；恃慎而不备，是慎也者，限吾之用者也，久之必穷于所慎之外。故宁备而不用，不可用而无备。"余叹服曰："此存心之至者也。《易》曰：'藉之用茅，又何咎焉？'其斯之谓与？"吾识之以为疏忽者之戒。

欲理会七尺，先理会方寸；欲理会六合，先理会一腔。

静者生门，躁者死户。

士君子一出口无反悔之言；一动手无更改之事。诚之于思故也。

只此一念公正了，我于天地鬼神通是一个。而鬼神之有邪气者，且踡（quán）伏退避之不暇，庶民何私何怨，而忍枉其是非，腹诽巷议者乎？

和气平心发出来，如春风拂弱柳，细雨润新苗，何等舒泰！何等感通！疾风迅雷，暴雨酷霜，伤损必多。或曰："不似无骨力乎？"余曰：

"譬之玉，坚刚未尝不坚刚，温润未尝不温润。"余严毅多，和平少，近悟得此。

俭则约，约则百善俱兴；侈则肆，肆则百恶俱纵。

天下国家之存亡，身之生死，只系"敬""怠"两字。敬则慎，慎则百务修举；怠则苟，苟则万事隳颓①。自天子以至于庶人，莫不如此。此千古圣贤之所兢兢，而亡人之所必由也。

每日点检，要见这念头自德性上发出，自气质上发出，自习识上发出，自物欲上发出。如此省察，久久自识得本来面目。初学最要知此。

道义心胸发出来，自无暴戾气象，怒也怒得有礼。若说圣人不怒，圣人只是六情？

过差遗忘，只是昏忽，昏忽只是不敬。若小心慎密，自无过差遗忘之病。孔子曰："敬事。"樊迟粗鄙，告之曰："执事敬。"子张意广，告之曰："无小大，无敢慢。"今人只是懒散，过差遗忘，安得不多？

吾初念只怕天知，久久来不怕天知，又久久来只求天知。但未到那何必天知地步耳。

气盛便没涵养。

定静安虑，圣人胸中无一刻不如此。或曰："喜怒哀乐到面前如何？"曰："只恁喜怒哀乐，定静安虑，胸次②无分毫加损。"

忧世者与忘世者谈，忘世者笑；忘世者与忧世者谈，忧世者悲。嗟夫！六合骨肉之泪，肯向一室胡越之人哭哉？彼且谓我为病狂，而又安能自知其丧心哉？

---

① 隳颓：衰败；毁败。

② 胸次：胸中，这里指心灵。

"得"之一字，最坏此心。不但鄙夫患得，年老戒得为不可。只明其道而计功，有事而正心，先事而动得心，先难而动获心，便是杂霸杂夷。一念不极其纯，万善不造其极。此作圣者之大戒也。

充一个公己公人心，便是胡越一家；任一个自私自利心，便是父子仇雠（chóu chóu）。天下兴亡、国家治乱、万姓死生，只争这个些子。

厕牏①之中可以迎宾客；床笫之间可以交神明。必如此，而后谓之不苟。

为人辨冤白谤，是第一天理。

治心之学，莫妙于"瑟僴②（xiàn）"二字。瑟训严密，譬之重关天险，无隙可乘，此谓不疏，物欲自消其窥伺之心。僴训武毅，譬之将军按剑，见者股栗，此谓不弱，物欲自夺其猖獗之气。而今吾辈灵台四无墙户，如露地钱财，有手皆取；又孱弱无能，如杀残俘虏，落胆从人，物欲不须投间抵隙，都是他家产业；不须硬迫柔求，都是他家奴婢，更有那个关防？何人喘息？可哭可恨！

沉静非缄默之谓也。意渊涵而态闲正，此谓真沉静。虽终日言语，或千军万马中相攻击，或稠人广众中应繁剧，不害其为沉静，神定故也。一有飞扬动扰之意，虽端坐终日，寂无一语，而色貌自浮；或意虽不飞扬动扰，而昏昏欲睡，皆不得谓沉静。真沉静底自是惺憼③，包一段全副精神在里。

明者料人之所避，而狡者避人之所料，以此相与，是贼本真而长奸伪

---

① 厕牏：这里引申为隐秘之处。

② 瑟僴：语出《诗经·卫风·淇奥》："瑟兮僴兮，赫兮咺兮。"毛传：瑟，矜庄貌；僴，宽大也。

③ 惺憼：清醒，警觉。

也。是以君子宁犯人之疑，而不贼己之心。

室中之斗，市上之争，彼所据各有一方也。一方之见皆是己非人，而济之以不相下之气，故宁死而不平。呜呼！此犹愚人也。贤臣之争政，贤士之争理亦然。此言语之所以日多，而后来者益莫知所决择也。故为下愚人作法吏易，为士君子所折衷难。非断之难，而服之难也。根本处在不见心而任口，耻屈人而好胜，是室人市儿之见也。

大利不换小义，况以小利坏大义乎？贪者可以戒矣。

杀身者不是刀剑，不是寇仇，乃是自家心杀了自家。

知识，帝则之贼也。惟忘知识以任帝则，此谓天真，此谓自然。一着念便乖违，愈着念愈乖违。乍见之心歇息一刻，别是一个光景。

为恶惟恐人知，为善惟恐人不知，这是一副甚心肠？安得长进？

或问："'虚''灵'二字，如何分别？"曰："惟虚故灵。顽金无声，铸为钟磬则有声；钟磬有声，实之以物则无声。圣心无所不有，而一无所有，故'感而遂通天下之故'。"

浑身五脏六腑、百脉千络、耳目口鼻、四肢百骸、毛发甲爪，以至衣裳冠履，都无分毫罪过，都与尧舜一般，只是一点方寸之心，千过万罪，禽兽不如。千古圣贤只是治心，更不说别个。学者只是知得这个可恨，便有许大见识。

人心是个猖狂自在之物、隙身败家之贼，如何纵容得他？

良知何处来？生于良心；良心何处来？生于天命。

心要实，又要虚。无物之谓虚，无妄之谓实；惟虚故实，惟实故虚。心要小，又要大。大其心，能体天下之物；小其心，不偾（fèn）天下之事。

要补必须补个完，要拆必须拆个净。

学术以不愧于心、无恶于志为第一。也要点检这心志，是天理、是人欲。便是天理，也要点检是边见、是天则。

尧眉舜目、文王之身、仲尼之步，而盗跖其心，君子不贵也。有数圣贤之心，何妨貌似盗跖？

学者欲在自家心上做工夫，只在人心做工夫。

此心要常适，虽是忧勤惕励中，困穷抑郁际，也要有这般胸次。

不怕来浓艳，只怕去沾恋。

原不萌芽，说甚生机。

平居时有心忉（rèn）言还容易，何也？有意收敛故耳。只是当喜怒爱憎时发当其可，无一厌人语，才见涵养。

口有惯言，身有误动，皆不存心之故也。故君子未事前定，当事凝一。识所不逮，力所不能，虽过无愧心矣。

世之人何尝不用心？都只将此心错用了。故学者要知所用心，用于正而不用于邪，用于要而不用于杂，用于大而不用于小。

予尝怒一卒，欲重治之。召之，久不至，减予怒之半。又久而后至，诟之而止。因自笑曰："是怒也，始发而中节邪？中减而中节邪？终止而中节邪？"惟圣人之怒，初发时便恰好，终始只一个念头不变。

世间好底分数休占多了，我这里消受几何？其余分数任世间人占去。

京师僦①（jiù）宅，多择吉数，有丧者，人多弃之，曰能祸人。予曰："是人为室祸，非室能祸人也。"人之死生，受于有生之初，岂室所能移？

---

① 僦：租赁。

室不幸而遭当死之人，遂为人所弃耳。惟君子能自信而付死生于天则，不为往事所感矣。

不见可欲时，人人都是君子；一见可欲，不是滑了脚跟，便是摆动念头。老子曰："不见可欲，使心不乱。"此是闭目塞耳之学。一入耳目来，便了不得。今欲与诸君在可欲上做工夫，淫声美色满前，但如鉴照物，见在妍媸①，不侵镜光；过去妍媸，不留镜里，何嫌于坐怀？何事于闭门？推之可怖可惊、可怒可惑、可忧可恨之事，无不皆然。到此才是工夫，才见手段。把持则为贤者，两忘则为圣人。予尝有诗云："百尺竿头着脚，千层浪里翻身。个中如履平地，此是谁何道人。"

一里人事专利己，屡为训说不从。后每每作善事，好施贫救难，予喜之，称曰："君近日作事，每每在天理上留心，何所感悟而然？"曰："近日读司马温公语，有云：'不如积阴德于冥冥之中，以为子孙长久之计。'"予笑曰："君依旧是利心，子孙安得受福？"

小人终日苦心，无甚受用处。即欲趋利，又欲贪名；即欲掩恶，又欲诈善。虚文浮礼，惟恐其疏略；消沮闭藏，惟死其败露。又患得患失，只是求富求贵；畏首畏尾，只是怕事怕人。要之温饱之外，也只与人一般，何苦自令天君无一息宁泰处？

满面目都是富贵，此是市井小儿，不堪入有道门墙，徒令人呕吐而为之羞耳。若见得大时，舜、禹有天下而不与。

读书人只是个气高，欲人尊己；志卑，欲人利己，便是至愚极陋。只看"四书""六经"千言万语教人是如此不是？士之所以可尊可贵者，以有

---

① 妍媸：美好和丑恶。

道也。这般见识，有什么尊贵处？小子戒之。

第一受用，胸中干净；第二受用，外来不动；第三受用，合家没病；第四受用，与物无竞。

欣喜欢爱处，便藏烦恼机关，乃知雅淡者，百祥之本；怠惰放肆时，都是私欲世界，始信懒散者，万恶之宗。

求道学真传，且高阁百氏诸儒，先看孔孟以前胸次；问治平要旨，只远宗三皇五帝，净洗汉唐而下心肠。

看得真幻景，即身不吾有何伤？况把世情婴肺腑；信得过此心，虽天莫我知奚病？那教流语恼胸肠。

善根中才发萌蘖，即

---

① 婴：缠绕。

着意栽培，须教千枝万叶；恶源处略有涓流，便极力恋情雍塞，莫令暗长潜滋。

处世莫惊毁誉，只我是，无我非，任人短长；立身休问吉凶，但为善，不为恶，凭天祸福。

念念可与天知，尽其在我；事事不执己见，乐取诸人。

浅狭一心，到处便招尤悔；"因循"两字，从来误尽英雄。

斋戒神明其德，洗心退藏于密。

常将半夜萦千岁，只恐一朝便百年。

试心石上即平地，没足池中有隐潭。

心无一事累，物有十分春。

神明七尺体，天地一腔心。

终有归来日，不知到几时。

吾心原止水，世态任浮云。

伦理

内文导读

本章主要论述人与身边人之间的关系和情感，也包括古代君臣之间的关系。对这些关系的表述，有的是直接表达，有的是喻理于事，为各种关系之间的交往给出禁忌、原则和幅度。当然，作者是从封建士大夫的立场去阐述或定义这些关系之间的交往法则，现在来看，像"三纲五常"即有很大的局限性，但是也有很多充满着正能量的，对当下人也有积极的意义。因为在这里，作者并没有完全按照"三纲五常"论，更多是从情感的角度，带着亲人的温亲去阐述人与人之间的关系的。所以，我们今天读到这些语句，会有更多暖心的感觉。

宇宙内大情种，男女居其第一。圣王不欲裁割而矫拂之，亦不能裁割矫拂也。故通之以不可已之情，约之以不可犯之礼，绳之以必不赦之法，使纵之而相安相久也。圣人亦不若是之亟也，故五伦中，父子、君臣、兄弟、朋友，笃了又笃，厚了又厚，惟恐情意之薄。惟男女一伦，是圣人苦心处，故有别先自夫妇始。本与之以无别也，而又教之以有别，况有别者，而肯使之混乎？圣人之用意深矣！是死生之衢①而大乱之首也，不可以不

---

① 衢：大路，四通八达的道路。

慎也。

亲母之爱子也，无心于用爱，亦不知其为用爱，若渴饮饥食然，何尝勉强？子之得爱于亲母也，若谓应得，习于自然，如夏葛冬裘然，何尝归功？至于继母之慈，则有德色，有矜语矣。前子之得慈于继母，则有感心、有颂声矣。

一家之中，要看得尊长尊，则家治。若看得尊长不尊，如何齐他？得其要在尊长自修。

人子之事亲也，事心为上，事身次之；最下，事身而不恤其心；又其下，事之以文而不恤其身。

孝子之事亲也，礼卑伏如下仆，情柔婉如小儿。

进食于亲，侑①（yòu）而不劝；进言于亲，论而不谏；进侍于亲，和而不庄。亲有疾，忧而不悲；身有疾，形而不声。

侍疾，忧而不食，不如努力而加餐，使此身不能侍疾，不孝之大者也；居丧，羸而废礼，不如哀而慎终，此身不能襄事，不孝之大者也。

朝廷之上，纪纲定而臣民可守，是曰朝常；公卿大夫、百司庶官各有定法，可使持循，是曰官常；一门之内，父子兄弟、长幼尊卑各有条理，不变不乱，是曰家常；饮食起居，动静语默，择其中正者，守而勿失，是曰身常。得其常则治，失其常则乱，未有苟且冥行②而不取败者也。

雨泽过润，万物之灾也；恩宠过礼，臣妾之灾也；情爱过义，子孙之灾也。

人心喜则志意畅达，饮食多进而不伤，血气冲和而不郁，自然无病而

---

① 侑：陪侍进食。

② 冥行：夜间行路。指盲目行事。

体充身健，安得不寿？故孝子之于亲也，终日乾乾，惟恐有一毫不快事到父母心头。自家既不惹起，外触又极防闲，无论贫富贵贱、常变顺逆，只是以悦亲为主。盖"悦"一字，乃事亲第一传心口诀也。即不幸而亲有过，亦须在悦字上用工夫。几谏积诚、耐烦留意、委曲方略，自有回天妙用。若直诤以甚其过，暴弃以增其怒，不悦莫大焉。故曰："不顺乎亲，不可以为子。"

郊社，报天地生成之大德也，然灾沴（lì）有禳①（ráng），顺成有祈，君为私田则仁，民为公田则忠，不嫌于求福，不嫌于免祸。子孙之祭先祖，以追养继孝也，自我祖父母以有此身也，曰："赖先人之泽，以享其余庆也。"曰："吾朝夕奉养承欢，而一旦不复献杯棬②（quān），心悲思而无寄，故祭荐以伸吾情也。"曰："吾贫贱不足以供菽水，今鼎食而亲不逮，心悲思而莫及，故祭荐以志吾悔也。"岂为其游魂虚位能福我而求之哉？求福已非君子之心，而以一饭之设，数拜之勤，求福于先人，仁孝诚敬之心果如是乎？不谋利，不责报，不望其感激，虽在他人犹然，而况我先人乎？《诗》之祭必言福，而《楚茨》诸诗为尤甚，岂可为训耶？吾独有取于《采蘩》《采蘋》二诗，尽物尽志，以达吾子孙之诚敬而已，他不及也。明乎此道，则天下万事万物皆尽我所当为，祸福利害皆听其自至，人事修而外慕之心息，向道专而作辍之念忘矣。何者？明于性分而无所冀幸也。

友道极关系，故与君父并列而为五。人生德业成就，少朋友不得。君以法行，治我者也；父以恩行，不责善者也；兄弟怡怡，不欲以切偲伤爱；妇人主内事，不得相追随；规过，子虽敢争，终有可避之嫌；至于

---

① 禳：除。

② 棬：曲木做的饮具。

对严师，则矜持收敛而过无可见；在家庭，则狎昵亲习而正言不入。惟夫朋友者，朝夕相与，既不若师之进见有时，情礼无嫌；又不若父子兄弟之言语有忌。一德亏，则友责之；一业废，则友责之，美则相与奖劝，非则相与匡救，日更月变，互感交摩，骎骎（qīn qīn）然不觉其劳且难，而入于君子之域矣。是朋友者，四伦之所赖也。嗟夫！斯道之亡久矣。言语嬉媟（xiè），尊俎妪煦，无论事之善恶，以顺我者为厚交；无论人之奸贤，以敬我者为君子。蹑足附耳，自谓知心；接膝拍肩，滥许刎颈。大家同陷于小人而不知，可哀也已！是故物相反者相成，见相左者相益。孔子取友，曰"直""谅""多闻"。此三友者，皆与我不相附会者也，故曰"益"。是故，得三友难，能为人三友更难。天地间，不论天南地北，缙绅①草莽，得一好友，道同志合，亦人生一大快也。

长者有议论，唯唯而听，无相直也；有咨询，謇謇②（jiǎn jiǎn）而对，无遽尽也。此卑幼之道也。

阳称其善以悦彼之心；阴养其恶以快己之意，此友道之大戮也。青天白日之下，有此魑魅魍魉之俗，可哀也已！

古称："君门远于万里。"谓情隔也。岂惟君门？父子殊心，一堂远于万里；兄弟离情，一门远于万里；夫妻反目，一榻远于万里。苟情联志通，则万里之外犹同堂共门而比肩一榻也。以此推之，同时不相知而神交于千百世之上下亦然。是知离合在心期，不专在躬逢。躬逢而心期，则天下至遇也。君臣之尧舜，父子之文周，师弟之孔颜。

"隔"之一字，人情之大患。故君臣、父子、夫妇、朋友、上下之交务

①缙绅：旧时官宦的装束，转用为官宦的代称。缙，也写作搢，插。

②謇謇：忠贞、正直。

去"隔"，此字不去而不怨叛者，未之有也。

仁者之家：父子愉愉如也，夫妇雍雍如也，兄弟怡怡如也，僮仆欣欣如也，一家之气象融融如也。义者之家：父子凛凛如也，夫妇嗃嗃如也，兄弟翼翼如也，僮仆肃肃如也，一家之气象栗栗如也。仁者以恩胜，其流也知和而和；义者以严胜，其流也疏而寡恩。故圣人之居家也，仁以主之，义以辅之，洽其太和之情，但不溃其防斯已矣。其井井然，严城深堑，则男女之辨也！虽圣人不敢与家人相忘。

父在居母丧，母在居父丧，以从生者之命为重。故孝子不以死者忧生者，不以小节伤大体，不泥经而废权，不徇名而害实，不全我而伤亲。所贵乎孝子者，亲之心而已。

天下不可一日无君，故夷、齐非汤武，明臣道也。此天下之大防也！不然，则乱臣贼子接踵矣，而难为君。天下不可一日无民，故孔、孟是汤武，明君道也。此天下之大惧也！不然，则暴君乱主接踵矣，而难为民。

爵禄恩宠，圣人未尝不以为荣。圣人非以此为加损也。朝廷重之以示劝，而我轻之以示高，是与君忤也，是穷君鼓舞天下之权也。故圣人虽不以爵禄恩宠为荣，而未尝不荣之，以重帝王之权，以示天下帝王之权之可重，此臣道也。

人子和气、愉色、婉容，发得深时，养得定时，任父母冷面寒铁，雷霆震怒，只是这一腔温意、一面春风，则自无不回之天，自无屡变之天，谗谮何由入？嫌隙何由作？其次莫如敬慎，夔夔（kuí kuí）齐栗①，敬慎之至也，故瞽瞍②（gǔ sǒu）亦允若。温和示人以可爱，消融父母之恶怒；敬慎示人以可矜，激发父母之悲怜。所谓积诚意以感动之者，养和致敬之谓也。盖格亲之功，惟和为妙、为深、为速、为难，非至性纯孝者不能。敬慎犹可勉强耳。而今人子以凉薄之色、惰慢之身、骄蹇之性，及犯父母之怒，既不肯挽回，又倨傲以甚之，此其人在孝悌之外，固不足论。即有平日温愉之子，当父母不悦而亦愠见，或生疑而迁怒者；或无意迁怒而不避嫌者；或不善避嫌，愈避而愈冒嫌者，积隙成衅，遂致不祥。岂父母之不慈？此孤臣孽子之法戒，坚志熟仁之妙道也。

孝子之事亲也，上焉者先意，其次承志，其次共命。共命，则亲有未言之志，不得承也；承志，则亲有未萌之意，不得将也；至于先意，而悦亲之道至矣。或曰："安得许多心思能推至此乎？"曰："事亲者，以悦亲为事者也。以悦亲为事，则孳孳皇皇无以尚之者，只是这个念头，亲有多少意志，终日体认不得？"

或问："共事一人，未有不妒者，何也？"曰："人之才能、性行、容

---

① 夔夔齐栗：敬慎恐惧貌。

② 瞽瞍：亦作"瞽叟"。人名。古帝虞舜之父。

貌、辞色，种种不同，所事者必悦其能事我者，恶其不能事我者。能事者见悦①，则不能事者必疏。是我之见疏，彼之能事成之也，焉得不妒？既妒，安得不相倾？相倾，安得不受祸？故见疏者妒，妒其形己也；见悦者亦妒，妒其妒己也。""然则奈何？"曰："居宠则思分而推之以均众；居尊则思和而下之以相忘，人何妒之有？缘分以安心，缘遇以安命，反己而不尤人，何妒人之有？此入宫入朝者之所当知也。"

孝子侍亲，不可有沉静态，不可有庄肃态，不可有枯淡态，不可有豪雄态，不可有劳倦态，不可有病疾态，不可有愁苦态，不可有怨怒态。

子弟生富贵家，十九多骄惰淫泆，大不长进。古人谓之豢养，言甘食美服，养此血肉之躯与犬豕等。此辈阘茸，士君子见之为羞，而彼方且志得意满，以此夸人。父兄之孽，莫大乎是！

男女远别，虽父女、母子、兄妹、姊弟，亦有别嫌明微之礼。故男女八岁不同食，子妇事舅姑，礼也。本不远别，而世俗最严翁妇之礼，影响间，即疾趋而藏匿之；其次夫兄弟妇相避，此外，一无所避，已乱纲常。乃至叔嫂、姊夫、妻妹、妻弟之妻互相嘲谑以为常，不几于下流乎？不知古者远别，止于授受不亲，非避匿之谓，而男女所包甚广，自妻妾外，皆当远授受之嫌。爱礼者不可不明辨也！

子、妇事人者也，未为父兄以前，莫令奴婢奉事，长其骄惰之情。当日使勤劳，常令卑屈，此终身之福。不然是杀之也。昏愚父母、骄奢子弟不可不知。

问安，问侍者，不问病者；问病者，非所以安之也。

---

① 见悦：指受到欢迎，得到喜爱。

丧服之制，以缘人情，亦以立世教。故有引而致之者，有推而远之者，要不出"恩""义"二字。而不可晓亦多。观会通之君子，当制作之权，必有一番见识。泥古非达观也。

亲没而遗物在眼，与其不忍见而毁之也，不若不忍忘而存之。

示儿云："门户高一尺，气焰低一丈。华山只让天，不怕没人上。"

慎言之地，惟家庭为要；应慎言之人，惟妻子、仆隶为要，此理乱之原而祸福之本也。人往往忽之，悲夫！

门户可以托父兄，而丧德辱名非父兄所能庇；生育可以由父母，而求疾蹈险非父母所得由。为人子弟者，不可不知。

继母之虐，嫡妻之妒，古今以为恨者也；而前子不孝，丈夫不端，则舍然不问焉。世情之偏也久矣！怀非母之迹，而因似生嫌；藉恃父之名，而无端造谤；怨黩忤逆，父亦被诬者，世岂无耶？恣淫狎之性而恩重绿丝；挟城社之威而侮及黄里；《谷风》《柏舟》，妻亦失所者，世岂无耶？惟子孝夫端，然后继母嫡妻无辞于姻族矣！居官不可不知。

齐以刀切物，使参差者就于一致也。家人恩胜之地，情多而义少，私易而公难，若人人遂其欲，势将无极。故古人以父母为严君，而家法要威如，盖对症之治也。

闺门之中少了个"礼"字，便自天翻地覆。百祸千殃，身亡家破，皆从此起。

家长，一家之君也。上焉者使人欢爱而敬重之，次则使人有所严惮，故曰严君。下则使人慢，下则使人陵，最下则使人恨。使人慢，未有不乱者；使人陵，未有不败者；使人恨，未有不亡者。呜呼！齐家岂小故哉？今之人皆以治生为急，而齐家之道不讲久矣！

儿女辈常着他拳拳曲曲，紧紧恰恰，动必有畏，言必有惊，到自专时，尚不可知。若使之快意适情，是杀之也。此愚父母之所当知也。

责人到闭口卷舌、面赤背汗时，犹刺刺不已，岂不快心？然浅隘刻薄甚矣！故君子攻人不尽其过，须含蓄以余人之愧惧，令其自新，方有趣味，是谓以善养人。

曲木恶绳，顽石恶攻，责善之言不可不慎也。

恩礼出于人情之自然，不可强致。然礼系体面，犹可责人；恩出于根心，反以责而失之矣。故恩薄可结之使厚，恩离可结之使固，一相责望，为怨滋深。古父子、兄弟、夫妇之间，使骨肉为寇仇，皆坐"责"之一字耳。

宋儒云："宗法明而家道正。"岂惟家道？将天下之治乱，恒必由之。宇宙内无有一物不相贯属、不相统摄者。人以一身统四肢，一肢统五指；木以株统干，以干统枝，以枝统叶；百谷以茎统穗，以穗统稯（zùn），以稯统粒，盖同根一脉，联属成体。此操一举万之术，而治天下之要道也。天子统六卿，六卿统九牧，九牧统郡邑，郡邑统乡正，乡正统宗子。事则以次责成，恩则以次流布，教则以次传宣，法则以次绳督。夫然后上不劳、下不乱，而政易行。自宗法废而人各为身，家各为政，彼此如飘絮飞沙，不相维系，是以上劳而无要领可持，下散而无脉胳相贯，奸盗易生而难知，教化易格而难达。故宗法立而百善兴，宗法废而万事弛。或曰："宗子而贱、而弱、而幼、而不肖，何以统宗？"曰："古之宗法也，如封建，世世以嫡长。嫡长不得人，则一宗受其敝，且豪强得以鼠视宗子而鱼肉孤弱，其谁制之？盖有宗子又当立家长，宗子以世世长子孙为之；家长以阖族之有德望，而众所推服能佐宗子者为之，胥重其权而互救其失。此二者，宗人一委听焉，则有司有所责成，而纪法易于修举矣。"

责善之道，不使其有我所无，不使其无我所有，此古人之所以贵友也。"母氏圣善，我无令人"，孝子不可不知；"臣罪当诛兮，天王圣明"，忠臣不可不知。

士大夫以上有祠堂，有正寝，有客位。祠堂有斋房、神库，四世之祖考居焉，先世之遗物藏焉，子孙立拜之位在焉，牺牲、鼎俎、盥（guàn）尊之器物陈焉，堂上堂下之乐列焉，主人之周旋升降由焉。正寝，吉礼则生忌之考妣迁焉，凶礼则尸枢停焉，枢前之食案、香几、衣冠设焉，朝夕哭奠之位容焉，枢旁床帐诸器之陈设、五服之丧次、男女之哭位分焉，堂外吊奠之客、祭器之罗列在焉。客位，则将葬之迁枢宿焉，冠礼之曲折、男女之醮位、宾客之宴飨行焉。此三所者，皆有两阶，皆有位次。故居室宁陋，而四礼之所断乎其不可陋。近见名公，有以旋马容膝、绳枢瓮牖为清节高品者，余甚慕之，而爱礼一念甚于爱名。故力可勉为，不嫌弘裕，敢为大夫以上者告焉。

守礼不足愧，抗于礼乃可愧也。礼当下则下，何愧之有？

家人之害，莫大于卑幼各恣其无厌之情，而上之人阿其意而不之禁，尤莫大于婢子造言而妇人悦之，妇人附会而丈夫信之。禁此二害而家不和睦者鲜矣。

只拿定一个"是"字做，便是"建诸天地而不悖，质诸鬼神而无疑"底道理，更问甚占卜，信甚星命！或曰："趋吉避凶，保身之道。"曰："君父在难，正臣子死忠死孝之时，而趋吉避凶可乎？"或曰："智者明义理、识时势，君无乃专明于义理乎？"曰："有可奈何时，正须审时因势，时势亦求之识见中，岂于谶（chèn）纬①阴阳家求之耶？"或曰："气数自然，亦强做不成。"曰："君子所安者义命，故以气数从义理，不以义理从气数。富贵利达则付之天，进退行藏则决之己。"或曰："到无奈何时何如？"曰："这也看道理，病在膏肓，望之而走，扁鹊之道当如是也。若属纩顷刻，万无一生，偶得良方，犹然忙走灌药，孝子慈孙之道当如是也。"

谨言不但外面，虽家庭间，没个该说的话；不但大宾，虽亲厚友，没个该任口底话。

① 谶纬：是谶书和纬书的合称，为经学占验学说。谶、纬，迷信的人指将要应验的预言、预兆。谶纬是盛行于秦汉代的重要社会思潮，是传统文化的重要组成部分。

卷一　内篇·礼集

谈道

内文导读

道的哲学含义丰富而复杂，在不同情况下所说的道含义往往不同。道字的最初意义是道路，后来引申为做事的途径、方法、本源、本体、规律、原理、境界、终极真理和原则等。老子在《道德经》开篇就说："道可道，非常道；名可名，非常名。无名天地之始，有名万物之母。"这里，作者对"道"的阐述，很多理论还是立足于前人的思想。但作者综合百家，用自己的话将其表述出来，道出了各家所述之"道"的区别和联系，其中不乏作者自己对"道"的理解。作者论"道"，跳出了玄密高深的道论法门，从人情世故的角度"论道""持道""行道"，讲的是实用之"道"，能让更多的人理解、接受"道"，乃至运用到实践中去。

大道有一条正路，进道有一定等级。圣人教人只示以一定之成法，在人自理会；理会得一步再说与一步，其第一步不理会到十分，也不说与第二步。非是苦人，等级原是如此。第一步差一寸，也到第二步不得。孔子于赐，才说与他"一贯"，又先难他"多学而识"一语。至于仁者之事，又说："赐也，非尔所及。"今人开口便讲学脉，便说本体，以此接引后学，何似痴人前说梦？孔门无此教法。

有处常之五常，有处变之五常。处常之五常是经，人所共知；处变之五常是权，非识道者不能知也。"不擒二毛"，不以仁称，而"血流漂杵"，不害其为仁；"二子乘舟"，不以义称，而管、霍被戮，不害其为义。由此推之，不可胜数也。嗟夫！世无有识者，每泥于常而不通其变；世无识有识者，每责其经而不谅其权。此两人皆道之贼也，事之所以难济也。噫！非精义择中之君于，其谁能用之？其谁能识之？

谈道者虽极精切，须向苦心人说，可使手舞足蹈，可使大叫垂泣，何者？以求通未得之心，闻了然透彻之语，如饥得珍馐，如旱得霖雨。相悦以解，妙不容言。其不然者，如麻木之肌，针灸终日，尚不能觉，而以爪搔之，安知痛痒哉？吾窃为言者惜也。放大道独契，至理不言，非圣贤之忍于弃人，徒晓晓无益耳。是以圣人待问而后言，犹因人而就事。

庙堂之乐，淡之至也，淡则无欲，无欲之道与神明通；素之至也，素则无文，无文之妙与本始通。

真器不修，修者伪物也；真情不饰，饰者伪交也。家人父子之间不让而登堂，非简也，不侑而饱食，非饕（tāo）也，所谓真也。惟待让而入，而后有让亦不入者矣；惟待侑而饱，而后有侑亦不饱者矣，是两修文也。废文不可为礼，文至掩真，礼之贼也，君子不尚焉。

百姓得所，是人君太平；君民安业，是人臣太平；五谷丰登，是百胜太平，大小和顺，是一家太平；父母无疾，是人子太平；胸中无累，是一腔太平。

至道之妙，不可意思，如何可言？可以言，皆道之浅也。玄之又玄，犹龙公亦说不破，盖公亦囿于玄玄之中耳。要说，说个甚然？却只在匹夫匹妇共知共行之中，外了这个，便是虚无。

除了个"中"字，更定道统不得。傍流之至圣，不如正路之贤人。故道统宁中，绝不以傍流继嗣，何者？气脉不同也。予尝曰："宁为道统家奴婢，不为傍流家宗子。"

或问："圣人有可克之已否？"曰："惟尧、舜、文王、周、孔无已可克，其余圣人都有。已任是伊尹底，已和是柳下惠底，已清是伯夷底。已志向偏于那一边便是已，已者，我也，不能忘我而任意见也，狃于气质之偏而离'中'也。这'已'便是人欲，胜不得这'已'都不成个刚者。"

自然者，发之不可遏，禁之不能止。才说是当然，便没气力；然反之之圣，都在当然上做工夫，所以说勉然。勉然做到底。知之成功，虽一分数境界，到那难题试验处，终是微有不同。此难以形迹语也。

尧、舜、周、孔之道，只是傍人情、依物理，拈出个天然自有之中行将去，不惊人，不苦人，所以难及。后来人胜他不得，却寻出甚高难行之事，玄冥隐僻之言，怪异新奇、偏曲幻妄以求胜，不知圣人妙处，只是个庸常。看"六经""四书"语言何等平易，不害其为圣人之笔，亦未尝有不明不备之道。嗟夫！贤智者过之，佛、老、杨、墨、庄、列、申、韩是已。彼具意见，才是圣人中万分之一，而漫衍阂肆以至偏重而贼道。后学无识，遂至弃菽粟而餐玉屑，厌布帛而慕火浣^①，无补饥寒，反生奇病，悲夫！

"中"之一字，是无天于上，无地于下，无东西南北于四方。此是南面独尊道中底天子，仁、义、礼、智、信都是东西侍立，百行万善都是北面受成者也。不意宇宙间有此一妙字，有了这一个，别个都可勾销，五常、百行、万善，但少了这个，都是一家货，更成甚么道理？

---

①火浣：火浣布，指用石棉纤维纺织而成的布。由于其具不燃性，在火中能去污垢，中国早期史书中常称之为"火浣布"或"火烷布"。

愚不肖者不能任道，亦不能贼道，贼道全是贤智。后世无识之人，不察道之本然面目，示天下以大中至正之矩，而但以贤智者为标的。世间有了贤智，便看底中道寻常，无以过人，不起名誉，遂薄中道而不为。道之坏也，不独贤智者之罪，而推崇贤智，其罪亦不小矣。《中庸》为贤智而作也。"中"足矣，又下个"庸"字，旨深哉！此难与曲局之士道。

道者，天下古今共公之理，人人都有分底。道不自私，圣人不私道，而儒者每私之，曰"圣人之道"。言必循经，事必稽古，曰"卫道"。嗟夫！此千古之大防也，谁敢决之？然道无津涯，非圣人之言所能限；事有时势，非圣人之制所能尽。后世苟有明者出，发圣人所未发，而默契圣人欲言之心；为圣人所未为，而吻合圣人必为之事，此固圣人之深幸而拘儒之所大骇也。呜呼！此可与通者道，汉唐以来，鲜若人矣。

《易》道，浑身都是，满眼都是，盈六合都是。三百八十四爻（yáo），圣人特拈起三百八十四

事来做题目。使千圣作《易》，人人另有三百八十四说，都外不了那阴阳道理。后之学者，求易于《易》，穿凿附会以求通。不知《易》是个活底，学者看做死底；易是个无方体底，学者看做有定象底。故论简要，《干》《坤》二卦已多了；论穷尽，虽万卷书说不尽《易》底道理，何止三百八十四爻？

"中"之一字，不但道理当然，虽气数离了"中"亦成不得，寒暑灾样失"中"，则万物殃，饮食起居失"中"则一身病。故四时各顺其序，五脏各得其职，此之谓"中"。差分毫便有分毫验应，是以圣人执中以立天地万物之极。

学者只看得世上万事万物种种是道，此心才觉畅然。

在举世尘俗中另识一种意味，又不轻与鲜能知味者尝，才是真趣。守此便是至宝。

五色胜则相掩，然必厚益之，犹不能浑然无迹，惟黑一染，不可辨矣。故黑者，万事之府也，敛藏之道也。帝王之道黑，故能容保无疆；圣人之心黑，故能容会万理。盖含英彩，韬精明，养元气，蓄天机，皆黑之道也，故曰"惟玄催默"。玄，黑色也。默，黑象也。《书》称舜曰"玄德升闻"。《老子》曰"知其白，守其黑"，得黑之精者也。故外著而不可掩，皆道之浅者也。虽然，儒道内黑而外白，黑为体，白为用；老氏内白而外黑，白安身，黑善世。

道在天地间不限于取数之多，心力勤者得多，心力衰者得少，昏弱者一无所得。假使天下皆圣人，道亦足以供其求，苟皆为盗跖，道之本体自在也，分毫无损。毕竟是世有圣人，道斯有主；道附圣人，道斯有用。

汉唐而下，议论驳而至理杂，吾师宋儒。宋儒求以明道而多穿凿附会之谈，失平正通达之旨，吾师先圣之言。先圣之言煨于秦火，杂于百家，莠苗朱紫，使后学尊信之而不敢异同，吾师道。苟协诸道而协，则千圣万世无不吻合，何则？道无二也。

或问："中之道，尧、舜传心，必有至去至妙之理。"余叹曰："只就我两人眼前说，这饮酒，不为限量，不至过醉，这就是饮酒之中；这说话，不缄默；不狂诞，这就是说话之中；这作揖跪拜，不烦不疏，不疾不徐，这就是作揖跪拜之中。一事得中，就是一事底尧、舜，推之万事皆然。又到那安行处，便是十全底尧、舜。"

形神一息不相离，道器一息不相无；故道无精粗，言精粗者妄也。因与一客共酌，指案上罗列者谓之曰："这安排必有停妥处，是天然自有底道理；那僮仆见一豆上案，将满案尊俎东移西动，莫知措手，那知底入眼便有定位，未来便有安排，新者近前，旧者退后，饮食居左，匙箸居右，重积不相掩，参错不相乱，布置得宜，楚楚齐齐，这个是粗底。若说神化性命不在此，却在何处？若说这里有神化性命，这个工夫还欠缺否？推之耕耘簸扬之夫，炊爨烹调之妇，莫不有神化性命之理，都能到神化性命之极。学者把神化性命看得太玄，把日用事物看得太粗，原不曾理会。理会得来，这案上罗列得，天下古今万事万物都在这里，横竖推行、扑头盖面、脚踏身坐底都是神化性命，乃知神化性命极粗浅底。"

有大一贯，有小一贯。小一贯，贯万殊；大一贯，贯小一贯。大一贯一，小一贯千百。无大一贯，则小一贯终是零星；无小一贯，则大一贯终是浑沌。

静中看天地万物，都无些子。

一门人向予数四穷问无极、太极及理气同异、性命精粗、性善是否。

予曰："此等语，予亦能剿先儒之成说及一己之谬见以相发明，然非汝今日急务。假若了悟性命，洞达天人，也只于性理书上添了'某氏曰'一段言语，讲学衙门中多了一宗卷案。后世穷理之人，信彼驳此，服此辟彼，百世后汗牛充栋，都是这桩话说，不知于国家之存亡、万姓之生死、身心之邪正，见在得济否？我只有个粗法子，汝只把存心制行、处事接物、齐家治国平天下，大本小节都事事心下信得过了，再讲这话不迟。"曰："理气、性命，终不可谈邪？"曰："这便是理气、性命显设处，除了撒数没总数。"

阳为客，阴为主；动为客，静为主；有为客，无为主；万为客，一为主。

理路直截，欲路多岐；理路光明，欲路微暧；理路爽畅，欲路懊烦；理路逸乐，欲路忧劳。

无万则一何处着落？无一则万谁为张主？此二字一时离不得。一只在万中走，故有正一无邪万；有治一无乱万；有中一无偏万；有活一无死万。

天下之大防五，不可一毫溃也，一溃则决裂不可收拾。宇内之大防，上下名分是已；境外之大防，夷夏出入是已；一家之大防，男女嫌微是已；一身之大防，理欲消长是已；万世之大防，道脉纯杂是已。

儒者之末流与异端之末流何异？似不可以相诮也。故明于医可以攻病人之标本；精于儒可以中邪说之膏肓。辟邪不得其情，则邪愈肆；攻病不对其症，则病愈剧。何者？授之以话柄而藉之以反攻，自救之策也。

人皆知异端之害道，而不知儒者之言亦害道也。见理不明，似是而非，或骋浮词以乱真，或执偏见以夺正，或狃目前而昧万世之常经，或徇小道而溃天下之大防，而其闻望又足以行其学术，为天下后世人心害亦不细。是故，有异端之异端，有吾儒之异端。异端之异端真非也，其害小；吾儒之异端似是也，其害大。有卫道之心者，如之何而不辩哉？

天下事皆实理所为，未有无实理而有事物者也。幻家者流，无实用而以形惑人。呜呼！不窥其实而眩于形以求理，愚矣。

公卿争议予朝，曰天子有命，则屏然不敢屈直矣；师儒相辩于学，曰孔子有言，则寂然不敢异同矣。故天地间惟理与势为最尊。虽然，理又尊之尊也。庙堂之上言理，则天子不得以势相夺，即相夺焉，而理则常伸于天下万世。故势者，帝王之权也；理者，圣人之权也。帝王无圣人之理，则其权有时而屈，然则理也者，又势之所恃以为存亡者也。以莫大之权，无僭窃之禁，此儒者之所不辞而敢于任斯道之南面也。

阳道生，阴道养。故向阳者先发，向阴者后枯。

正学不明，聪明才辩之士各枝叶其一隅之见，以成一家之说，而道始千歧百径矣。岂无各得？终是偏术。到孔门只如枉木着绳，一毫邪气不得。

禅家有理障之说。愚谓理无障，毕竟是识障。无意识，心何障之有？

道，莫要于损己；学，莫急于矫偏。

七情总是个欲，只得其正了，都是天理；五性总是个仁，只不仁了，都是人欲。

万籁之声，皆自然也，自然皆真也，物各自鸣其真。何天何人，何今何古？"六经"，籁道者也，统一圣真，而汉宋以来胥执一响以吹之，而曰是外无声矣，观俳谑者，万人粲然^①皆笑，声不同也而乐同。人各笑其所乐，何清浊、高下、妍媸之足云？故见各鸣其自得。语不诡于"六经"，皆吾道之众响也，不必言言同、事事同矣。

气者，形之精华；形者，气之渣滓。故形中有气，无气则形不生；气中无形，有形则气不载。故有无形之气，无无气之形。星陨为石者，先感于形也。

天地万物，只到和平处，无一些不好。何等畅快！

庄、列见得道理原著不得人为，故一向不尽人事。不知一任自然，成甚世界？圣人明知自然，却把自然阁起，只说个当然，听那个自然。

私恩煦感，仁之贼也；直往轻担，义之贼也；足恭伪态，礼之贼也；苛察歧疑，智之贼也；苟约因守，信之贼也。此五贼者，破道乱正，圣门斥之，后世儒者往往称之以训世，无识也与？

道有二"然"，举世皆颠倒之。有个"当然"，是属人底，不问吉凶祸福，要向前做去；有个"自然"，是属天底，任你蹢躅^②（zhí zhú）咆哮，自勉强不来，举世昏迷，专在"自然"上错用功夫，是谓替天忙，徒劳无益。却将"当然"底全不着意，是谓弃人道，成个甚人？圣贤看着"自然"可得底，果于"当然"有碍，定不肯受，况未必得乎？只把二"然"字看

---

① 粲然：露齿而笑的样子。

② 蹢躅：以足击地，顿足。

得真、守得定，有多少受用处！

气用形，形尽而气不尽；火用薪，薪尽而火不尽。故天地惟无能用有，五行惟火为气，其四者皆形也。

气盛便不见涵养。浩然之气虽充塞天地间，其实本体闲定冉冉口鼻中，不足以呼吸。

有天欲，有人欲。吟风弄月，傍花随柳，此天欲也。声色贷利，此人欲也。天欲不可无，无则禅；人欲不可有，有则秽。天欲即好底人欲，人欲即不好底天欲。

朱子云："不求人知，而求天知。"为初学言也。君子为善，只为性中当如此，或此心过不去。天知、地知、人知、我知，浑是不求底，有一求心，便是伪，求而不得，此念定是衰歇。

以吾身为内，则吾身之外皆外物也，故富贵利达，可生可荣，苟非道焉，而君子不居；以吾心为内，则吾身亦外物也；故贫贱忧戚，可辱可杀，苟道焉，而君子不辞。

或问敬之道。曰："外面整齐严肃，内面齐庄中正，是静时涵养底敬；读书则心在于所读，治事则心在于所治，是主一无边底敬；出门如见大宾，使民如承大祭，是随事小心底敬"。或曰："若笑谈歌咏、宴息造次之时，恐如是则矜持不泰然矣。"曰："敬以端严为体，以虚活为用，以不离于正为主。斋日衣冠而寝，梦寐乎所祭者也。不斋之寝，则解衣脱冕矣。未有释衣冕而持敬也。然而心不流于邪僻，事不诡于道义，则不害其为敬矣；君若专去端严上求敬，则荷锄负畚、执辔御车、鄙事贱役，古圣贤皆为之矣，岂能日日手容恭、足容重耶？又若孔子曲肱指掌，及居不容，点之浴沂，何害其为敬耶？大端心与正依，事与道合，虽不拘拘于端严，不害其

为敬。苟心游手里，意逐百欲，而此身却兀然端严在此，这是敬否？譬如谨避深藏，秉烛鸣佩，缓步轻声，女教《内则》原是如此，所以养贞信也。若馌妇汲妻，及当颠沛奔走之际，自是回避不得。然而贞信之守与深藏谨避者同，是何害其为女教哉？是故敬不择人，敬不择事，敬不择时，敬不择地，只要个心与正依，事与道合。"

"先难后获"，此是立德立功第一个张主。若认得先难是了，只一向持循去，任千毁万谤也莫动心，年如是，月如是，竟无效验也只如是，久则自无不获之理。故工夫循序以进之，效验从容以俟之，若欲速便是揠苗者，自是欲速不来。

造化之精，性天之妙，惟静观者知之，惟静养者契之，难与纷扰者道。故止水见星月，才动便光芒错杂矣。悲夫！纷扰者昏昏以终身，而一无所见也。

满腔子是侧隐之心，满六合是运恻隐之心处。君子于六合飞潜动植、纤细毫末之物，见其得所则油然而喜，与自家得所一般；见其失所则闵然而戚，与自家失所一般，位育①念头如何一刻放得下？

万物生于性，死于情。故上智去情，君子正情，众人任情，小人肆情。夫知情之能死人也，则当游心于澹泊无味之乡，而于世之所欣戚趋避漠然不以婴其虑，则身苦而心乐，感殊而应一，其所不能逃者，与天下同；其所了然独得者，与天下异。

此身要与世融液，不见有万物形迹、六合界限，此之谓化；然中间却不模糊，自有各正底道理，此之谓精。

———————————

①位育：贵贱上下皆安其位，万物皆遂其生也。"中和位育"，是儒家的核心理念，"中和"是目的，不偏不倚，谐调适度；"位育"是手段，各守其分，适应处境。

人一生不闻道，真是可怜！

"己欲立而立人，己欲达而达人"，便是肫肫其仁^①，天下一家滋味。然须推及鸟兽，又推及草木，方充得尽。若父子兄弟间便有各自立达、争先求胜的念头，更那顾得别个。

天德只是个无我，王道只是个爱人。

道是第一等，德是第二等，功是第三等，名是第四等。自然之谓道，与自然游谓之道士。体道之谓德，百行俱修谓之德士。济世成物谓之功。一味为天下洁身着世谓之名。一味为自家立言者亦不出此四家之言，下此不入等矣。

凡动天感物，皆纯气也。至刚至柔与中和之气皆有所感动，纯故也。十分纯里才有一毫杂，便不能感动。无论嘉气、戾气，只纯了，其应便捷于影响。

万事万物有分别，圣人之心无分别，因而付之耳。譬之日因万物以为影，水因万川以顺流，而日水原无两，未尝不分别，而非以我分别之也。以我分别，自是分别不得。

下学学个甚么？上达达个甚么？下学者，学其所达也；上达者，达其所学也。

弘毅，坤道也。《易》曰"含弘光大"，言弘也。"利永贞"，言毅也。不毅不弘，何以载物？

"六经"言道而不辨，辨自孟子始；汉儒解经而不论，论自宋儒始；宋儒尊理而不僭，僭自世儒始。

---

① 肫肫其仁：肫肫与"忳忳"同，诚挚的样子。

圣贤学问是一套，行王道必本天德；后世学问是两截，不修己，只管治人。

自非生知之圣，未有言而不思者。貌深沉而言安定，若蹇若疑，欲发欲留。虽有失焉者，寡矣，神奋扬而语急速，若涌若悬，半踦半晦，虽有得焉者，寡矣。夫一言之发，四面皆渊阱也。喜言之则以为骄，戚言之则以为懦，谦言之则以为谄，直言之则以为陵，微言之则以为险，明言之则以为浮。无心犯讳，则谓有心之讥；无为发端，则疑有为之说。简而当事，曲而当情，精而当理，确而当时，一言而济事，一言而服人，一言而明道，是谓修辞之善者。其要有二：曰澄心，曰定气。余多言而无当，真知病本云云，当与同志者共改之。

知彼知我，不独是兵法，处人处事一些少不得底。

静中真味至淡至冷，及应事接物时，自有一段不冷不淡天趣。只是众人习染世味十分浓艳，便看得他冷淡。然冷而难亲，淡而可厌，原不是真味，是谓拨寒灰、嚼净蜡。

明体全为适用。明也者，明其

所适也。不能实用，何贵明体？然未有明体而不适用者。树有根，自然千枝万叶；水有泉，自然千流万派。

天地人物原来只是一个身体，一副心肠，同了便是一家，异了便是万类。而今看着风云雷雨都是我胸中发出，虎豹蛇蝎都是我身上分来，那个是天地？那个是万物？

万事万物都有个一，千头万绪皆发于一，千言万语皆明此一，千体认万推行皆做此一。得此一，则万皆举。求诸万，则一反迷。但二氏只是守一，吾儒却会用一。

三氏传心要法，总之不离一"静"字。下手处皆是制欲，归宿处都是无欲，是则同。

"予欲无言"，非雅言也，言之所不能显者也。"吾无隐尔"，非文辞也，性与天道也。说便说不来，藏也藏不得，然则无言即无隐也；在学者之自悟耳。天地何尝言？何尝隐？以是知不可言传者，皆日用流行于事物者也。

天地间道理，如白日青天；圣贤心事，如光风霁月。若说出一段话，说千解万，解说者再不痛快，听者再不惺憁，岂举世人皆愚哉？此立言者之大病。

罕譬而喻者，至言也；譬而喻者，微言也；譬而不喻者，玄言也。玄言者，道之无以为者也。不理会玄言，不害其为圣人。

正大光明，透彻简易，如天地之为形，如日月之垂象，足以开物成务，足以济世安民，达之天下万世而无弊，此谓天言。平易明白，切近精实，出于吾口而当于天下之心，载之典籍而裨于古人之道，是谓人言。艰深幽僻，吊诡探奇，不自句读不能通其文，通则无分毫会心之理趣；不考音韵

不能识其字，识则皆常行日用之形声，是谓鬼言。鬼言者，道之贼也，木之蟊也，经生学士之殃也。然而世人崇尚之者何？逃之怪异，足以文凡陋之笔，见其怪异，易以骇肤浅之目。此光明平易大雅君子为之汗颜泚颡，而彼方以为得意者也。哀哉！

衰世尚同，盛世未尝不尚同。衰世尚同流合污，盛世尚同心合德。虞廷同寅协恭，修政无异识，圮族者殛^①（jí）之；孔门司道协志，修身无异术，非吾徒者攻之。故曰，道德一，风俗同。二之非帝王之治，二之非圣贤之教，是谓败常乱俗，是谓邪说破道。衰世尚同则异是矣。逐波随风，共撼中流之砥柱，一颓百靡，谁容尽醉之醒人？读《桃园》、诵《板荡》，自古然矣。乃知盛世贵同，衰世贵独。独非立异也，众人皆我之独，即盛世之同矣。

世间物一无可恋，只是既生在此中，不得不相与耳。不宜着情，着情便生无限爱欲，便招无限烦恼。

"安而后自虑"，止水能照也。

君子之于事也，行乎其所不得不行，止乎其所不得不止；于言也，语乎其所不得不语，默乎其所不得不默。尤悔庶几寡矣。

发不中节，过不在已发之后。

才有一分自满之心，面上便带自满之色，口中便出自满之声，此有道之所耻也。见得大时，世间再无可满之事，吾分再无能满之时，何可满之有？故盛德容貌若愚。

"相在尔室，尚不愧于屋漏"，此是千古严师；"十目所视，十手所

---

① 殛：杀死。

指”，此是千古严刑。

诚与才合，毕竟是两个，原无此理。盖才自诚出，才不出于诚算不得个才，诚了自然有才。今人不患无才，只是讨一“诚”字不得。

断则心无累。或曰：“断用在何处？”曰：“谋后当断，行后当断。”

道尽于一，二则赘；体道者不出一，二则支；天无二气，物无二本，心无二理，世无二权。一则万，二则不万，道也，二乎哉？故执一者得万，求方者失一。水壅万川未必能塞，木滋万叶未必能荣，失一故也。

道有一真，而意见常千百也，故言多而道愈漓；事有一是，而意见常千百也，故议多而事愈偾。

吾党望人甚厚，自治甚疏，只在口吻上做工夫，如何要得长进？

宇宙内原来是一个，才说同，便不是。

周子《太极图》第二圈子是分阴分阳，不是根阴根阳。世间没有这般截然气化，都是互为其根耳。

说自然是第一等话，无所为而为。说当然是第二等话，性分之所当尽，职分之所当为。说不可不然是第三等话，是非毁誉是已。说不敢不然是第四等话，利害祸福是已。

人欲扰害天理，众人都晓得；天理扰害天理，虽君子亦迷，况在众人！而今只说慈悲是仁，谦恭是礼，不取是廉，慷慨是义，果敢是勇，然诺是信。这个念头真实发出，难说不是天理，却是大中至正天理被他扰害，正是执一贼道。举世所谓君子者，都在这里看不破，故曰“道之不明”也。

“二女同居，其志不同行”，见孤阳也。若无阳，则二女何不同行之有？二阳同居，其志同行，不见阴也。若见孤阴，则二男亦不可以同居矣。故曰：“一阴一阳之谓道。”六子虽具阴阳之偏，然各成一体，故无嫌。

利刃斫木绵，迅炮击风帜，必无害矣。

士之于道也，始也求得，既也得得，既也养得，既也忘得。不养得则得也不固，不忘得则得也未融。学而至于忘得，是谓无得。得者，自外之名，既失之名，还我故物，如未尝失，何得之有？心放失，故言得心。从古未言得耳目口鼻四肢者，无失故也。

圣人作用皆以阴为主，以阳为客。阴所养者也，阳所用者也。天地亦主阴而客阳。二氏家全是阴。道家以阴养纯阳而啬之，释家以阴养纯阴而宝之。凡人阴多者，多寿多福；阳多者，多夭多祸。

只隔一丝，便算不得透彻之悟，须是入筋内、沁骨髓。

异端者，本无不同，而端绪异也。千古以来，惟尧、舜、禹、汤、文、武、孔、孟一脉是正端，千古不异。无论佛、老、庄、列、申、韩、管、商，即伯夷、伊尹、柳下惠，都是异端。子贡、子夏之徒，都流而异端。盖端之初分也，如路之有歧，未分之初都是一处发脚，既出门后，一股向西南走，一股向东南走，走到极处，末路梢头，相去不知几千万里。其始何尝不一本哉？故学问要析同异于毫厘，非是好辩，惧末流之可哀也。

天下之事，真知再没个不行，真行再没个不诚，真诚之行再没个不自然底。自然之行不至其极不止，不死不止，故曰"明则诚"矣。

千万病痛只有一个根本，治千病万痛只治一个根本。

宇宙内主张万物底，只是一块气。气即是理。理者，气之自然者也。

到至诚地位，诚固诚，伪亦诚；未到至诚地位，伪固伪，诚亦伪。

义袭取不得。

信知困穷抑郁、贫贱劳苦是我应得底，安富薄荣、欢欣如意是我侥来底，胸中便无许多冰炭。

事有豫而立，亦有豫而废者。吾曾豫以有待，临事凿枘不成，竟成弃掷者。所谓权不可豫设，变不可先图，又难执一论也。

任是千变万化、千奇万异，毕竟落在平常处歇。

善是性，性未必是善；秤锤是铁，铁不是秤锤。或曰："孟子道性善，非与？"曰："余所言，孟子之言也，孟子以耳目口鼻四肢之欲为性，此性善否？"或曰："欲当乎理即是善。"曰："如子所言，'动心忍性'亦忍善性与？"或曰："孔子系《易》，言'继善成性'，非与？"曰："世儒解经皆不善读《易》者也。孔子云'一阴一阳之谓道'，谓一阴一阳均调而不偏，乃天地中和之气，故谓之道。人继之则为善，继者禀受之初；人成之则为性，成者不作之谓。假若一阴则偏于柔；一阳则偏于刚。皆落气质，不可谓之道。盖纯阴纯阳之谓偏，一阴二阳、二阴一阳之谓驳；一阴三四五阳、五阴一三四阳之谓杂。故仁智之见皆落了气质一边，何况百姓？"仁智"两字拈此以见例。礼者见之谓之礼，义者见之谓之义，皆是边见。朱注以继为天，误矣。又以仁智分阴阳，又误矣。抑尝考之，天自有两种天：有理道之天，有气数之天。故赋之于人，有义理之性，有气质之性。二天皆出于太极。理道之天是先天，未着阴阳五行以前，纯善无恶，《书》所谓'惟皇降衷，厥有恒性'。《诗》所谓'天生烝民，有物有则'是也。气数之天是后天，落阴阳五行之后，有善有恶，《书》所谓'天生烝民，有欲'，孔子所谓'惟上知与下愚不移'是也。孟子道性善，只言个德性。"

物欲从气质来，只变化了气质，更说甚物欲。

耳目口鼻四肢有何罪过？尧、舜、周、孔之身都是有底；声色货利、可爱可欲有何罪过？尧、舜、周、孔之世都是有底。千万罪恶都是这点心，

孟子"耳目之官不思而蔽于物"，太株连了。只是先立乎其大，有了张主，小者都是好奴婢，何小之敢夺？没了窝主，那怕盗贼？问："谁立大？"曰："大立大"。

威仪养得定了，才有脱略，便害羞赧，放肆惯得久了，才入礼群，便害拘束。习不可不慎也。

絜矩①（jié jǔ）是强恕事，圣人不絜矩。他这一副心肠原与天下打成一片，那个是矩？那个是絜？

仁以为己任，死而后已，此是大担当。老者衣帛食肉，黎民不饥不寒，此是大快乐。

内外本末交相培养，此语余所未喻。只有内与本，那外与末张主得甚？

不是与诸君不谈奥妙，古今奥妙不似《易》与《中庸》，至今解说二书不似青天白日，如何又于晦夜添浓云也？望诸君哀此后学，另说一副当言语，须是十指露缝，八面开窗，你见我知，更无躲闪，方是正大光明男子。

形而上与形而下不是两般道理，下学上达不是两截工夫。

世之欲恶无穷，人之精力有限，以有限与无穷斗，则物之胜人不啻千万，奈之何不病且死也？

冷淡中有无限受用处。都恋恋炎热，抵死不悟，既悟不知回头，既回头却又羡慕，此是一种依膻附腥底人，切莫与谈真滋味。

处明烛幽，未能见物，而物先见之矣。处幽烛明，是谓神照。是故不

---

① 絜矩：絜，度量；矩，画方形的用具，引申为法度。儒家以絜矩来象征道德上的规范。

言者非喑，不视者非盲，不听者非聋。

儒戒声色货利，释戒色声香味，道戒酒色财气，总归之无欲，此三氏所同也。儒衣儒冠而多欲，怎笑得释、道？

敬事鬼神，圣人维持世教之大端也。其义深，其工大，但自不可凿求，不可道破耳。

天下之治乱，只在"相责各尽"四字。

世之治乱，国之存亡，民之死生，只是个我心作用，只无我了，便是天清地宁、民安物阜性界。

惟得道之深者，然后能浅言。凡深言者，得道之浅者也。

以虚养心，以德养身，以善养人，以仁养天下万物，以道养万世，养之义大矣哉！

万物皆能昏人，是人皆有所昏。有所不见为不见者所昏，有所见为见者所昏，惟一无所见者不昏，不昏然后见天下。

道非淡不入，非静不进，非冷不凝。

三千三百，便是无声无臭。

天德王道不是两事，内圣外王不是两人。

损之而不见其少者必赘物也，益之而不见其多者必缺处也，惟分定者，加一毫不得、减一毫不得。

知是一双眼，行是一双脚。不知而行，前有渊谷而不见，傍有狼虎而不闻，如中州之人适燕而南、之粤而北也，虽乘千里之马，愈疾愈远。知而不行，如痿痹之人，数路程、画山水，行更无多说，只用得一"笃"字。知底工夫千头万绪，所谓"匪知之艰，惟行之艰"，"匪苟知之，亦允蹈之"，"知至至之，知终终之"，"穷神知化"，"穷理尽性"，"几深研极"，

"探赜索隐①（tàn zé suǒ yǐn）"，"多闻多见"。知也者，知所行也；行也者，行所知也。知也者，知此也；行也者，行此也，原不是两个。世俗知行不分，直与千古圣人驳难，以为行即是知。余以为能行方算得知，徒知难算得行。

有杀之为仁，生之为不仁者；有取之为义，与之为不义者；有卑之为礼，尊之为非礼者；有不知为智，知之为不智者；有违言为信，践言为非信者。

觅物者，苦求而不得，或视之而不见，他日无事于觅也，乃得之。非物有趋避，目眩于急求也。天下之事每得于从容，而失之急遽。

山峙川流，鸟啼花落，风清月白，自是各适其天，各得其分。我亦然，彼此无干涉也。才生系恋心，便是歆羡，便有沾着。主人淡无世好，与世相忘而已。惟并育而不有情，故并育而不相害。

公生明，诚生明，从容生明。公生明者，不蔽于私也。诚生明者，清虚所通也。从容生明者，不淆于感也。舍是无明道矣。

"喜怒哀乐之未发谓之中"，自有《中庸》以来，无人看破此一语。此吾道与佛、老异处，最不可忽。

知识，心之孽也；才能，身之妖也；贵宠，家之祸也；富足，子孙之殃也。

只泰了，天地万物皆志畅意得，欣喜欢爱。心、身、家、国、天下无一毫郁阏不平之气，所谓八达四通，千昌万遂，太和之至也。然泰极则肆，肆则不可收拾而入于《否》。故《泰》之后继以《大壮》，而圣人戒之曰：

————————

①探赜索隐：探：寻求，探测；赜：幽深玄妙；索：搜求；隐：隐秘。探究深奥的道理，搜索隐秘的事情。

"君子以非礼弗履。"用是见古人"忧勤惕励"之意多，豪雄旷达之心少。六十四卦惟有《泰》是快乐时，又恁极中极正，且惧且危，此所以致泰保泰而无意外之患也。

今古纷纷辨口，聚讼盈庭，积书充栋，皆起于世教之不明，而聪明才辨者各执意见以求胜。故争轻重者至衡而息，争短长者至度而息，争多寡者至量而息，争是非者至圣人而息。中道者，圣人之权衡度量也。圣人往矣，而中道自在，安用是哓哓强口而逞辨以自是哉？嗟夫！难言之矣。

人只认得"义""命"两字真，随事随时在这边体认，果得趣味，一生受用不了。

"夫焉有所倚"，此至诚之胸次也。空空洞洞，一无所着，一无所有，只是不倚着，才倚一分，便是一分偏，才着一厘，便是一厘碍。

形用事，则神者亦形；神用事，则形者亦神。

威仪三千，礼仪三百，五刑之属三千，皆法也。法是死的，令人可守；道是活底，令人变通。贤者持循于

法之中，圣人变易于法之外；自非圣人，而言变易，皆乱法也。

道不可言，才落言诠便有倚着。

礼教大明，中有犯礼者一人焉，则众以为肆而无所容；礼教不明，中有守礼者一人焉，则众以为怪而无所容。礼之于世大矣哉！

良知之说，亦是致曲扩端学问，只是作用大端费力。作圣工夫当从天上做，培树工夫当从土上做。射之道，中者矢也，矢由弦，弦由手；手由心，用工当在心，不在矢；御之道，用者衔也。衔由辔，辔由手，手由心，用工当在心，不在衔。

圣门工夫有两途，"克己复礼"是领恶以全好也。四夷靖则中国安。"先立乎其大者"，是正己而物正也。内顺治则外成严。

"中"是千古道脉宗；"敬"是圣学一字诀。

性只有一个，才说五便着情种矣。

敬肆是死生关。

瓜李将熟，浮白生焉；礼由情生，后世乃以礼为情，哀哉！

道理甚明、甚浅、甚易，只被后儒到今说底玄冥，只似真禅，如何使俗学不一切诋毁而尽叛之！

生成者，天之道心；灾害者，天之人心。道心者，人之生成；人心者，人之灾害。此语众人惊骇死，必有能理会者。

道、器非两物，理、气非两件。成象成形者器，所以然者道；生物成物者气，所以然者理。道与理，视之无迹，扪之无物。必分道器、理气为两项，殊为未精。《易》曰："形而上者谓之道，形而下者谓之器。"盖形而上，无体者也，万有之父母，故曰道。形而下，有体者也，一道之凝结，故曰器。理气亦然。生天、生地、生人、生物，皆气也。所以然者，理也。

安得对待而言之？若对待为二，则费隐亦二矣。

先天理而已矣，后天气而已矣，天下势而已矣，人情利而已矣。理一，而气、势、利三，胜负可知矣。

人事就是天命。

我盛则万物皆为我用，我衰则万物皆为我病。盛衰胜负，宇宙内只有一个消息。

天地间惟无无累，有即为累。有身则身为我累，有物则物为我累。惟至人则有我而无我，有物而志物，此身如在太虚中，何累之有？故能物我两化，化则何有何无？何非有何非无？故二氏逃有，圣人善处有。

义，合外内之道也。外无感，则义只是浑然在中之理。见物而裁制之，则为义。义不生于物；亦缘物而后见。告子只说义外，故孟子只说义内，各说一边以相驳，故穷年相辩而不服。孟子若说义虽缘外而形，实根吾心而生。物不是义，而处物乃为义也。告子再怎开口？性，合理气之道也。理不杂气，则纯粹以精，有善无恶，所谓义理之性也，理一杂气，则五行纷糅，有善有恶，所谓气质之性也。诸家所言，皆落气质之后之性，孟子所言，皆未着气质之先之性。各指一边以相驳，故穷年相辩而不服。孟子若说有善有恶者，杂于气质之性；有善无恶者，上帝降衷之性。学问之道，正要变化那气质之性，完复吾降衷之性。诸家再怎开口？

《乾》与《姤》（gòu），《坤》与《复》，对头相接，不间一发。《乾》《坤》尽头处，即《姤》《复》起头处，如呼吸之相连，无有断续，一断便是生死之界。

知费之为省，善省者也；而以省为省者愚，其费必倍。知劳之为逸者，善逸者也；而以逸为逸者昏，其劳必多。知苦之为乐者，善乐者也；而以

乐为乐者痴，一苦不返，知通之为塞者，善塞者也；而以塞为塞者拙，一通必竭。

秦火之后，三代制作湮灭几尽。汉时购书之赏重，胡汉儒附会之书多。其幸存者，则焚书以前之宿儒尚存而不死，如伏生口授之类。好古之君子壁藏而石函，如《周礼》出于屋壁之类。后儒不考古今之文，概云先王制作而不敢易。即使尽属先王制作，然而议礼制度考文，沿世道民俗而调剂之，易姓受命之天子皆可变通，故曰刑法世轻重，三王不沿礼袭乐。若一切泥古而求通，则茹毛饮血、土鼓污尊皆可行之今日矣。尧、舜而当此时，其制度文为必因时顺势，岂能反后世而跻之唐虞？或曰："自秦火后，先王制作何以别之？"曰："打起一道大中至正线来，真伪分毫不错。"

理会得"简"之一字，自家身心、天地万物、天下万事尽之矣。一粒金丹，不载多药，一分银魂，不携钱币。

耳闻底，眼见底，身触、头戴、足踏底，灿然确然，无非都是这个。拈起一端来，色色都是这个。却向古人千言万语，陈烂葛藤，钻研穷究，意乱神昏，了不可得，则多言之误后人也噫！

鬼神无声无臭，而有声有臭者乃无声无臭之散殊也。故先王以声息为感格鬼神之妙机。周人尚臭，商人尚声。自非达幽明之故者，难以语此。

三千三百，茧丝牛毛，圣人之精细入渊微矣，然皆自性真流出，非由强作，此之谓天理。

事事只在道理上商量，便是真体认。

使人收敛庄重莫如礼，使人温厚和平莫如乐。德性之有资于礼乐，犹身体之有资于衣食，极重大，极急切。人君治天下，士君子治身，惟礼乐之用为急耳。自礼废，而惰慢放肆之态惯习于身体矣；自乐亡，而乖戾愤恨之气充满于一腔矣。三代以降，无论典秩之本，声气之元，即仪文器数，梦寐不及；悠悠六合，贸贸百年，岂非灵于万物，而万物且能笑之？细思先儒"不可斯须去身"六字，可为流涕长太息矣。

惟平脉无病，七表、八里、九道皆病名也；惟中道无名，五常、百行、万善皆偏名也。

千载而下，最可恨者，《乐》之无传。士大夫视为迂阔无用之物，而不知其有切于身心性命也。

一、中、平、常、白、淡、无，谓之七，无对。一不对万；万者，一之分也。太过不及对，中者，太过不及之君也。高下对，平者，高下之准也。吉凶祸福、贫富贵贱对，常者，不增不减之物也。青黄、碧紫、赤黑对，白者青、黄、碧、紫、赤之质也。酸、咸、甘、苦、辛对，淡者，受和五味之主也。有不与无对，无者，万有之母也。

或问："格物之物是何物？"曰："至善是已。""如何格？"曰："知止是已。""《中庸》不言格物，何也？"曰："舜之执两端于问察，回之择一善而服膺，皆格物也。""择善与格物同否？"曰："博学审问、慎思明辨皆格物也；致知诚正、修齐治平皆择善也。除了善更无物，除了择善更无格物之功。""至善即中乎？"曰"不中不得谓之至善。不明乎善，不得谓之格物。故不明善不能诚身，不格物不能诚意。明了善，欲不诚身不得。格了物，欲不诚意不得。""不格物亦能致知否？"曰"有。佛、老、庄、列皆致知也，非不格物；而非吾之所谓物。""不致知亦能诚意否？"曰："有。尾生、孝己皆诚意也，乃气质之知，而非格物之知。'格物'二字在宇宙间乃鬼神诃护真灵至宝，要在个中人神解妙悟，不可与口耳家道也。"

学术要辨邪正。既正矣，文要辨真伪。既真矣，又要辨念头切不切，向往力不力。无以空言辄便许人也。

百姓冻馁，谓之国穷；妻子困乏，谓之家穷，气血虚弱，谓之身穷；学问空疏，谓之心穷。

人问："君是道学否？"曰："我不是道学。""是仙学否？"曰："我不是仙学。""是释学否？"曰："我不是释学。"是老、庄、申、韩学否？"曰："我不是老、庄、申、韩学。""毕竟是谁家门户？"曰："我只是我。"

与友人论天下无一物无礼乐，因指几上香曰："此香便是礼，香烟便是乐；坐在此便是礼，一笑便是乐。"

心之好恶不可迷也，耳目口鼻四肢之好恶不可徇也。瞽者不辨苍素，聋者不辨宫商，鼽者不辨香臭，狂者不辨辛酸，逃难而追亡者不辨险夷远近。然于我无损也，于道无损也，于事无损也。而有益于世，有益于我者，无穷。乃知五者之知觉，道之贼而心之殃也，天下之祸也。

气有三散：苦散、乐散、自然散。苦散、乐散可以复聚，自然散不复聚矣。

悟有顿，修无顿。立志在尧，即一念之尧；一语近舜，即一言之舜；

一行师孔，即一事之孔，而况悟乎？若成一个尧、舜、孔子，非真积力久、毙而后已不能。

"有人于此，其孙呼之曰祖，其祖呼之曰孙，其子呼之曰父，其父呼之曰子，其舅呼之曰甥，其甥呼之曰舅，其伯叔呼之曰侄，其侄呼之曰伯叔，其兄呼之曰弟，其弟呼之曰兄，其翁呼之曰婿，其婿呼之曰翁，毕竟是几人？"曰："一人也。""呼之毕竟孰是？"曰："皆是也。吁！'仁者见之谓之仁，知者见之谓之知。'无怪矣，道二乎哉！"

豪放之心非道之所栖也，是故道凝于宁静。

圣人制规矩不制方圆，谓规矩可为方圆，方圆不能为方圆耳。

终身不照镜，终身不认得自家。乍照镜，犹疑我是别人，常磨常照，才认得本来面目。故君子不可以无友。

轻重只在毫厘，长短只争分寸。明者以少为多，昏者惜零弃整。

天地所以循环无端积成万古者，只是四个字，曰"无息有渐"。圣学亦然，纵使生知之圣，敏则有之矣，离此四字不得。

下手处是自强不息，成就处是至诚无息。

圣学入门先要克己，归宿只是无我。盖自私自利之心是立人达人之障，此便是舜、跖关头，死生歧路。

心于淡里见天真，嚼破后许多滋味；学问渊中寻理趣，涌出来无限波澜。

百毒惟有恩毒苦，万味无如淡味长。

总埋泉壤终须白，才露天机便不玄。

横吞八极水，细数九牛毛。

内文导读

　　乐，在六艺中指的是举行各种仪式时的音乐舞蹈。那么，作者以"乐"为题，是不是就是说这卷讲的是音乐舞蹈呢？显然不是。音乐舞蹈，属于美育的范畴，但又不仅仅指美育；礼是外在的，乐是内在的。乐使大家彼此相亲，礼使大家彼此相敬；乐使大家彼此相同，礼使大家彼此相异。可见，作者在该卷讲的是如何打造个人人格魅力，如何让人亲近你，让自己更有凝聚力，以及如何提高自身修养。

修身

　　修身是指修养身心，修身的具体行为表现在日常生活中就是择善而从，博学于文，并约之以礼。但是，人们往往会忽视修身最基本的含义。那么什么是修身呢？修，最早见于甲骨文，其本义原指从容装饰，精心美化，后引申至改造、整治，又引申为学习、追求、完善等。可见，修身有一个过程，是一个系列的行动。核心是自我纠错，追求的结果是完善自我。也就是说，通过自我反省体察，使自己的心灵得到净化、纯洁，使身心达到更加完美的境界。作者论述了人性的弱点给人带来的损害。作者所阐述的人性的弱点，很多也是今天的我们容易忽视的，更是在完善自己时需要规避的。

　　六合①是我底六合，那个是人？我是六合底我，那个是我？

　　世上没个分外好底，便到天地位、万物育底功用，也是性分中应尽底事业。今人才有一善，便向人有矜色，便见得世上人都有不是，余甚耻之。若说分外好，这又是贤智之过，便不是好。

---

　　①六合：常用于指上下和四方，泛指天地或宇宙。合，含有联系、关联、影响、作用的意思。

率真者无心过，殊多躁言轻举之失；慎密者无口过，不免厚貌深情之累。心事如青天白日，言动如履薄临深，其惟君子乎？

沉静最是美质，盖心存而不放者。今人独居无事，已自岑寂难堪，才应事接人，便任口恣情，即是清狂，亦非蓄德之器。

攻己恶者，顾不得攻人之恶。若哓哓尔雌黄人，定是自治疏底。

大事、难事看担当，逆境、顺境看襟度，临喜、临怒看涵养，群行、群止看识见。

身是心当，家是主人翁当，郡邑是守令当，九边是将帅当，千官是冢宰当，天下是天子当，道是圣人当。故宇宙内几桩大事，学者要挺身独任，让不得人，亦与人计行止不得。

作人怕似渴睡汉，才唤醒时睁眼若有知，旋复沉困，竟是寐中人。须如朝兴栉盥之后，神爽气清，冷冷劲劲，方是真醒。

人生得有余气，便有受用处。言尽口说，事尽意做，此是薄命子。

清人不藉外景为襟怀，高士不以尘识染情性。

官吏不要钱，男儿不做贼，女子不失身，才有了一分人。连这个也犯了，再休说别个。

才有一段公直之气，而出言做事便露圭角，是大病痛。

讲学论道于师友之时，知其心术之所藏何如也；饬躬励行于见闻之地，知其暗室之所为何知也。然则盗跖非元恶也，彼盗利而不盗名也。世之大盗，名利两得者居其最。

圆融者，无诡随之态，精细者，无苛察之心；方正者，无乖拂之失；沉默者，无阴险之术；诚笃者，无椎鲁之累；光明者，无浅露之病；劲直者，无径情之偏；执持者，无拘泥之迹；敏练者，无轻浮之状。此是全才。有所长而矫其长之失，此是善学。

不足与有为者，自附于行所无事之名；和光同尘者，自附于无可无不可之名。圣人恶莠也以此。

古之士民，各安其业，策励精神，点检心事，昼之所为，夜而思之，又思明日之所为。君子汲汲其德，小人汲汲其业，日累月进，旦兴晏息，不敢有一息惰慢之气。夫是以士无慝德，民无怠行；夫是以家给人足，道明德积，身用康强，不即于祸。今也不然，百亩之家不亲力作，一命之士不治常业，浪谈邪议，聚笑觅欢，耽心耳目之玩，骋情游戏之乐；身衣绮縠①（qǐ hú），口厌刍豢②（chú huàn），志溺骄佚，懵然不知日用之所为，而其室家土田百物往来之费，又足以荒志而养其淫，消耗年华，妄费日用。

———————

①绮縠：皱纱。张世南有语："赠之以佛衣绫而不受，赠之以纹縠而不受。"多指华贵的衣服。

②刍豢：牛羊犬豕之类的家畜。泛指肉类食品。

噫！是亦名为人也，无惑乎后艰之踵至也。

世之人形容人过，只象个盗跖，回护自家，只象个尧、舜。不知这却是以尧、舜望人，而以盗跖自待也。

孟子看乡党自好看得甚卑。近年看乡党人自好底不多。爱名惜节，自好之谓也。

少年之情，欲收敛不欲豪畅，可以谨德；老人之情，欲豪畅不欲郁阏，可以养生。

广所依不如择所依，择所依不如无所依。无所依者，依天也。依天者有独知之契，虽独立宇宙之内而不谓孤；众倾之、众毁之而不为动，此之谓男子。

坐间皆谈笑而我色庄，坐间皆悲感而我色怡，此之谓乖戾，处己处人两失之。

精明也要十分，只须藏在浑厚里作用。古今将祸，精明人十居其九，未有浑厚而得祸者。今之人惟恐精明不至，乃所以为愚也。

分明认得自家是，只管担当直前做去，却因毁言辄便消沮；这是极无定力底，不可以任天下之重。

小屈以求大伸，圣贤不为。吾道必大行之自然后见，便是抱关击柝，自有不可枉之道。松柏生来便直，士君子穷居便正。若曰在下位、遇难事，姑韬光忍耻，以图他日贵达之时，然后直躬行道，此不但出处为两截人，即既仕之后，又为两截人矣。又安知大任到手不放过耶！

才能技艺让他占个高名，莫与角胜，至于纲常大节，则定要自家努力，不可退居人后。

处众人中，孤另另的别作一色人，亦吾道之所不取也。子曰："群而不

党。"群占了八九分，不党只到那不可处方用。其用之也，不害其群，才见把持，才见涵养。

今之人只是将"好名"二字坐君子罪，不知名是自好不将去。分人以财者，实费财；教人以善者，实劳心；臣死忠、子死孝、妇死节者实杀身；一介不取者，实无所得。试着渠将这好名儿好一好，肯不肯？即使真正好名，所为却是道理。彼不好名者，舜乎？跖乎？果舜耶，真加于好名一等矣；果跖耶，是不好美名而好恶名也。愚悲世之人以好名沮君子，而君子亦畏好名之讥而自沮，吾道之大害也，故不得不辩。凡我君子，其尚独，复自持，毋为哓哓者所撼哉。

大其心，容天下之物；虚其心，受天下之善；平其心，论天下之事；潜其心，观天下之理；定其心，应天下之变。

古之居民上者，治一邑则任一邑之重，治一郡则任一郡之重，治天下则任天下之重。朝夕思虑其事，日夜经纪其务，一物失所，不遑安席，一事失理，不遑安食。限于才者求尽吾心，限于势者求满吾分。不愧于君之付托、民之仰望，然后食君之禄，享民之俸，泰然无所歉，反焉无所愧，否则是食浮于功也，君子耻之。

盗嫂之诬直不疑，挝妇翁之诬第五伦，皆二子之幸也。何者？诬其所无，无近似之迹也，虽不辩而久则自明矣。或曰："使二子有嫂、有妇翁，亦当辩否？"曰："嫌疑之迹，君子安得不辩？'予所否者，天厌之。'天厌之，若付之无言，是与马偿金之类也，君子之所恶也。故君子不洁己以病人，亦不自污以徇世。"

听言不爽，非圣人不能。根以有成之心，蛊以近似之语，加之以不避嫌之事，当仓卒无及之际，怀隔阂难辩之恨，父子可以相贼，死亡可以不顾，怒室阋（xì）墙①，稽唇反目，何足道哉！古今国家之败亡，此居强半。圣人忘于无言，智者照以先觉，资者熄于未着，刚者绝其口语，忍者断于不行。非此五者，无良术矣。

荣辱系乎所立。所立者固，则荣随之，虽有可辱，人不忍加也；所立者废，则辱随之，虽有可荣，人不屑及也。是故君子爱其所自立，惧其所自废。

掩护勿攻，屈服勿怒，此用威者之所当知也；无功勿赏，盛宠勿加，此用爱者之所当知也。反是皆败道也。

称人之善，我有一善，又何妒焉？称人之恶，我有一恶，又何毁焉？

善居功者，让大美而不居；善居名者，避大名而不受。

善者不必福，恶者不必祸，君子稔知之也，宁祸而不肯为恶；忠直者穷，谀佞者通，君子稔知之也，宁穷而不肯为佞。非但知理有当然，亦其心有所不容己耳。

居尊大之位，而使贤者忘其贵重，卑者乐于亲炙，则其人可知矣。

人不难于违众，而难于违己。能违己矣，违众何难？

攻我之过者，未必皆无过之人也。苟求无过之人攻我，则终身不得闻过矣。我当感其攻我之益而已，彼有过无过何暇计哉？

恬淡老成人，又不能俯仰，一世便觉干燥；圆和甘润人，又不能把持，一身便觉脂韦。

做人要做个万全。至于名利地步，休要十分占尽，常要分与大家，就带些缺绽不妨。何者？天下无人己惧遂之事，我得人必失，我利人必害，

---

① 阋墙：兄弟之间不和。

我荣人必辱，我有美名人必有愧色。是以君子贪德而让名，辞完而处缺，使人我一般，不峣峣^①（yáo）露头角、立标臬^②（niè），而胸中自有无限之乐。孔子谦己，尝自附于寻常人，此中极有意趣。

"明理省事"甚难，此四字终身理会不尽，得了时，无往而不裕如。

胸中有一个见识，则不惑于纷杂之说，有一段道理，则不挠于鄙俗之见。《诗》云："匪先民是程，匪大犹是经。维迩言是争。"平生读圣贤书，某事与之合，某事与之背，即知所适从，知所去取。否则口《诗》《书》而心众人也，身儒衣冠而行鄙夫也。此士之秕莠也。

世人喜言无好人，此孟浪语也。今且不须择人，只于市井稠人中聚百人而各取其所长。人必有一善，集百人之善可以为贤人；人必有一见，集百人之见可以决大计。恐我于百人中，未必人人高出之也，而安可忽匹夫匹妇哉？

学欲博，技欲工，难说不是一长，总较作人，只是够了梗止。学如班、马，字如钟、王，文如曹、刘，诗如李、杜，铮铮千古知名，只是个小艺习，所贵在作人好。

到当说处，一句便有千钧之力，却又不激不疏，此是言之上乘，除此虽十缄也不妨。

循弊规若时王之制，守时套若先圣之经，侈己自得，恶闻正论，是人也，亦大可怜矣。世教奚赖焉？

心要常操，身要常劳。心愈操愈精明，身愈劳愈强健，但自不可过耳。

未适可，必止可；既适可，不过可，务求适可而止。此吾人日用持循，

---

① 峣：高峻的样子。

② 标臬：射箭的目标，靶子。

须臾粗心不得。

士君子之偶聚也，不言身心性命，则言天下国家；不言物理人情，则言风俗世道；不规目前过失，则问平生德业。傍花随柳之间，吟风弄月之际，都无鄙俗媟嫚①（xiè màn）之谈，谓此心不可一时流于邪僻，此身不可一日令之偷惰也。若一相逢，不是亵狎，便是乱讲，此与仆隶下人何异？只多了这衣冠耳。

做人要如神龙，屈伸变化自得自如，不可为势利术数所拘缚。若羁绊随人，不能自决，只是个牛羊。然亦不可哓哓悻悻。故大智上哲看得几事分明，外面要无迹无言，胸中要独往独来，怎被机械人驾驭得？

"财色名位"此四字，考人品之大节目也。这里打不过，小善不足录矣。自古砥砺名节者，兢兢在这里做工夫，最不可容易放过。

古之人，非曰位居贵要、分为尊长，而遂无可言之人、无可指之过也；非曰卑幼贫贱之人一无

---

① 媟嫚：亦作"媟慢"。轻薄，不庄重。

所知识，即有知识而亦不当言也。盖体统名分，确然不可易者，在道义之外；以道相成，以心相与，在体统名分之外。哀哉！后世之贵要尊长而遂无过也。

只尽日点检自家，发出念头来果是人心？果是道心？出言行事果是公正？果是私曲？自家人品自家定了几分，何暇非笑人，又何敢喜人之誉己耶！

往见泰山乔岳，以立身四语甚爱之，疑有未尽，因推广为男儿八景，云："泰山乔岳之身，海阔天空之腹，和风甘雨之色，日照月临之目，旋乾转坤之手，盘石砥柱之足，临深履薄之心，玉洁冰清之骨。"此八景予甚愧之，当与同志者竭力从事焉。

求人已不可，又求人之转求；徇人之求已不可，又转求人之徇人；患难求人已不可，又以富贵利达求人，此丈夫之耻。

文名、才名、艺名、勇名，人尽让得过，惟是道德之名则妒者众矣。无文、无才、无艺、无勇，人尽谦得起，惟是无道德之名则愧者众矣。君子以道德之实潜修，以道德之名自掩。

"有诸己而后求诸人，无诸己而后非诸人"，固是藏身之恕；有诸己而不求诸人，无诸己而不非诸人，自是无言之感。《大学》为居上者言，若士君子守身之常法，则余言亦蓄德之道也。

乾坤尽大，何处容我不得？而到处不为人所容，则我之难容也。眇然一身，而为世上难容之人，乃号于人曰："人之不能容我也。"吁！亦愚矣哉！

名分者，天下之所共守者也。名分不立，则朝廷之纪纲不尊，而法令不行。圣人以名分行道，曲士恃道以压名分，不知孔子之道视鲁侯奚啻天

76

壤，而《乡党》一篇何等尽君臣之礼！乃知尊名分与谄时势不同。名分所在一毫不敢傲惰，时势所在一毫不敢阿谀。固哉！世之腐儒以尊名分为谄时势也。卑哉！世之鄙夫以谄时势为薄名分也。

圣人之道，太和而已，故万物皆育。便是秋冬，不害其为太和，况太和又未尝不在秋冬宇宙间哉！余性褊，无弘度、平心、温容、巽（xùn）语，愿从事于太和之道以自广焉。

只竟夕点检，今日说得几句话，关系身心；行得几件事，有益世道，自慊自愧，恍然独觉矣。若醉酒饱肉，恣谈浪笑，却不错过了一日，乱言妄动、昧理从欲，却不作孽了一日。

只一个俗念头，错做了一生人；只一双俗眼目，错认了一生人。

少年只要想我见在干些甚么事，到头成个甚么人，这便有多少恨心，多少愧汗，如何放得自家过！

明镜虽足以照秋毫之末，然持以照面不照手者何？面不自见，藉镜以见，若手则吾自见之矣。镜虽明，不明于目也，故君子贵自知自信。以人言为进止，是照手之识也，若耳目识见所有及，则匪天下之见闻不济矣。

义、命、法，此三者，君子之所以定身，而众人之所妄念者也。从妄念而巧邪图以幸其私，君子耻之。夫义不当为，命不能为，法不敢为，虽欲强之，岂惟无获，所丧多矣。即获亦非福也。

避嫌者，寻嫌者也；自辨者，自诬者也。心事重门洞达，略本回邪，行事八窗玲珑，毫无遮障，则见者服，闻者信。稍有不白之诬，将家家为吾称冤，人人为吾置喙矣。此之谓洁品，不自洁而人洁之。

善之当为，如饮食衣服然，乃吾人日用常行事也。人未闻有以祸福废衣食者，而为善则以祸福为行止；未闻有以毁誉废衣食者，而为善则以毁

誉为行止。惟为善心不真诚之故耳。果真、果诚，尚有甘死饥寒而乐于趋善者。

有象而无体者，画人也，欲为而不能为；有体而无用者，塑人也，清净尊敬，享牺牲香火，而一无所为；有运动而无知觉者，偶人也，待提掇指使而后为。此三人者，身无血气，心无灵明，吾无责矣。

我身原无"贫、富、贵、贱、得、失、荣、辱"字，我只是个我，故富贵贫贱得失荣辱如春风秋月，自去自来，与心全不牵挂，我到底只是个我。夫如是，故可贫可富，可贵可贱，可得可失，可荣可辱。今人惟富贵是贪，其得之也必喜，其失之也如何不悲？其得之也为荣，其失之也如何不辱？全是靠着假景作真身，外物为分内，此二氏之所笑也，况吾儒乎？吾辈做工夫，这个是第一。吾愧不能以告同志者。

"本分"二字，妙不容言。君子持身不可不知本分，知本分则千态万状一毫加损不得。圣王为治，当使民得其本分，得本分则荣辱死生一毫怨望不得。子弑父，臣弑君，皆由不知本分始。

两柔无声，合也；一柔无声，受也。两刚必碎，激也；一刚必损，积也。故《易》取一刚一柔，是谓平中。以成天下之务，以和一身之德，君子尚之。

毋以人誉而遂谓无过。世道尚浑厚，人人有心史也。人之心史真，惟我有心史，而后无畏人之心史矣。

淫怒是大恶，里面御不住气，外面顾不得人，成甚涵养！或曰："涵养独无怒乎？"曰："圣贤之怒自别。"

凡智愚无他，在读书与不读书；祸福无他，在为善与不为善；贫富无他，在勤俭与不勤俭；毁誉无他，在仁恕与不仁恕。

古人之宽大，非直为道理当如此，然煞有受用处。弘器度以养德也，省怨怒以养气也，绝仇雠以远祸也。

平日读书，惟有做官是展布时。将穷居所见闻及生平所欲为者一一试尝之，须是所理之政事各得其宜，所治之人物各得其所，才是满了本然底分量。

只见得眼前都不可意，便是个碍世之人。人不可我意，我必不可人意。不可人意者我一人，不可我意者千万人。呜呼！未有不可千万人意而不危者也。是故智者能与世宜，至人不与世碍。

性分、职分、名分、势分，此四者，宇内之大物。性分、职分在己，在己者不可不尽；名分、势分在上，在上者不可不守。

初看得我污了世界，便是个盗跖；后看得世界污了我，便是个伯夷；最后看得世界也不污我，我也不污世界，便是个老子。

心要有城池，口要有门户。有城池则不出，有门户则不纵。

士君子作人不长进，只是不用心、不着力。

其所以不用心、不着力者，只是不愧不奋。能愧能奋，圣人可至。

有道之言，将之心悟；有德之言，得定躬行。有道之言弘畅，有德之言亲切。有道之言如游万货之肆，有德之言如发万货之商。有道者不容不言，有德者无俟于言，虽然，未尝不言也。故曰：有德者必有言。

学者说话要简重从容，循物傍事，这便是说话中涵养。

或问："不怨不尤了，恐于事天处人上更要留心不？"曰"这天人两项，千头万绪，如何照管得来？有个简便之法，只在自家身上做，一念、一言、一事都点检得，没我分毫不是，那祸福毁誉都不须理会。我无求祸之道而祸来，自有天耽错；我无致毁之道而毁来，自有人耽错，与我全不干涉。若福与誉是我应得底，我不加喜；是我悻得底，我且惺惧愧赧。况天也有力量不能底，人也有知识不到底，也要体悉他，却有一件紧要，生怕我不能格天动物。这个稍有欠缺，自怨自尤且不暇，又那顾得别个？孔子说个'上不怨、下不尤'，是不愿乎其外道理；孟子说个'仰不愧、俯不怍'，是素位而行道理。此二意常相须。"

天理本自廉退，而吾又处之以疏；人欲本善贪缘，而吾又狎之以亲；小人满方寸，而君子在千里之外矣，欲身之修，得乎？故学者与天理处，始则敬之如师保，既而亲之如骨肉，久则浑化为一体。人欲虽欲乘间而入，也无从矣。

气忌盛，心忌满，才忌露。

外勍①（qíng）敌五：声色、货利、名位、患难、晏安，内勍敌五：恶怒、喜好、牵缠、褊急、积惯。世君子终日被这个昏惑凌驾，此小勇者之

———————
① 勍：强大有力的意思。

所纳款，而大勇者之所务克也。

玄奇之疾，医以平易；英发之疾，医以深沉；阔大之疾，医以充实。不远之复，不若未行之审也。

奋始怠终，修业之贼也；缓前急后，应事之贼也；躁心浮气，畜德之贼也；疾言厉色，处众之贼也。

名心盛者必作伪。

做大官底是一样家数，做好人底是一样家数。

见义不为，又托之违众，此力行者之大戒也。若肯务实，又自逃名，不患于无术。吾窃以自恨焉。

"恭敬谦谨"，此四字有心之善也；"狎侮傲凌"，此四字有心之恶也，人所易知也。至于"怠忽惰慢"，此四字乃无心之失耳，而丹书之戒，怠胜敬者凶，论治忽者至分存亡。《大学》以傲惰同论，曾子以暴慢连语者，何哉？盖天下之祸患皆起于四字，一身之罪过皆生于四字。怠则一切苟且，忽则一切昏忘，惰则一切疏懒，慢则一切延迟，以之应事则万事皆废，以之接人则众心皆离。古人临民如驭朽索，使人如承大祭，况接平交以上者乎？古人处事不泄迩，不忘远，况目前之亲切重大者乎？故曰"无众寡，无大小，无敢慢"，此九字即"毋不敬"。"毋不敬"三字，非但圣狂之分，存亡治乱、死生祸福之关也，必然不易之理也。沉心精应者，始真知之。

人一生大罪过，只在"自是自私"四字。

古人慎言，每云"有余不敢尽"。今人只尽其余，还不成大过，只是附会支吾，心知其非而取辩于口，不至屈人不止，则又尽有余者之罪人也。

真正受用处，十分用不得一分，那九分都无些干系，而拼死忘生、忍辱动气以求之者，皆九分也。何术悟得他醒？可笑可叹！

贫不足羞，可羞是贫而无志；贱不足恶，可恶是贱而无能；老不足叹，可叹是老而虚生；死不足悲，可悲是死而无闻。

圣人之闻善言也，欣欣然惟恐尼之，故和之以同言，以开其乐告之诚；圣人之闻过言也，引引然惟恐拂之，故内之以温色，以诱其忠告之实。何也？进德改过为其有益于我也。此之谓至知。

古者招隐逸，今也奖恬退，吾党可以愧矣，古者隐逸养道，不得已而后出，今者恬退养望，邀虚名以干进，吾党可以戒矣。

喜来时一点检，怒来时一点检，怠惰时一点检，放肆时一点检，此是省察大条款。人到此多想不起，顾不得，一错了便悔不及。

治乱系所用事。天下国家，君子用事则治，小人用事则乱；一身德性用事则治，气习用事则乱。

难管底是任意，难防底是惯病。此处着力，便是穴上着针、痒处着手。

试点检终日说话，有几句恰好底，便见所养。

业，刻木如锯齿，古无文字，用以记日行之事数也。一事毕，则去一刻；事俱毕，则尽去之，谓之修业。更事则再刻如前，大事则大刻，谓之大业。多事则多刻，谓之广业。士农工商所业不同，谓之常业。农为士则改刻，谓之易业。古人未有一生无所业者，未有一日不修业者，故古人身修事理，而无怠惰荒宁之时，常有忧勤惕励之志。一日无事，则一日不安，惧业之不修而旷日之不可也。今也昏昏荡荡，四肢不可收拾，穷年终日无一猷为，放逸而入于禽兽者，无业之故也。人生两间，无一事可见，无一善可称，资衣藉食于人，而偷安惰行以死，可羞也已。

古之谤人也，忠厚诚笃。《株林》之语，何等浑涵！舆人之谣，犹道实事。后世则不然，所怨在此，所谤在彼。彼固知其所怨者未必上之非，而其谤不足以行也，乃别生一项议论，其才辩附会足以泯吾怨之之实，启人信之之心，能使被谤者不能免谤之之祸，而我逃谤人之罪。呜呼！今之谤，虽古之君子且避忌之矣。圣贤处谤无别法，只是自修，其祸福则听之耳。

处利则要人做君子，我做小人；处名则要人做小人，我做君子，斯惑之甚也。圣贤处利让利，处名让名，故淡然恬然，不与世忤。

任教万分矜持，千分点检，里面无自然根本，仓卒之际、忽突之顷，本态自然露出。是以君子慎独。独中只有这个，发出来只是这个，何劳回护？何用支吾？

力有所不能，圣人不以无可奈何者责人；心有所当尽，圣人不以无可奈何者自诿。

或问："孔子缁衣羔裘，素衣麑裘，黄衣狐裘，无乃非位素之义与？"曰："公此问甚好。慎修君子，宁失之俭素不妨。若论大中至正之道得之为，有财却俭不中礼，与无财不得为而侈然自奉者相去虽远，而失中则均。圣贤不讳奢之名，不贪俭之美，只要道理上恰好耳。"

寡恩曰薄，伤恩曰刻，尽事曰切，过事曰激。此四者，宽厚之所深戒也。

《易》称"道济天下"，而吾儒事业动称"行道济时""济世安民"。圣人未尝不贵济也。舟覆矣，而保得舟在，谓之济可乎？故为天下者，患知有其身，有其身不可以为天下。

万物安于知足，死于无厌。

足恭过厚，多文密节，皆名教之罪人也。圣人之道自有中正。彼乡原者，微名惧讥、希进求荣、辱身降志，皆所不恤，遂成举世通套。虽直道清节之君子，稍无砥柱之力，不免逐波随流，其砥柱者，旋以得罪。嗟

夫！佞风谀俗不有持衡当路者一极力挽回之，世道何时复古耶？

时时体悉人情，念念持循天理。

愈进修，愈觉不长；愈点检，愈觉有非；何者？不留意作人，自家尽看得过。只日日留意向上，看得自家都是病痛。那有些好处？初头只见得人欲中过失，到久久又见得天理中过失，到无天理过失则中行矣。又有不自然，不浑化，着色吃力过失，走出这个边境才是圣人，能立无过之地。故学者以有一善自多，以寡一过自幸，皆无志者也。急行者，只见道远而足不前；急耘者，只见草多而锄不利。

礼义之大防，坏于众人一念之苟。譬如由径之人，只为一时倦行几步，便平地踏破一条蹊径，后来人跟寻旧迹，踵成不可塞之大道。是以君子当众人所惊之事，略不动容，才干碍礼义上些须，便愕然变色，若触大刑宪然，惧大防之不可溃，而微端之不可开也。嗟夫！此众人之所谓迂，而不以为重轻者也，此开天下不可塞之衅者，自苟且之人始也。

大行之美，以孝为第一；细行之美，以廉为第一。此二者，君子之所务敦也。然而不辨之申生，不如不告之舜；井上之李，不如受馈之鹅。此二者，孝廉之所务辨也。

吉凶祸福是天主张，毁誉予夺是人主张，立身行己是我主张。此三者，不相夺也。

不得罪于法易，不得罪于理难。君子只是不得罪于理耳。

凡在我者，都是分内底；在天在人者，都是分外底。学者要明于内外之分，则在内缺一分，便是不成人处，在外得一分，便是该知足处。

听言观行，是取人之道；乐其言而不问其人，是取善之道。今人恶闻善言，便訑訑①（yí yí）曰："彼能言而行不逮，言何足取？"是弗思也。吾之听言也，为其言之有益于我耳。苟益于我，人之贤否奚问焉？衣敝枲者，市文绣；食糟糠者，市粱肉，将以人弃之乎？

取善而不用，依旧是寻常人，何贵于取？譬之八珍方丈而不下箸，依然饿死耳。

有德之容，深沉凝重，内充然有余，外阒然无迹。若面目都是精神，即不出诸口，而漏泄已多矣，毕竟是养得浮浅。譬之无量人，一杯酒便达于面目。

人人各有一句终身用之不尽者，但在存心着力耳。或问之，曰："只是对症之药便是。"如子张只消得"存诚"二字，宰我只消得"警惰"二字，子路只消得"择善"二字，子夏只消得"见大"二字。

言一也，出由之口，则信且从；出跖之口，则三令五申而人且疑之矣。故有言者，有所以重其言者。素行乎人，是所以重其言者也。不然，且为言累矣。

---

① 訑訑：骄傲自满的样子。

世人皆知笑人，笑人不妨，笑到是处便难，到可以笑人时则更难。

毁我之言可闻，毁我之人不必问也。使我有此事也，彼虽不言，必有言之者。我闻而改之，是又得一不受业之师也。使我无此事耶，我虽不辨，必有辨之者。若闻而怒之，是又多一不受言之过也。

精明，世所畏也而暴之；才能，世所妒也而市之，不没也夫？

只一个贪爱心，第一可贱可耻。羊马之于水草，蝇蚁之于腥膻，蜣螂之于积粪，都是这个念头。是以君子制欲。

清议[1]酷于律令，清议之人酷于治狱之吏。律令所冤，赖清议以明之，虽死犹生也；清议所冤，万古无反案矣。是以君子不轻议人，惧冤之也。惟此事得罪于天甚重，报必及之。

权贵之门虽系通家知己也，须见面稀、行踪少就好。尝爱唐诗有"终日帝城里，不识五侯门"之句，可为新进之法。

闻世上有不平事，便满腔愤懑，出激切之语，此最浅夫薄子，士君子之大戒。

仁厚刻薄，是修短关；行止语默，是祸福关；勤惰俭奢，是成败关；饮食男女，是死生关。

言出诸口，身何与焉？而身亡。五味宜于口，腹何知焉？而腹病。小害大，昭昭也，而人每纵之徇之，恣其所出，供其所入。

浑身都遮盖得，惟有面目不可掩。面目者，公之证也。即有厚貌者，卒然难做预备，不觉心中事都发在面目上。故君子无愧心则无怍容。中心之达，达以此也，肺肝之视，视以此也。此修己者之所畏也。

---

① 清议：公正的评论。古时指乡里或学校中对官吏的批评。

韦弁布衣，是我生初服，不愧此生，尽可以还。大造轩冕是甚物事？将个丈夫来做坏了，有甚面目对那青天白日？是宇宙中一腐臭物也，乃扬眉吐气，以此夸人，而世人共荣慕之，亦大异事。

多少英雄豪杰可与为善而卒无成，只为拔此身于习俗中不出。若不恤群谤，断以必行，以古人为契友，以天地为知己，任他千诬万毁何妨？

为人无负扬善者之心，无实称恶者之口，亦可以语真修矣。

身者，道之舆也。身载道以行，道非载身以行也。故君子道行，则身从之以进；道不行，则身从之以退。道不行而求进不已，譬之大贾百货山积不售，不载以归，而又以空舆雇钱也；贩夫笑之，贪鄙孰甚焉？故出处之分，只有二语：道行则仕，道不行则卷而怀之。舍是皆非也。

世间至贵莫如人品，与天地参，与古人友，帝王且为之屈，天下不易其守。而乃以声色财货、富贵利达，轻轻将个人品卖了，此之谓自贱。商贾得奇货亦须待价，况士君子之身乎？

修身以不护短为第一长进。人能不护短，则长进至矣。

世有十态，君子免焉：无武人之态（粗豪），无妇人之态（柔懦），无儿女之态（娇稚），无市井之态（贪鄙），无俗子之态（庸陋）；无荡子之态（儇佻），无伶优之态（滑稽）；无闾阎之态（村野），无堂下人之态（局迫），无婢子之态（卑谄），无侦谍之态（诡暗），无商贾之态（炫售）。

作本色人，说根心话，干近情事。

君子有过不辞谤，无过不反谤，共过不推谤。谤无所损于君子也。

惟圣贤终日说话无一字差失。其余都要拟之而后言，有余不敢尽，不然未有无过者。故惟寡言者寡过。

心无留言，言无择人，虽露肺肝，君子不取也。彼固自以为光明矣，

君子何尝不光明？自不轻言，言则心口如一耳。

保身底是德义，害身底是才能。德义中之才能，呜呼！免矣。

恒言"疏懒勤谨"，此四字每相因。懒生疏，谨自勤。圣贤之身岂生而恶逸好劳哉？知天下皆惰慢则百务废弛，而乱亡随之矣。先正云：古之圣贤未尝不以怠惰荒宁为惧，勤励不息自强；曰惧曰强而圣贤之情见矣，所谓"忧勤惕励"者也。惟忧故勤，惟惕故励。

谑非有道之言也。孔子岂不戏？竟是道理上脱洒。今之戏者媟矣，即有滑稽之巧，亦近俳优之流，凝静者耻之。

无责人，自修之第一要道；能体人，养量之第一要法。

予不好走贵公之门，虽情义所关，每以无谓而止。或让之，予曰："奔走贵公，得不谓其喜乎？"或曰："惧彼以不奔走为罪也。"

予叹曰："不然。贵公之门奔走如市，彼固厌苦之，甚者见于颜面，但浑厚忍不发于声耳。徒输自己一勤劳，徒增贵公一厌恶。且入门一揖之后，宾主各无可言，此面愧报已无发付处矣。予恐初入仕者狃于众套而不敢独异，故发明之。"

亡我者，我也。人不自亡，谁能亡之？

沾沾煦煦，柔润可人，丈夫之大耻也。君子岂欲与人乖戾？但自有正情真味，故柔嘉不是软美，自爱者不可不辨。

士大夫一身，斯世之奉弘矣。不蚕织而文绣，不耕畜而膏粱，不雇贷而车马，不商贩而积蓄，此何以故也？乃于世分毫无补，惭负两间人。又以大官诧市井儿，盖棺有余愧矣。

且莫论身体力行，只听随在聚谈间，曾几个说天下国家身心性命正经道理？终日哓哓刺刺，满口都是闲谈乱谈。吾辈试一猛省，士君子在天地间，可否如此度日？

君子慎求人。讲道问德，虽屈己折节，自是好学者事。若富贵利达向人开口，最伤士气，宁困顿没齿也。

言语之恶，莫大于造诬；行事之恶，莫大于苛刻；心术之恶，莫大于深险。

自家才德，自家明白底。才短德微，即卑官薄禄已为难称。若已逾涘分而觊望无穷，却是难为了造物。孔孟终身不遇，又当如何？

不善之名，每成于一事，后有诸长，不能掩也；而惟一不善传。君子之动可不慎与？

一日与友人论身修道理，友人曰："吾老矣。"某曰："公无自弃。平日为恶，即属纩时干一好事，不失为改过之鬼，况一息尚存乎！"

既做人在世间，便要劲爽爽、立铮铮底。若如春蚓秋蛇，风花雨絮，一生靠人作骨，恰似世上多了这个人。

有人于此，精密者病其疏，靡绮者病其陋，繁缛者病其简，谦恭者病其倨，委曲者病其直，无能可于一世之人，奈何？曰："一身怎可得一世之人？只自点检吾身，果如所病否？若以一身就众口，孔子不能，即能之，成个甚么人品？放君子以中道为从违，不以众言为忧喜。"

夫礼非徒亲人，乃君子之所以自爱也；非徒尊人，乃君子之所以敬身也。

君子之出言也，如啬夫之用财；其见义也，如贪夫之趋利。

古之人勤励，今之人惰慢。勤励故精明，而德日修；惰慢故昏蔽，而欲日肆。是以圣人贵"忧勤惕励①"。

---

① 忧勤惕励：担忧不够勤奋，戒惧无所砥砺。

先王之礼文用以饰情，后世之礼文用以饰伪。饰情则三千三百，虽至繁也，不害其为率真；饰伪则虽一揖一拜，已自多矣。后之恶饰伪者，乃一切苟简决裂，以溃天下之防，而自谓之率真，将流于伯子之简而不可行，又礼之贼也。

清者浊所妒也，而又激之，浅之乎其为量矣。是故君子于己讳美，于人藏疾。若有激浊之任者，不害其为分晓。

处世以讥讪为第一病痛。不善在彼，我何与焉？

余待小人不能假辞色，小人或不能堪。年友王道源危之曰："今世居官切宜戒此。法度是朝廷底，财货是百姓底，真借不得。人情，至于辞色，却是我底；假借些儿何害？"余深感之，因识而改焉。

刚明，世之碍也。刚而婉，明而晦，免祸也夫！

君子之所持循，只有两条路：非先圣之成规，则时王之定制。此外悉邪也、俗也，君子不由。

非直之难，而善用其直之难；非用直之难，而善养其直之难。

处身不妨于薄，待人不妨于厚；责己不妨于厚，责人不妨于薄。

坐于广众之中，四顾而后语，不先声，不扬声，不独声。

苦处是正容谨节，乐处是手舞足蹈。这个乐又从那苦处来。

滑稽诙谐，言毕而左右顾，惟恐人无笑容，此所谓"巧言令色"者也。小人侧媚，皆此态耳。小子戒之。

人之视小过也，愧怍悔恨，如犯大恶，夫然后能改。"无伤"二字，修己者之大戒也。

有过是一过，不肯认过又是一过。一认则两过都无，一不认则两过不免。彼强辩以饰非者，果何为也？

一友与人争，而历指其短。予曰："于十分中，君有一分不是否？"友曰："我难说没一二分。"予曰："且将这一二分都没了，才好责人。"

余二十年前曾有心迹双清之志，十年来有四语云："行欲清，名欲浊；道欲进，身欲退；利欲后，害欲前；人欲丰，己欲约。"近看来，太执着，大矫激，只以无心任自然，求当其可耳。名迹一任去来，不须照管。

君子之为善也，以为理所当为，非要福，非干禄；其不为不善也，以为理所不当为，非惧祸，非远罪。至于垂世教，则谆谆以祸福刑赏为言。此天地圣王劝惩之大权，君子不敢不奉若而与众共守也。

茂林芳树，好鸟之媒也；污池浊渠，秽虫之母也，气类之自然也。善不与福期，恶不与祸招。君子见正人而合，邪人见悻夫①（xiān fū）而密。

吾观于射，而知言行矣。夫射，审而后发，有定见也；满而后发，有定力也。夫言能审满，则言无不中；行能审满，则行无不得。今之言行皆乱放矢也，即中，幸耳。

蜗以涎见觅，蝉以身见粘，萤以光见获。故爱身者，不贵赫赫之名。

大相反者大相似，此理势之自然也。故怒极则笑，喜极则悲。

敬者，不苟之谓也，故反苟为敬。

多门之室生风，多口之人生祸。

磨砖砌壁不涂以垩，恶掩其真也。一垩则人谓粪土之墙矣。凡外饰者，皆内不足者。至道无言，至言无文，至文无法。

苦毒易避，甘毒难避。晋人之璧马，齐人之女乐，越人之子女玉帛，其毒甚矣，而愚者如饴，即知之，亦不复顾也。由是推之，人皆有甘毒，

---

① 悻夫：奸邪的小人。

不必自外馈，而眈眈求之者且众焉。岂独虞人、鲁人、吴人愚哉？知味者可以惧矣。

好逸恶劳，甘食悦色，适己害群，择便逞忿，虽鸟兽亦能之。灵于万物者，当求有别，不然类之矣。且凤德麟仁，鹤清豸直，乌孝雁贞，苟择鸟兽之有知者而效法之，且不失为君子矣。可以人而不如乎！

万事都要个本意，宫室之设，只为安居；衣之设，只为蔽体；食之设，只为充饥；器之设，只为利用；妻之设，只为有后。推此类不可尽穷。苟知其本意，只在本意上求，分外底都是多了。

士大夫殃及子孙者有十：一曰优免太侈。二曰侵夺太多。三曰请托灭公。四曰恃势凌人。五曰困累乡党。六曰要结权贵，损国病人。七曰盗上剥下，以实私橐。八曰簧鼓邪说，摇乱国是。九曰树党报复，阴中善人。十曰引用邪昵，虐民病国。

儿辈问立身之道。曰："本分之内，不欠纤微；本分之外，不加毫末。今也舍本分弗图，而加于本分之外者，不啻千万矣。内外之分何处别白？况敢问纤徽毫末间耶？"

智者不与命斗，不与法斗，不与理斗，不与势斗。

学者事事要自责，慎无责人。人不可我意，自是我无量；我不可人意，自是我无能。时时自反，才德无不进之理。

气质之病小，心术之病大。

童心、俗态，此二者士人之大耻也。二耻不脱，终不可以入君子之路。

习成仪容止，甚不打紧，必须是瑟㑇中发出来，才是盛德光辉。那个不严厉，不放肆？庄重不为矜持，戏谑不为媟嫚？惟有道者能之，惟有德者识之。

容貌要沉雅自然，只有一些浮浅之色、作为之状，便是屋漏少工夫。

德不怕难积，只怕易累。千日之积不禁一日之累，是故君子防所以累者。

枕席之言，房闼之行，通乎四海。墙卑室浅者无论，即宫禁之深严，无有言而不知、动而不闻者。士君子不爱名节则已，如有一毫自好之心，幽独盲动可不慎与？

富以能施为德，贫以无求为德，贵以下人为德，贱以忘势为德。

入庙不期敬而自敬，入朝不期肃而自肃，是以君子慎所入也。见严师则收敛，见狎友则放恣，是以君子慎所接也。

《氓》之诗，悔恨之极也，可为士君子殷鉴，当三复之。唐诗有云："两落不上天，水覆难再收。"又近世有名言一偶云："一失脚为千古恨，再回头是百年身。"此语足道《氓》诗心事，其曰"亦已焉哉"，所谓"何嗟及矣"，无可奈何之辞也。

平生所为，使怨我者得以指摘，爱我者不能掩护，此省身之大惧也。士君子慎之。故我无过，而谤语滔天不足惊也，可谈笑而受之；我有过，而幸不及闻，当寝不贴席、食不下咽矣。是以君子贵"无恶于志"。

谨言慎动，省事清心，与世无碍，与人无求，此谓小跳脱。

身要严重，意要安定，色要温雅，气要和平，语要简切，心要慈祥，志要果毅，机要缜密。

善养身者，饥渴、寒暑、劳役，外感屡变，而气体若一，未尝变也；善养德者，死生、荣辱、夷险，外感屡变，而意念若一，未尝变也。夫藏令之身，至发扬时而解佈；长令之身，至收敛时而郁阅，不得谓之定气。宿称镇静，至仓卒而色变；宿称淡泊，至纷华而心动，不得谓之定力。斯二者皆无养之过也。

里面要活泼，于规短之中无令怠忽；外面要摆脱，于礼法之中无令矫强。

四十以前养得定，则老而愈坚；养不定，则老而愈坏。百年实难，是以君子进德修业贵及对也。

涵养如培脆萌，省察如搜田蠹（dù），克治如去盘根。涵养如女子坐幽闺，省察如逻卒缉奸细，克治如将军战勍敌。涵养用"勿忘勿助"工夫，省察用"无怠无荒"工夫，克治用"是绝是忽"工夫。

世上只有个道理是可贪可欲底，初不限于取数之多，何者？所性分定原是无限量底，终身行之不尽。此外都是人欲，最不可萌一毫歆羡心。天之生人各有一定底分涯，圣人制人各有一定底品节，譬之担夫欲肩舆，丐人欲鼎食，徒尔劳心，竟亦何益？嗟夫！篡夺之所由生，而大乱之所由起，皆耻其分内之不足安，而惟见分外者之可贪可欲故也。故学者养心先要个知分。知分者，心常宁，欲常得，所欲得自足以安身利用。

心术以光明笃实为第一，容貌以正大老成为第一，言语以简重真切为第一。

学者只把性分之所固有，职分之所当为；时时留心，件件努力，便骎骎乎圣贤之域。非此二者，皆是外物，皆是妄为。

进德莫如不苟，不苟先要个耐烦。今人只为有躁心而不耐烦，故一切苟且。卒至破大防而不顾，弃大义而不为，其始皆起于一念之苟也。

不能长进，只为"昏弱"两字所苦。昏宜静以澄神，神定则渐精明；弱宜奋以养气，气壮则渐强健。

一切言行，只是平心易气就好。

恣纵既成，不惟礼法所不能制，虽自家悔恨，亦制自家不得。善爱人者，无使恣纵；善自爱者，亦无使恣纵。

天理与人欲交战时，要如百战健儿，九死不移，百折不回，其奈我何？如何堂堂天君，却为人欲臣仆？内款受降？腔子中成甚世界？

有问密语者，嘱曰："望以实心相告！"余笑曰："吾内有不可瞒之本心，上有不可欺之天日，在本人有不可掩之是非，在通国有不容泯之公论，一有不实，自负四愆矣。何暇以貌言诳门下哉？"

士君子澡心浴德，要使咳唾为玉，便溺皆香，才见工夫圆满。若灵台中有一点污浊，便如瓜蒂藜芦入胃，不呕吐尽不止，岂可使一刻容留此中耶？夫如是，然后溷厕可沉，缁泥可入。

与其抑暴戾之气，不若养和平之心；与其裁既溢之恩，不若绝分外之望；与其为后事之厚，不若施先事之薄；与其服延年之药，不若守保身之方。

猥繁拂逆，生厌恶心，奋守耐之力；柔艳芳浓，生沾惹心，奋跳脱之力；推挽冲突，生随逐心，奋执持之力；长途末路，生衰歇心，奋鼓舞之力；急遽疲劳，生苟且心，奋敬慎之力。

进道入德，莫要于有恒。有恒则不必欲速，不必助长，优优渐渐自到神圣地位。故天道只是个恒，每日定准是三百六十五度四分度之一，分毫不损不加，流行不缓不急，而万古常存，万物得所。只无恒了，万事都成不得。余最坐此病。古人云："有勤心，无远道。"只有人胜道，无道胜人之理。

士君子只求四真：真心、真口、真耳、真眼。真心，无妄念；真口，无杂语；真耳，无邪闻；真眼，无错识。

愚者人笑之，聪明者人疑之。聪明而愚，其大智也夫。《诗》云"靡哲不愚"①，则知不愚非哲也。

以精到之识，用坚持之心，运精进之力，便是金石可穿，豚鱼可格，更有甚么难做之事功、难造之圣神？士君子碌碌一生，百事无成，只是无志。

其有善而彰者，必其有恶而掩者也。君子不彰善以损德，不掩恶以长慝。

余日日有过，然自信过发吾心，如清水之鱼，才发即见，小发即觉，所以卒不得遂其豪悍，至流浪不可收拾者。胸中是非，原先有以照之也。所以常发者何也？只是心不存，养不定。

才为不善，怕污了名儿，此是徇外心，苟可瞒人，还是要做；才为不

----

① 靡哲不愚：靡，没有；哲，哲人。没有一个哲人不出现愚蠢的时候。比喻任何人都会犯错误。

善，怕污了身子，此是为己心，即人不知，或为人疑谤，都不照管。是故欺大庭易，欺屋漏难；欺屋漏易，欺方寸难。

　　吾辈终日不长进处，只是个"怨尤"两字，全不反己。圣贤学问，只是个自责自尽，自责自尽之道原无边界，亦无尽头。若完了自家分数，还要听其在天，在人不敢怨尤。况自家举动又多鬼责人非底罪过，却敢怨尤邪？以是知自责自尽底人，决不怨尤；怨尤底人，决不肯自责自尽。吾辈不可不自家一照看，才照看，便知天人待我原不薄恶，只是我多惭负处。

　　果是瑚琏，人不忍以盛腐殨；果是荼蓼，人不肯以荐宗祊；屦也，人不肯以加诸首；冠也，人不忍以藉其足。物犹然，而况于人乎？荣辱在所自树，无以致之，何由及之？此自修者所当知也。

　　无以小事动声色，褒大人之体。

　　立身行己，服人甚难也，要看甚么人不服，若中道君子不服，当早夜省惕。其意见不同、性术各别、志向相反者，只要求我一个是，也不须与他别白理会。

　　其恶恶不严者，必有恶于己者也；其好善不亟者，必无善于己者也。仁人之好善也，不啻口出；其恶恶也，迸诸四夷不与同中国。孟子曰："无羞恶之心，非人也。"则恶恶亦君子所不免者，但恐为己私作恶，在他人非可恶耳。若民之所恶而不恶，谓为民之父母，可乎？

　　世人糊涂，只是抵死没自家不是，却不自想，我是尧、舜乎？果是尧、舜，真是没一毫不是。我若是汤武，未反之前也有分毫错误，如何盛气拒人，巧言饰己，再不认一分过差耶？

　　"懒散"二字，立身之贼也。千德万业，日怠废而无成；干罪万恶，日横恣而无制，皆此二字为之。西晋仇礼法而乐豪放，病本正在此。安肆日

偷，安肆，懒散之谓也，此圣贤之大戒也。甚么降伏得此二字，曰"勤慎"。勤慎者，敬之谓也。

不难天下相忘，只怕一人窃笑。夫举世之不闻道也久矣，而闻道者未必无人。苟为闻道者所知，虽一世非之可也；苟为闻道者所笑，虽天下是之，终非纯正之学。故曰：众皆悦之，其为士者笑之，有识之君子必不以众悦博一笑也。

以圣贤之道教人易，以圣贤之道治人难，以圣贤之道出口易，以圣贤之道躬行难；以圣贤之道奋始易，以圣贤之道克终难；以圣贤之道当人易，以圣贤之道慎独难；以圣贤之道口耳易，以圣贤之道心得难；以圣贤之道处常易，以圣贤之道处变难。过此六难，真到圣贤地步。区区六易，岂不君子路上人？终不得谓笃实之士也。

山西臬司书斋，余新置一榻，铭于其上。左曰："尔酣余梦，得无有宵征露宿者乎？尔炙重衾，得无有抱肩裂肤者乎？"古之人卧八埏于襁褓，置万姓于衽席，而后爽然得一夕之安。呜呼！古之人亦人也夫？古之民亦民也夫！右曰："独室不触欲，君子所以养精；独处不交言，君子所以养气；独魂不着碍，君子所以养神；独寝不愧衾，君子所以养德。"

慎者之有余，足以及人；不慎者之所积，不能保身。

近世料度人意，常向不好边说去，固是衰世人心无忠厚之意。然士君子不可不自责。若是素行乎人，便是别念头，人亦向好边料度，何者？所以自立者，足信也。是故君子慎所以立。

人不自爱，则无所不为；过于自爱，则一无可为。自爱者，先占名，实利于天下国家，而迹不足以白其心则不为；自爱者，先占利，有利于天下国家，而有损于富贵利达则不为。上之者即不为富贵利达，而有累于身家妻子则不为。天下事待其名利两全而后为之，则所为者无几矣。

与其喜闻人之过，不若喜闻己之过；与其乐道己之善，不若乐道人之善。

要非人，先要认底自家是个甚么人；要认底自家，先看古人是个甚么人。

口之罪大于百体，一进去百川灌不满，一出来万马追不回。

家长不能令人敬，则教令不行？不能令人爱，则心志不孚。

自心得者，尚不能必其身体力行，自耳目入者，欲其勉从而强改焉，万万其难矣。故三达德不恃知也，而又欲其仁；不恃仁也，而又欲其勇。

合下作人自有作人底道理，不为别个。

认得真了，便要不俟终日，坐以待旦，成功而后止。

人生惟有说话是第一难事。

或问修己之道。曰："无鲜克有终。"问治人之道。曰："无忿疾于顽。"

人生天地间，要做有

益于世底人。纵没这心肠、这本事，也休作有损于世底人。

说话如作文，字字在心头打点过，是心为草稿而口誊真也，犹不能无过，而况由易之言，真是病狂丧心者。

心不坚确，志不奋扬，力不勇猛，而欲徒义改过，即使千悔万悔，竟无补于分毫。

人到自家没奈自家何时，便可恸哭。

福莫美于安常，祸莫危于盛满。天地间万物万事未有盛满而不衰者也。而盛满各有分量，惟智者能知之。是故卮以一勺为盛满，瓮以数石为盛满；有瓮之容而怀勺之惧，则庆有余矣。

祸福是气运，善恶是人事。理常相应，类亦相求。若执福善祸淫之说，而使之不爽，则为善之心衰矣。大段气运只是偶然，故善获福、淫获祸者半，善获祸、淫获福者亦半，不善不淫而获祸获福者亦半，人事只是个当然。善者获福，吾非为福而修善；淫者获祸，吾非为祸而改淫。善获祸而淫获福，吾宁善而处祸，不肯淫而要福。是故君子论天道不言祸福，论人事不言利害。自吾性分当为之外，皆不庸心，其言祸福利害，为世教发也。

自天子以至于庶人，来有无所畏而不亡者也。天子者，上畏天，下畏民，畏言官于一时，畏史官于后世。百官畏君，群吏畏长吏，百姓畏上，君子畏公议，小人畏刑，子弟畏父兄，卑幼畏家长。畏则不敢肆而德以成，无畏则从其所欲而及于祸。非生知安行之圣人，未有无所畏而能成其德者也。

物忌全盛，事忌全美，人忌全名。是故天地有欠缺之体，圣贤无快足之心。而况琐屑群氓，不安浅薄之分，而欲满其难厌之欲，岂不妄哉？是以君子见益而思损，持满而思溢，不敢恣无涯之望。

静定后看自家是甚么一个人。

少年大病，第一怕是气高。

余参政东藩日，与年友张督粮临碧在座。余以朱判封，笔浓字大，临碧曰："可惜！可惜！"余擎笔举手曰："年兄此一念，天下受其福矣。"判笔一字，所费丝毫朱耳，积日积岁，省费不知几万倍。充用朱之心，万事皆然。天下各衙门积日积岁，省费又不知几万倍。且心不侈然自放，足以养德；财不侈然浪费，足以养福。不但天物不宜暴殄，民膏不宜慢弃而已。夫事有重于费者，过费不为奢；省有不废事者，过省不为吝。余在抚院日，不俭于纸，而戒示吏书片纸皆使有用。比见富贵家子弟，用财货如泥沙，长余之惠既不及人，有用之物皆弃于地，胸中无"不忍"一念，口中无"可惜"二字。人或劝之，则曰："所值几何？"余尝号为沟壑之鬼，而彼方侈然自快，以为大手段不小家势。痛哉！儿曹志之。

言语不到千该万该，再休开口。

今人苦不肯谦，只要拿得架子定，以为存体。夫子告子张从政，以无小大、无众寡、无敢慢为不骄，而周公为相，吐握下白屋，甚者父师有道之君子，不知损了甚体？若名分所在，自是贬损不得。

过宽杀人，过美杀身。是以君子不纵民情，以全之也；不盈己欲，以生之也。

闺门之事可传，而后知君子之家法矣；近习之人起敬，而后知君子之身法矣。其作用处，只是"无不敬"。

宋儒纷纷聚讼语且莫理会，只理会自家，何等简径。

各自责，则天清地宁；各相责，则天翻地覆。

不逐物是大雄力量，学者第一功夫全在这里做。

手容恭，足容重，头容直，口容止，坐如尸，立如斋，俨若思，目无狂视，耳无倾听，此外景也。外景是整齐严肃，内景是斋庄中正，未有不整齐严肃而能斋庄中正者。故捡束五官百体，只为收摄此心。此心若从容和顺于礼法之中，则曲肱①指掌、浴沂行歌、吟风弄月、随柳傍花，何适不可？所谓登彼岸无所事筏也。

天地位，万物育，几千年有一会，几百年有一会，几十年有一会。故天地之中和甚难。

敬对肆而言。敬是一步一步收敛向内，收敛至无内处，发出来自然畅四肢，发事业，弥漫六合；肆是一步一步放纵外面去，肆之流祸不言可知。所以千古圣人只一"敬"字为允执的关捩子②。尧"钦明""允恭"，舜"温恭允塞"，禹之"安汝止"，汤之"圣敬日跻"，文之"懿恭"，武之"敬胜"，孔于之"恭而安"。讲学家不讲这个，不知怎么做工夫。

窃叹近来世道，在上者积宽成柔，积柔成怯，积怯成畏，积畏成废；在下者积慢成骄，积骄成怨，积怨成横，积横成敢。吾不知此时治体当何如反也。"体面"二字，法度之贼也。体面重，法度轻；法度弛，纪纲坏。昔也病在法度，今也病在纪纲。名分者，纪纲之大物也。今也在朝小臣藐大臣，在边军士轻主帅，在家子妇蔑父母，在学校弟子慢师，后进凌先进，在乡里卑幼轧尊长。惟贪肆是恣，不知礼法为何物，渐不可长。今已长矣，极之必乱必亡，势已重矣，反已难矣。无识者犹然，甚之，奈何？

祸福者，天司之；荣辱者，君司之；毁誉者，人司之；善恶者，我司

---

①曲肱：《论语·述而》："饭疏食饮水，曲肱而枕之，乐在其中矣。"谓弯着胳膊作枕头。后以"曲肱"比喻清贫而闲适的生活。

②关捩子：亦作"关棙子"。能转动的机械装置。本文是指关键，紧要处。

之。我只理会我司，别个都莫照管。

吾人终日最不可悠悠荡荡作空躯壳。

业有不得不废时，至于德，则自有知以至无知时，不可一息断进修之功也。

清无事澄，浊降则自清；礼无事复，己克则自复。去了病，便是好人；去了云，便是晴天。

七尺之躯，戴天覆地，抵死不屈于人，乃自落草，以至盖棺降志辱身、奉承物欲，不啻奴隶，到那魂升于天之上，见那维皇上帝，有何颜面？愧死！愧死！

受不得诬谤，只是无识度。除了当罪临刑，不得含冤而死，须是辨明。若污蔑名行，闲言长语，愈辨则愈加，徒自愤懑耳。不若付之忘言，久则明也得。不明也得，自有天在耳。

作一节之士也要成章，不成章便是"苗而不秀"。

不患无人所共知之显名，而患有人所不知之隐恶。显明虽著远迩，而隐恶获罪神明。省躬者惧之。

蹈邪僻，则肆志抗颜，略无所顾忌；由义礼，则羞头愧面若无以自容。此愚不肖之恒态，而士君子之大耻也。

物欲生于气质。

要得富贵福泽，天主张，由不得我；要做贤人君子，我主张，由不得天。

为恶再没个勉强底，为善再没个自然底。学者勘破此念头，宁不愧奋？

不为三氏奴婢，便是两间翁主。三氏者何？一曰气质氏，生来气禀在身，举动皆其作使，如勇者多暴戾，懦者多退怯是已。二曰习俗氏，世态既成，贤者不能自免，只得与世浮沉，与世依违，明知之而不能独立。三曰物欲氏，满世皆可娱之物，每日皆殉欲之事，沉痼流连，至死不能跳脱。魁然七尺之躯，奔走三家之门，不在此则在彼。降志辱身，心安意肯，迷恋不能自知，即知亦不愧愤，大丈夫立身天地之间，与两仪参，为万物灵，不能挺身自竖而倚门傍户于三家，轰轰烈烈，以富贵利达自雄，亦可怜矣。予即非忠臧义获，亦豪奴悍婢也，咆哮踯躅，不能解粘去缚，安得挺然脱然独自当家为两间一主人翁乎！可叹可恨。

自家作人，自家十分晓底，乃虚美熏心，而喜动颜色，是谓自欺。别人作人，自家十分晓底，乃明知其恶，而誉侈口颊，是谓欺人。二者皆可耻也。

"知觉"二字，奚翅天渊。致了知才觉，觉了才算知，不觉算不得知。而今说疮痛，人人都知，惟病疮者谓之觉。今人为善去恶不成，只是不觉，觉后便由不得不为善不去恶。

顺其自然，只有一毫矫强，便不是；得其本有，只有一毫增益，便不是。

度之于长短也，权之于轻重也，不爽毫发，也要个掌尺提秤底。

四端自有分量，扩充到尽处，只满得原来分量，再增不得些子。

见义不为，立志无恒，只是肾气不足。

过也，人皆见之，乃见君子。今人无过可见，岂能贤于君子哉？缘只在文饰弥缝上做工夫，费尽了无限巧回护，成就了一个真小人。

自家身子，原是自己心去害他，取祸招尤，陷于危败，更不干别个事。

"六经""四书"，君子之律令。小人犯法，原不曾读法律。士君子读圣贤书而一一犯之，是又在小人下矣。

慎言动于妻子仆隶之间，检身心于食息起居之际，这工夫便密了。

休诿罪于气化，一切责之人事；休过望于世间，一切求之我身。

常看得自家未必是，他人未必非，便有长进。再看得他人皆有可取，吾身只是过多，更有长进。

理会得"义命"两字，自然不肯做低人。

稠众中一言一动，大家环向而视之，口虽不言，而是非之公自在。果善也，大家同萌爱敬之念；果不善也，大家同萌厌恶之念，虽小言动，不可不谨。

或问："傲为凶德，则谦为吉德矣？"曰："谦真是吉，然谦不中礼，所损亦多。在上者为非礼之谦，则乱名分、紊纪网，久之法令不行。在下者为非礼之谦，则取贱辱、丧气节，久之廉耻扫地。君子接人未尝不

谨饬①，持身未尝不正大，有子曰：'恭近于礼，远耻辱也。'孔子曰：'恭而无礼则劳。'又曰：'巧言令色足恭，某亦耻之。'曾子曰：'胁肩谄笑，病于夏畦。'君子无众寡，无小大，无敢慢，何尝贵傲哉？而其羞卑佞也又如此，可为立身行己者之法戒。"

凡处人不系确然之名分，便小有谦下不妨。得为而为之，虽无暂辱，必有后忧。即不论利害论道理，亦云居上不骄，民可近不可下。

只人情世故熟了，甚么大官做不到？只天理人心合了，甚么好事做不成？

士君子常自点检，昼思夜想，不得一时闲，却思想个甚事？果为天下国家乎？抑为身家妻子乎？飞禽走兽，东鹜西奔，争食夺巢；贩夫竖子，朝出暮归，风餐水宿，他自食其力，原为温饱，又不曾受人付托，享人供奉，有何不可？士君子高官重禄，上藉之以名分，下奉之以尊荣，为汝乎？不为汝乎？乃资权势而营鸟兽市井之图，细思真是愧死。

古者乡有缙绅，家邦受其庇荫，士民视为准绳。今也乡有缙绅，增家邦陵夺劳费之忧，开士民奢靡浮薄之俗。然则乡有缙绅，乡之殃也，风教之蠹也。吾党可自愧自恨矣。

俗气入膏肓，扁鹊不能治。为人胸中无分毫道理，而庸调卑职、虚文滥套认之极真，而执之甚定，是人也，将欲救药，知不可入。吾党戒之。

士大夫居乡，无论大有裨益，只不违禁出息，倚势侵陵，受贿嘱托，讨占夫役，无此四恶，也还算一分人。或曰："家计萧条，安得不治生？"曰："治生有道，如此而后治生，无势可藉者死乎？"或曰："亲族有事，

---

① 谨饬：亦作"谨饰"。犹谨敕。

安得不伸理？"曰："官自有法，有讼必藉请谒，无力可通者死乎？"士大夫无穷饿而死之理，安用寡廉丧耻若是。

学者视人欲如寇仇，不患无攻治之力，只缘一向姑息他如骄子，所以养成猖獗之势，无可奈何，故曰识不早，力不易也。制人欲在初发时，极易剿捕，到那横流时，须要奋万夫莫当之勇，才得济事。

宇宙内事，皆备此身，即一种未完，一毫未尽，便是一分破绽；天地间生，莫非吾体，即一夫不获，一物失所，便是一处疮痍。

克一分、百分、千万分，克得尽时，才见有生真我；退一步、百步、千万步，退到极处，不愁无处安身。

事到放得心下，还慎一慎何妨？言于来向口边，再思一步更好。

万般好事说为，终日不为；百种贪心要足，何时是足？

回着头看，年年有过差；放开脚行，日日见长进。

难消客气衰犹壮，不尽尘心老尚童。

但持铁石同坚志，即有金钢不坏身。

问学

内文导读

《乐集》讲的是如何提高自己的修养。如果说"修"是"改造、整治和纠正",那么,养就是"汲取养分、滋养",而学问是滋养道德心性最好的东西。所以,作者在这章论述"修"之后再说"养",就构成了《乐集》的全部内容。

问学,出自《礼记·中庸》:"故君子尊德性而道问学,致广大而尽精微。"郑玄注:"问学,学诚者也。"意思是通过求教、学习,实现自我修养的提升,也指学问。所以,作者在这里主要阐述的是学习之法,如何通过学问给养来提高自己的修养。阐述多是从正反两方面进行的。

学必相讲而后明,讲必相直而后尽。孔门师友不厌穷问极言,不相然诺承顺,所谓"审问明辨"也。故当其时,道学大明,如拨云披雾,白日青天,无纤毫障蔽。讲学须要如此,无坚自是之心,恶人相直也。

"熟思审处",此四字德业之首务;"锐意极力",此四字德业之要务;"有渐无已",此四字德业之成务;"深忧过计",此四字德业之终务。

静是个见道底妙诀,只在静处潜观,六合中动底机括都解破若见了。还有个妙诀以守之,只是一,一是大根本,运这一却要因时通变。

学者只该说下学，更不消说上达。其未达也，空劳你说；其既达也，不须你说。故"一贯"惟参、赐可语，又到可语地位才语，又一个直语之，一个启语之，便见孔子诲人妙处。

读书人最怕诵底是古人语，做底是自家人。这等读书虽闭户十年，破卷五车，成甚么用！

能辨真假是一种大学问。世之所抵死奔走者，皆假也。万古惟有"真"之一字磨灭不了，盖藏不了。此鬼神之所把握，风雷之所呵护；天地无此不能发育，圣人无此不能参赞；朽腐得此可为神奇，鸟兽得此可为精怪。道也者，道此也；学也者，学此也。

或问："孔子素位而行，非政不谋，而儒者著书立言，便谈帝王之略，何也？"曰："古者十五而入大学，修齐治平此时便要理会。故陋巷而问为邦，布衣而许南面。由、求之志富强，孔子之志三代，孟子乐'中天下而立定，定四海之民'，何曾便到手？但所志不得不然。所谓'如或知尔，则何以哉？'要知'以'个甚么；'苟有用我者，执此以往'，要知'此'是甚么；'大人之事备矣'，要知'备'个甚么。若是平日如醉梦，一不讲求，到手如痴呆胡乱了事。如此作人，只是一块顽肉，成甚学者。即有聪明材辨之士，不过学眼前见识，作口头话说，妆点支吾亦足塞责。如此作人，只是一场傀儡，有甚实用。修业尽职之人，到手未尝不学，待汝学成，而事先受其敝，民已受其病，寻又迁官矣。譬之饥始种粟，寒始纺绵，怎得奏功？此凡事所以贵豫也。"

不由心上做出，此是喷叶学问；不在独中慎超，此是洗面工夫，成得甚事。

"尧、舜事功，孔、孟学术"，此八字是君子终身急务。或问："尧、

舜事功，孔、孟学术，何处下手？"曰："以天地万物为一体，此是孔、孟学术；使天下万物各得其所，此是尧、舜事功。总来是一个念头。"

上吐下泻之疾，虽日进饮食，无补于憔悴；入耳出口之学，虽日事讲究，无益于身心。

天地万物只是个"渐"，理气原是如此，虽欲不渐不得。而世儒好讲一"顿"字，便是无根学问。

只人人去了我心，便是天清地宁世界。

塞乎天地之间，尽是浩然了。愚谓根荄须栽入九地之下，枝梢须插入九天之上，横拓须透过八荒之外，才是个圆满工夫，无量学问。

我信得过我，人未必信得过我，故君子避嫌。若以正大光明之心如青天白日，又以至诚恻怛之意如火热水寒，何嫌之可避。故君子学问第一要体信，只信了，天下无些子事。

要体认，不须读尽古今书，只一部《千字文》，终身受用不尽。要不体认，即"三坟"以来卷卷精熟，也只是个博学之士，资谈口、侈文笔、长盛气、助骄心耳。故君子贵体认。

悟者，吾心也。能见吾心，便是真悟。

"明理省事"，此四字学者之要务。

今人不如古人，只是无学无识。学识须从三代以上来，才正大，才中平。今只将秦汉以来见识抵死与人争是非，已自可笑，况将眼前闻见、自己聪明，翘然不肯下人，尤可笑也。

学者大病痛，只是器度小。

识见议论，最怕小家子势。

默契之妙，越过"六经"千圣，直与天地谈，又不须与天交一语，只对越仰观，两心一个耳。

学者只是气盈，便不长进。含六合如一粒，觅之不见；吐一粒于六合，出之不穷，可谓大人矣。而自处如庸人，初不自表异；退让如空夫，初不自满足，抵掌攘臂而视世无人，谓之以善服人则可。

心术、学术、政术，此三者不可不辨也。心术要辨个诚伪，学术要辨个邪正，政术要辨个王伯。总是心术诚了，别个再不差。

圣门学问心诀，只是不做贼就好。或问之。曰："做贼是个自欺心，自利心，学者于此二心，一毫摆脱不尽，与做贼何异？"

脱尽"气习"二字，便是英雄。

理以心得为精，故当沉潜。不然，耳边口头也。事以典故为据，故当博洽。不然，臆说杜撰也。

天是我底天，物是我底物。至诚所通，无不感格，而乃与之扞格抵牾①（wǔ），只是自修之功未至。自修到格天动物处，方是学问，方是工夫。未至于此者，自愧自责不暇，岂可又萌出个怨尤底意思？

世间事无巨细，都有古人留下底法程。才行一事，便思古人处这般事如何？才处一人，便思古人处这般人如何？至于起居、言动、语默，无不如此，久则古人与稽，而动与道合矣。其要在存心，其工夫又只在诵诗读书时便想曰：此可以为我某事之法，可以药我某事之病。如此则临事时触之即应，不待思索矣。

扶持资质，全在学问，任是天资近圣，少此二字不得。三代而下无全才，都是负了在天底，欠了在我底，纵做出掀天揭地事业来，仔细看他，

---

① 抵牾：亦作"抵啎"。抵触；矛盾。

多少病痛！

劝学者歆之以名利，劝善者歆之以福样。哀哉！

道理书尽读，事务书多读，文章书少读，闲杂书休读，邪妄书焚之可也。

君子知其可知，不知其不可知。不知其可知则愚，知其不可知则凿。

余有责善之友，既别两月矣，见而问之曰："近不闻仆有过？"友曰："子无过。"余曰："此吾之大过也。有过之过小，无过之过大，何者？拒谏自矜而人不敢言，饰非掩恶而人不能知，过有大于此者乎？使余即圣人也，则可。余非圣人，而人谓无过，余其大过哉！"

工夫全在冷清时，力量全在浓艳时。

万仞峻嶒而呼人以登，登者必少。故圣人之道平，贤者之道峻。穴隙迫窄而招人以入，入者必少。故圣人之道博，贤者之道狭。

以是非决行止，而以利害生悔心，见道不明甚矣。

自天子以至于庶人，自尧、舜以至于途之人，必有所以汲汲皇皇者，而后其德进，其业成。故曰：鸡鸣而起，舜、跖之徒皆有所孳孳也。无所用心，孔子忧之曰："不有博奕者乎？"惧无所孳孳者，不舜则跖也。今之君子纵无所用心，而不至于为跖，然饱食终日，惰慢弥年，既不作山林散客，又不问庙堂急务，如醉如痴，以了日月。《易》所谓"君子进德修业，欲及时也"，果是之谓乎？如是而自附于清品高贤，吾不信也。孟子论历圣道统心传，不出"忧勤惕励"四字。其最亲切者，曰："仰而思之，夜以继日；幸而得之，坐以待旦。"此四语不独作相，士、农、工、商皆可作座右铭也。

怠惰时看工夫，脱略时看点检，喜怒时看涵养，患难时看力量。

今之为举子文者，遇为学题目，每以知行作比。试思知个甚么？行个甚么？遇为政题目，每以教养作比。试问做官养了那个？教了那个？若资口舌浮谈，以自致其身，以要国家宠利，此与诓骗何异？吾辈宜惕然省矣。

圣人以见义不为属无勇，世儒以知而不行属无知。圣人体道有三达德，曰：智、仁、勇。世儒曰知行。只是一个，不知谁说得是？愚谓自道统初开，工夫就是两项，曰"惟精"，察之也，曰"惟一"，守之也。千圣授受，惟此一道。盖不精则为孟浪之守，不一则为想象之知。曰"思"，曰"学"，曰"致知"，曰"力行"，曰"至明"，曰"至健"，曰"问察"，曰"用中"，曰"择乎中庸、服膺勿失"，曰"非知之艰、惟行之艰"，曰"非苟知之、亦允蹈之"，曰"知及之、仁守之"，曰"不明乎善、不诚乎身"。

自德性中来，生死不变；自识见中来，则有时而变矣。故君子以识见养德性。德性坚定则可生可死。

"昏弱"二字是立身大业障，去此二字不得，做不出一分好人。

学问之功，生知圣人亦不敢废。不从学问中来，任从有掀天揭地事业，都是气质作用。气象岂不炫赫可观，一入圣贤秤尺，坐定不妥贴。学问之要如何？随事用中而已。

学者，穷经博古，涉事筹今，只见日之不足，惟恐一登荐举，不能有所建树。仕者，修政立事，淑世安民，只见日之不足，惟恐一旦升迁，不获竟其施为。此是确实心肠，真正学问，为学为政之得真味也。

进德修业在少年，道明德立在中年，义精仁熟在晚年。若五十以前德性不能坚定，五十以后愈懒散，愈昏弱，再休说那中兴之力矣。

世间无一件可骄人之事。才艺不足骄人，德行是我性分事，不到尧、舜、周、孔，便是欠缺，欠缺便自可耻，如何骄得人？

有希天之学，有达天之学，有合天之学，有为天之学。

圣学下手处，是无不敬；住脚处，是恭而安。

小家学问不可以语广大，溷①（hùn）障学问不可以语易简。

天下至精之理，至难之事，若以潜玩沉思求之，无厌无躁，虽中人以下，未有不得者。

为学第一工夫，要降得浮躁之气定。

学者万病，只个"静"字治得。

学问以澄心为大根本，以慎口为大节目。

读书能使人寡过，不独明理。此心日与道俱，邪念自不得而乘之。

"无所为而为"，这五字是圣学根源。学者入门念头就要在这上做。今

---

① 溷：肮脏，混浊。

人说话第二三句便落在"有所为"上来，只为毁誉利害心脱不去，开口便是如此。

己所独知，尽是方便；人所不见，尽得自由。君子必兢兢然细行必谨，小物不遗者，惧工夫之间断也，惧善念之停息也，惧私欲之乘间也，惧自欺之萌蘖①（niè）也，惧一事苟而其余皆苟也，惧闲居忽而大庭亦忽也。故广众者，幽独之证佐；言动者，意念之枝叶。意中过，独处疏，而十目十手能指视之者，枝叶、证佐上得之也。君子奈何其慢独？不然，苟且于人不见之时，而矜持于视尔友之际，岂得自然？岂能周悉？徒尔劳心，而慎独君子已见其肺肝矣。

古之学者在心上做工夫，故发之外面者为盛德之符；今之学者在外面做工夫，故反之于心则为实德之病。

事事有实际，言言有妙境，物物有至理，人人有处法，所贵乎学者，学此而已。无地而不学，无时而不学，无念而不学，不会其全、不诣其极不止，此之谓学者。今之学者果如是乎？留心于浩瀚博杂之书，役志于靡丽刻削之辞，耽心于凿真乱俗之技，争胜于烦劳苛琐之仪，可哀矣！而醉梦者又贸贸昏昏，若痴若病，华衣甘食而一无所用心，不尤可哀哉？是故学者贵好学，尤贵知学。

天地万物，其情无一毫不与吾身相干涉，其理无一毫不与吾身相发明。

凡字不见经传，语不根义理，君子不出诸口。

古之君子病其无能也，学之；今之君子耻其无能也，讳之。

无才无学，士之羞也；有才有学，士之忧也。夫才学非有之为难，而

---

① 萌蘖：指植物长出新芽。萌，生芽，发芽。蘖，树木砍去后又长出来的新芽。

降伏之难。君子贵才学以成身也，非以矜己也；以济世也，非以夸人也。故才学如剑，当可试之时一试，不则藏诸室，无以炫弄，不然，鲜不为身祸者。自古十人而十，百人而百，无一悻免，可不忧哉？

人生气质都有个好处，都有个不好处，学问之道无他，只是培养那自家好处，救正那自家不好处便了。

道学不行，只为自家根脚站立不住。或倡而不和，则势孤；或守而众挠，则志惑，或为而不成，则气沮；或夺于风俗，则念杂。要挺身自拔，须是有万夫莫当之勇，死而后已之心。不然，终日三五聚谈，焦唇敝舌，成得甚事？

役一己之聪明，虽圣人不能智；用天下之耳目，虽众人不能愚。

涵养不定底，自初生至盖棺时凡几变？即知识已到，尚保不定毕竟做何种人，所以学者要德性坚定。到坚定时，随常变、穷达、生死只一般；即有难料理处，亦自无难。若乎日不遇事时，尽算好人，一遇个小小题目，便考出本态，假遇着难者、大者，知成个甚么人？所以古人不可轻易笑，恐我当此未便在渠上也。

屋漏之地可服鬼神，室家之中不厌妻子，然后谓之真学、真养。勉强于大庭广众之中，幸一时一事不露本象，遂称之曰贤人，君子恐未必然。

这一口呼吸去，万古再无复返之理。呼吸暗积，不觉白头，静观君子所以抚髀而爱时也。然而爱时不同，富贵之士叹荣显之未极，功名之士叹事业之未成，放达之士恣情于酒以乐余年，贪鄙之士苦心于家以遗后嗣。然犹可取者，功名之士耳。彼三人者，何贵于爱时哉？惟知道君子忧年数之日促，叹义理之无穷，天生此身无以称塞，诚恐性分有缺，不能全归，错过一生也。此之谓真爱时。所谓此日不再得，此日足可惜者，皆救火追亡之念，践形尽性之心也。呜呼！不患无时，而患弃时。苟不弃时，而此心快足，虽夕死何恨？不然，即百岁，幸生也。

身不修而惴惴焉，毁誉之是恤；学不进而汲汲焉，荣辱之是忧，此学者之通病也。

冰见烈火，吾知其易易也，然而以炽炭铄坚冰，必舒徐而后尽；尽为寒水，又必待舒徐而后温；温为沸汤，又必待舒徐而后竭。夫学岂有速化之理哉？是故善学者无躁心，有事勿忘从容以俟之而已。

学问大要，须把天道、人情、物理、世故识得透彻，却以胸中独得中正底道理消息之。

与人为善，真是好念头。不知心无理路者，淡而不觉；道不相同者，拂而不入。强聒杂施，吾儒之戒也。孔子启愤发悱，复三隅，中人以下不语上，岂是倦于诲人？谓两无益耳。故大声不烦奏，至教不苟传。

罗百家者，多浩瀚之词；工一家者，有独诣之语。学者欲以有限之目力，而欲竟其律涯；以卤莽之心思，而欲探其蕴奥，岂不难哉？故学贵有择。

讲学人不必另寻题目，只将"四书""六经"发明得圣贤之道精尽有心得。此心默契千古，便是真正学问。

善学者如闹市求前，摩肩重足得一步便紧一步。

有志之士要百行兼修，万善俱足。若只作一种人，硁硁自守，沾沾自多，这便不长进。

《大学》一部书，统于"明德"两字；《中庸》一部书，统于"修道"两字。

学识一分不到，便有一分遮障。譬之掘河分隔，一界土不通，便是一

段流不去，须是冲开，要一点碍不得。涵养一分不到，便有一分气质。譬之烧炭成熟，一分木未透，便是一分烟不止，须待灼透，要一点烟也不得。

除了"中"字，再没道理；除了"敬"字，再没学问。

心得之学，难与口耳者道；口耳之学，到心得者前，如权度之于轻重短长，一毫掩护不得。

学者只能使心平气和，便有几分工夫。心平气和人遇事却执持担当，毅然不挠，便有几分人品。

学莫大于明分。进德要知是性分，修业要知是职分，所遇之穷通，要知是定分。

一率作则觉有意味，日浓日艳，虽难事，不至成功不休；一间断则渐觉疏离，日畏日怯，虽易事，再使继续甚难。是以圣学在无息，圣心曰不已。一息一已，难接难起，此学者之大惧也。余平生德业无成，正坐此病。《诗》曰："日就月将，学有缉熙于光明。"吾党日宜三复之。

尧、舜、禹、汤、文、武全从"不自满假"四字做出，至于孔子，平生谦退冲虚，引过自责，只看着世间有无穷之道理，自家有未尽之分量。圣人之心盖如此。孟子自任太勇，自视太高，而孜孜向学，欿欿①（kǎn kǎn）自歉之意似不见有。宋儒口中谈论都是道理，身所持循亦不着世俗，岂不圣贤路上人哉？但人非尧、舜，谁无气质稍偏，造诣未至，识见未融，体验未到，物欲未忘底过失，只是自家平生之所不足者，再不肯口中说出，以自勉自责，亦不肯向别人招认，以求相劝相规。所以自孟子以来，学问都似登坛说法，直下承当，终日说短道长，谈天论性，看着自家便是圣人，

————

① 欿欿：不自满足貌。

更无分毫可增益处。只这见识，便与圣人作用已自不同，如何到得圣人地位？

性躁急人，常令之理纷解结；性迟缓人，常令之逐猎追奔。推此类，则气质之性无不渐反。

恒言"平稳"二字极可玩。盖天下之事，惟平则稳，行险亦有得底，终是不稳。故君子居易。

二分寒暑之中也，昼夜分停，多不过七、八日；二至寒暑之偏也，昼夜偏长，每每二十三日。始知中道难持，偏气易胜，天且然也。故尧舜毅然曰"允执"，盖以人事胜耳。

里面五分，外面只发得五分，多一厘不得；里面十分，外面自发得十分，少一厘不得。诚之不可掩如此，夫故曰"不诚无物"。

休蹑着人家脚跟走，此是自得学问。

正门学脉切近精实，旁门学脉奇特玄远；正门工夫戒慎恐惧，旁门工夫旷大逍遥；正门宗指渐次，旁门宗指径顿；正门造诣俟其自然，旁门造诣矫揉造作。

或问："仁、义、礼、智发而为恻隐、羞恶、辞让、是非，便是天则否？"曰："圣人发出来便是天则，众人发出来都落气质，不免有太过不及之病。只如好生一念，岂非恻隐？至以面为牺牲，便非天则。"

学问博识强记易，会通解悟难。会通到天地万物为一，解悟到幽明古今无间为尤难。

强恕是最拙底学问，"三近"人皆可行，下此无工夫矣。

王心斋每以乐为学，此等学问是不会苦底甜瓜。入门就学乐，其乐也，逍遥自在耳，不自深造真积、忧勤惕励中得来。孔子之乐以忘忧，由于发

愤忘食；颜子之不改其乐，由于博约克复。其乐也，优游自得，无意于欢欣，而自不扰，无心于旷达，而自不闷。若觉有可乐，还是乍得心；着意学乐，便是助长心，几何而不为猖狂自恣也乎？

余讲学只主六字，曰："天地万物一体。"或曰："公亦另立门户耶？"曰："否。只是孔门一个'仁'字。"

无慎独工夫，不是真学问；无大庭效验，不是真慎独。终日哓哓，只是口头禅耳。

体认要尝出悦心真味，工夫更要进到百尺竿头始为真儒。向与二三子暑月饮池上，因指水中莲房以谈学问。曰："山中人不识莲，于药铺买得干莲肉，食之称美。后入市买得久摘鲜莲，食之更称美也。"余叹曰："渠食池上新摘，美当何如？一摘出池，真味犹漓，若卧莲舟挽碧筒就房而裂食之，美更何如？今之体认皆食干莲肉者也。又如这树上胡桃，连皮吞之，不可谓之不吃，不知此果须去厚肉皮，不则麻口；再去硬骨皮，不则损牙；

再去瓢上粗皮，不则涩舌；再去薄皮内萌皮，不则欠细腻。如是而渍以蜜，煎以糖，始为尽美。今之工夫，皆囫囵吞胡桃者也。如此体认，始为'精义入神'；如此工夫，始为'义精仁熟'。"

上达无一顿底。一事有一事之上达，如洒扫应对，食息起居，皆有精义入神处。一步有一步上达，到有恒处达君子到君子，处达圣人到汤、武。圣人达尧、舜。尧、舜自视亦有上达，自叹不如无怀葛天之世矣。

学者不长进，病根只在护短。闻一善言，不知不肯问；理有所疑，对人不肯问，恐人笑己之不知也。孔文子不耻下问，今也耻上问；颜子以能问不能，今也以不能问能。若怕人笑，比德山捧临济喝，法坛对众如何承受？这般护短，到底成个人笑之人。一笑之耻，而终身之笑顾不耻乎？儿曹戒之。

学问之道，便是正，也怕杂。不一则不真，不真则不精。入万景之山，处处堪游，我原要到一处，只休乱了脚；入万花之谷，朵朵堪观，我原要折一枝，只休花了眼。

日落赶城门，迟一脚便关了，何处止宿？故学贵及时。悬崖抱孤树，松一手便脱了，何处落身？故学贵着力。故伤悲于老大，要追时除是再生；既失于将得，要仍前除是从头。

学问要诀只有八个字："涵养德性，变化气质。"守住这个，再莫问迷津问渡。

点检将来，无愧心，无悔言，无耻行，胸中何等快乐！只苦不能，所以君子有终身之忧。常见王心斋《学乐歌》，心颇疑之，乐是自然养盛所致，如何学得。

除不了"我"，算不得学问。

"学问"二字原自外面得来。盖学问之理，虽全于吾心，而学问之事，则皆古今名物，人人而学，事事而问，攒零合整，融化贯串，然后此心与道方浃洽①畅快。若怠于考古，耻于问人，聪明只自己出，不知怎么叫做学者。

圣人千言万语，经史千帙万卷，都是教人学好，禁人为非。若以先哲为依归，前言为律令，即一二语受用不尽。若依旧作世上人，或更污下，即将苍颉以来书读尽，也只是个没学问底人。

万金之贾，货虽不售不忧；贩夫闭门数日，则愁苦不任矣。凡不见知而愠，不见是而闷，皆中浅狭而养不厚者也。

善人无邪梦，梦是心上有底。男不梦生子，女不梦娶妻，念不及也。只到梦境，都是道理上做。这便是许大工夫，许大造诣。

天下难降伏、难管摄底，古今人都做得来，不谓难事。惟有降伏管摄自家难，圣贤做工夫只在这里。

吾友杨道渊常自叹恨，以为学者读书，当失意时便奋发，曰："到家要如何？"及奋发数日，或倦怠，或应酬，则曰："且歇下一时，明日再做。""且、却"二字循环过了一生。予深味其言。士君子进德修业皆为"且、却"二字所牵缚，白首竟成浩叹。果能一旦奋发有为，鼓舞不倦，除却进德是毙而后已工夫，其余事业，不过五年七年，无不成就之理。

君子言见闻，不言不见闻；言有益，不言不益。

对左右言，四顾无愧色；对朋友言，临别无戒语，可谓光明矣，胸中何累之有？

---

① 浃洽：和谐；融洽。

学者常看得为我之念轻，则欲念自薄，仁心自达。是以为仁功夫曰"克己"，成仁地位曰"无我"。

天下事皆不可溺，惟是好德欲仁不嫌于溺。

把矜心要去得毫发都尽，只有些须意念之萌，面上便带着。圣贤志大心虚，只见得事事不如人，只见得人人皆可取，矜念安从生？此念不忘，只一善便自足，浅中狭量之鄙夫耳。

师无往而不在也，乡国天下古人师善人也，三人行则师恶人矣。予师不止此也，鹤之父子，蚁之君臣，鸳鸯之夫妇，果然之朋友，乌之孝，驺虞①（zōu yú）之仁，雉之耿介，鸠之守拙，则观禽兽而得吾师矣。松柏之孤直，兰芷之清芳，苹藻之洁，桐之高秀，莲之淄泥不染，菊之晚节愈芳，梅之贞白，竹之内虚外直、圆通有节，则观草木而得吾师矣。山之镇重，川之委曲而直，石之坚贞，渊之涵蓄，土之浑厚，火之光明，金之刚健，则观五行而得吾师矣。鉴之明，衡之直，权之通变，量之有容，概之平，度之能较短长，箎之卷舒，盖之张弛，网之纲纪，机之经纶，则观杂物而得吾师矣。嗟夫！能自得师，则盈天地间皆师也。不然尧舜自尧舜，朱均自朱均耳。

圣贤只在与人同欲恶，"己欲立而立人，己欲达而达人。""我不欲人之加诸我也，吾亦欲无加诸人"，便是圣人。"能近取譬"，"施诸己而不愿，亦勿施于人"，便是贤者。专所欲于己，施所恶于人，便是小人。学者用情，只在此二字上体认，最为吃紧，充得尽时，六合都是一个，有甚一己。

人情只是个好恶，立身要在端好恶，治人要在同好恶。故好恶异，夫

———

①驺虞：古代中国神话传说中的仁兽，在传说中它是一种虎躯猊首，白毛黑纹，尾巴很长的动物。据说生性仁慈，连青草也不忍心践踏，不是自然死亡的生物不吃。

妻、父子、兄弟皆寇仇；好恶同，四海、九夷、八蛮皆骨肉。

"好学近乎知，力行近乎仁，知耻近乎勇。"有志者事竟成，那怕一生昏弱。"内视之谓明，反听之谓聪，自胜之谓强。"外求则失愈远，空劳百倍精神。

寄讲学诸云："白日当天，又向蚁封寻爝火；黄金满室，却穿鹑结丐藜羹。"

岁首桃符："新德随年进，昨非与岁除。"

纵作神仙，到头也要尽；莫言风水，何地不堪埋？

内文导读

在六艺中，"射"指射箭。但是奇怪的是，本卷所讲的内容却是"应务"和"养生"，和射箭不沾边。这是为什么呢？其实，作者以"射"为题，取的是其比喻义。射，面对目标，拉弓射箭，是一个由内而外的过程；要想有高超的射技，一是要熟练掌握射箭的技巧，而"应务"和射箭的技巧在道理上极其相似，都是由内向外而发，带有主动性，一个是俘获他人，另一个是击中目标，终极目的就是获得一个想要的结果。两者看似毫无联系，其实在道理上是一脉相承的。二是射箭需要身体素质过硬，所以下有《养生》篇。不仅在标题上用这样取比喻义的方法，在内文中作者也常常用这样的方式去阐述道理。

应务

内文导读

应务指应酬事务。可见，这里讲的是交际的学问和做事的技巧。中国古代经典从来不缺少这两方面的论述，那么作者所讲的交际的学问和做事的技巧有什么新意呢？在这里，作者一是综合百家，罗列了"应务"最实用、最经典的道理；二是在继承前人的基础上，在"应务"方面给出了自己的看法和感悟，见解独到。所以全篇金句纷呈，读来让人受益匪浅。

闲暇时留心不成，仓卒时措手不得。胡乱支吾，任其成败，或悔或不悔，事过后依然如昨。世之人如此者，百人而百也。"凡事豫则立"，此五字极当理会。

道眼在是非上见，情眼在爱憎上见，物眼无别白，浑沌而已。

实见得是时，便要斩钉截铁，脱然爽洁，做成一件事，不可拖泥带水，靠壁倚墙。

人定真足胜天。今人但委于天，而不知人事之未定耳。夫冬气闭藏不能生物，而老圃能开冬花结春实；物性蠢愚不解人事，而鸟师能使雀奕棋，蛙教书，况于能为之人事，而可委之天乎？

责善要看其人何如，其人可责以善，又当自尽长善救失之道。无指摘其所忌，无尽数其所失，无对人，无峭直，无长言，无累言，犯此六戒，虽忠告，非善道矣。其不见听，我亦且有过焉，何以责人？

余行年五十，悟得"五不争"之味。人问之，曰："不与居积人争富，不与进取人争贵，不与矜饰人争名，不与简傲人争礼节，不与盛气人争是非。"

众人之所混同，贤者执之；贤者之所束缚，圣人融之。

做天下好事，既度德量力，又审势择人。"专欲难成，众怒难犯"，此八字者，不独妄动人宜慎，虽以至公无私之心，行正大光明之事，亦须调剂人情，发明事理，俾大家信从，然后动有成，事可久。盘庚迁殷，武王伐纣，三令五申犹恐弗从。盖恒情多暗于远识，小人不便于己私；群起而坏之，虽有良法，胡成胡久？自古皆然，故君子慎之。

辨学术，谈治理，直须穷到至处，让人不得，所谓"宗庙朝廷便便言"者。盖道理，古今之道理，政事，国家之政事，务须求是乃已。我两人皆置之度外，非求伸我也，非求胜人也，何让人之有？只是平心易气，为辨家第一法。才声高色厉，便是没涵养。

五月缫丝，正为寒时用；八月绩麻，正为暑时用；平日涵养，正为临时用。若临时不能驾御气质、张主物欲，平日而曰"我涵养"，吾不信也。夫涵养工夫岂为涵养时用哉？故马蹶而后求辔，不如操持之有常；辐折而后为轮，不如约束之有素。其备之也若迂，正为有时而用也。

肤浅之见，偏执之说，傍经据传也近一种道理，究竟到精处都是浮说诐辞。所以知言必须胸中有一副极准秤尺，又须在堂上，而后人始从。不然，穷年聚讼，其谁主持耶？

纤芥众人能见，置纤芥于百里外，非骊龙不能见，疑似贤人能辨，精

义而至入神，非圣人不解辨。夫以圣人之辨语贤人，且滋其惑，况众人乎？是故微言不入世人之耳。

理直而出之以婉，善言也，善道也。

"因"之一字妙不可言。因利者无一钱之费，因害者无一力之劳，因情者无一念之拂，因言者无一语之争。或曰："不几于徇乎？"曰："此转人而徇我者也。"或曰："不几于术乎？"曰："此因势而利导者也。故惟圣人善用因，智者善用因。"

处世常过厚无害，惟为公持法则不可。

天下之物纡徐柔和者多长，迫切躁急者多短。故烈风骤雨无崇朝之威，暴涨狂澜无三日之势，催拍促调非百板之声，疾策紧衔非千里之辔。人生寿夭祸福无一不然，褊急者可以思矣。

干天下事无以期限自宽。事有不测，时有不给，常有余于期限之内，有多少受用处！

将事而能弭，当事而能救，既事而能挽，此之谓达权，此之谓才；未事而知其来，始事而要其终，定事而知其变，此之谓长虑，此之谓识。

凡祸患，以安乐生，以忧勤免；以奢肆生，以谨约免；以觖望生，以知足免；以多事生，以慎动免。

任难任之事，要有力而无气；处难处之人，要有知而无言。

撼大摧坚，要徐徐下手，久久见功，默默留意，攘臂极力，一犯手自家先败。

昏暗难谕之识，优柔不断之性，刚慎自是之心，皆不可与谋天下之事。智者一见即透，练者触类而通，困者熟思而得。三者之所长，谋事之资也，奈之何其自用也？

事必要其所终，虑必防其所至。若见眼前快意便了，此最无识，故事有当怒，而君子不怒；当喜，而君子不喜；当为，而君子不为，当已，而君子不已者，众人知其一，君子知其他也。

柔而从人于恶，不若直而挽人于善；直而挽人于善，不若柔而挽人于善之为妙也。

激之以理法，则未至于恶也，而奋然为恶；愧之以情好，则本不徙义也，而奋然向义。此游说者所当知也。

善处世者，要得人自然之情。得人自然之情，则何所不得？失人自然之情，则何所不失？不惟帝王为然，虽二人同行，亦离此道不得。

"察言观色，度德量力"，此八字处世处人一时少不得底。

人有言不能达意者，有其状非其本心者，有其言貌诬其本心者。君子现人与其过察而诬人之心，宁过恕以逃人之情。

人情天下古今所同，圣人防其肆，特为之立中以的之。故立法不可太激，制礼不可太严，责人不可太尽，然后可以同归于道。不然，是驱之使畔也。

天下之事，有速而迫之者，有迟而耐之者，有勇而劫之者，有柔而折

之者，有愤而激之者，有喻而悟之者，有奖而歆之者，有甚而淡之者，有顺而缓之者，有积诚而感之者，要在相机因时，舛施，未有不败者也。

论眼前事，就要说眼前处置，无追既往，无道远图，此等语虽精，无裨见在也。

我益智，人益愚；我益巧，人益拙。何者？相去之远而相责之深也。惟有道者，智能谅人之愚，巧能容人之拙，知分量不相及，而人各有能不能也。

天下之事，只定了便无事。物无定主而争，言无定见而争，事无定体而争。

至人无好恶，圣人公好恶，众人随好恶，小人作好恶。

仆隶下人昏愚者多，而理会人意，动必有合，又千万人不一二也。后上者往往以我责之，不合则艴然怒，甚者继以鞭笞，则彼愈惶惑而错乱愈甚。是我之过大于彼也，彼不明而我当明也，彼无能事上而我无量容下也，彼无心之失而我有心之恶也。若忍性平气，指使而面命之，是两益也。彼我无苦而事有济，不亦可乎？《诗》曰："匪怒伊教。"《书》曰："无忿疾于顽。"此学者涵养气质第一要务也。

或问："士大夫交际礼与？"曰："礼也。古者，睦邻国有享礼，有私觌。士大夫相见各有所贽，乡党亦然，妇人亦然，何可废也？"曰："近者严禁之，何也？"曰："非禁交际，禁以交际行贿赂者也。夫无缘而交，无处而馈，其馈也过情，谓之贿可也。岂惟严禁，即不禁，君子不受焉。乃若宿在交知，情犹骨肉，数年不见，一饭不相留，人情乎？数千里来，一揖而告别，人情乎？则彼有馈遗，我有赠送，皆天理人情之不可已者也。士君子立身行己自有法度，绝人逃世，情所不安。余谓秉大政者贵持平，不贵一切。持平则有节，一切则愈溃，何者？势不能也。"

古人爱人之意多，今日恶人之意多。爱人，故人易于改过；而视我也常亲，我之教常易行；恶人，故人甘于自弃，而视我也常仇，我之言益不入。

观一叶而知树之死生，观一面而知人之病否，现一言而知识之是非，现一事而知心之邪正。

论理要精详，论事要剀切①（kǎi qiè），论人须带二三分浑厚。若切中人情，人必难堪。故君子不尽人之情，不尽人之过，非直远祸，亦以留人掩饰之路，触人悔悟之机，养人体面之余，亦天地涵蓄之气也。

"父母在难，盗能为我救之，感乎？"曰："此不世之恩也，何可以弗感？""设当用人之权，此人求用，可荐之乎？"曰："何可荐也？天命有德，帝王之公典也，我何敢以私恩奸之？""设当理刑之职，此人在狱，可纵之乎？"曰："何可纵也？天讨有罪，天下之公法也，我何敢以私恩骫②（wěi）之？"曰："何以报之？"曰："用吾身时，为之死可也；用吾家时，为之破可也。其它患难与之共可也。"

凡有横逆来侵，先思所以取之之故，即思所以处之之法，不可便动气。两个动气，一对小人一般受祸。

喜奉承是个愚障。彼之甘言、卑辞、隆礼、过情，冀得其所欲，而免其可罪也，而我喜之，感之，遂其不当得之欲，而免其不可已之罪。以自蹈于废公党恶之大咎；以自犯于难事易悦之小人。是奉承人者智巧，而喜奉承者愚也。乃以为相沿旧规，责望于贤者，遂以不奉承恨之，甚者罗织

①剀切：切实，恳切；切中事理。

②骫：枉曲。

而害之，其获罪国法圣训深矣。此居要路者之大戒也。虽然，奉承人者未尝不愚也。使其所奉承而小人也则可，果君子也，彼未尝不以此观人品也。

疑心最害事。二则疑，不二则不疑。然则圣人无疑乎？曰："圣人只认得一个理，因理以思，顺理以行，何疑之有？贤人有疑惑于理也，众人多疑惑于情也。"或曰："不疑而为人所欺奈何？"曰："学到不疑时自然能先觉。况不疑之学，至诚之学也，狡伪亦不忍欺矣。"

以时势低昂理者，众人也；以理低昂时势者，贤人也；推理是视，无所低昂者，圣人也。

贫贱以傲为德，富贵以谦为德，皆贤人之见耳。圣人只看理当何如，富贵贫贱除外算。

成心者，见成之心也。圣人胸中洞然清虚，无个见成念头，故曰绝四。今人应事宰物都是成心，纵使聪明照得破，毕竟是意见障。

凡听言，先要知言者人品，又要知言者意向，又要知言者识见，又要知言者气质，则听不爽矣。

不须犯一口说，不须着一意念，只恁真真诚诚行将去，久则自有不言之信，默成之孚，熏之善良，遍为尔德者矣。碱蓬生于碱地，燃之可碱；盐蓬生于盐地，燃之可盐。

世人相与，非面上则口中也。人之心固不能掩于面与口，而不可测者则不尽于面与口也。故惟人心最可畏，人心最不可知。此天下之陷阱，而古今生死之衢也。予有一拙法，推之以至诚，施之以至厚，持之以至慎，远是非，让利名，处后下，则夷狄鸟兽可骨肉而腹心矣。将令深者且倾心，险者且化德，而何陷阱之予及哉？不然，必予道之未尽也。

处世只一"恕"字，可谓以己及人，视人犹己矣。然有不足以尽者。

天下之事，有己所不欲而人欲者，有己所欲而人不欲者。这里还须理会，有无限妙处。

宁开怨府，无开恩窦。怨府难充，而恩窦易扩也；怨府易闭，而恩窦难塞也。闭怨府为福，而塞恩窦为祸也。怨府一仁者能闭之，恩窦非仁、义、礼、智、信备不能塞也。仁考布大德，不干小誉；义者能果断，不为姑息；礼者有等差节文，不一切以苦人情；智者有权宜运用，不张皇以骇闻听；信者素孚人，举措不生众疑，缺一必无全计矣。

君子与小人共事必败，君子与君子共事亦未必无败，何者？意见不同也。今有仁者、义者、礼者、智者、信者五人焉，而共一事，五相济则事无不成，五有主，则事无不败。仁者欲宽，义者欲严，智者欲巧，信者欲实，礼者欲文，事胡以成？此无他，自是之心胜，而相持之势均也。历观往事，每有以意见相争至亡人国家，酿成祸变而不顾。君子之罪大矣哉！然则何如？曰："势不可均。势均则不相下，势均则无忌惮而行其胸臆。三军之事，卒伍献计，偏裨①谋事，主将断一，何意见之敢争？然则善天下之事，亦在乎通者当权而已。"

万弊都有个由来，只救枝叶成得甚事？

与小人处，一分计较不得，须要放宽一步。

处天下事，只消得"安详"二字。虽兵贵神速，也须从此二字做出。然安详非迟缓之谓也，从容详审养奋发于凝定之中耳。是故不闲则不忙，不逸则不劳。若先怠缓，则后必急躁，是事之殃也。十行九悔，岂得谓之安详？

---

① 偏裨：指偏将，裨将。将佐的通称。古代佐助大将的将领称偏裨，亦称副将。

果决人似忙，心中常有余闲；因循人似闲，心中常有余累。君子应事接物，常赢得心中有从容闲暇时便好。若应酬时劳扰，不应酬时牵挂，极是吃累的。

为善而偏于所向，亦是病。圣人之为善，度德量力，审势顺时，且如发棠不劝，非忍万民之死也，时势不可也。若认煞民穷可悲，而枉己徇人，便是欲矣。

分明不动声色，济之有余，却露许多痕迹，费许大张皇，最是拙工。

天下有两可之事，非义精者不能择。若到精处，毕竟止有一可耳。

圣人处事，有变易无方底，有执极不变底，有一事而所处不同底，有殊事而所处一致底，惟其可而已。自古圣人，适当其可者，尧、舜、禹、文、周、孔数圣人而已。当可而又无迹，此之谓至圣。

圣人处事，如日月之四照，随物为影；如水之四流，随地成形，己不与也。

使气最害事，使心最害理，君子临事平心易气。

昧者知其一。不知其二，见其所见而不见其所不见，故于事鲜克有济。惟智者能柔能刚，能圆能方，能存能亡，能显能藏，举世惧且疑，而彼确然为之，卒如所料者，见先定也。

字到不择笔处，文到不修句处，话到不检口处，事到不苦心处，皆谓之自得。自得者与天遇。

无用之朴，君子不贵。虽不事机械变诈，至于德慧术知，亦不可无。

神清人无忽语，机活人无痴事。

非谋之难，而断之难也。谋者尽事物之理，达时势之宜，意见所到不患其不精也，然众精集而两可，断斯难矣。故谋者较尺寸，断者较毫厘；谋者见一方至尽，断者会八方取中。故贤者皆可与谋，而断非圣人不能也。

人情不便处，便要回避。彼虽难于言，而心厌苦之，此慧者之所必觉也。是以君子体悉人情。悉者，委曲周至之谓也。恤其私、济其愿、成其名、泯其迹，体悉之至也，感人伦于心骨矣。故察言观色者，学之粗也；达情会意者，学之精也。

天下事只怕认不真，故依违观望，看人言为行止。认得真时，则有不敢从之君亲，更那管一国非之，天下非之。若作事先怕人议论，做到中间一被谤诽，消然中止，这不止无定力，且是无定见。民各有心，岂得人人识见与我相同；民心至愚，岂得人人意思与我相信。是以作事君子要见事后功业，休恤事前议论，事成后众论自息。即万一不成，而我所为者，合下便是当为也，论不得成败。

审势量力，固智者事，然理所当为，而值可为之地，圣人必做一番，计不得成败。如围成不克，何损于举动，竟是成当堕耳。孔子为政于卫，定要下手正名，便正不来，去卫也得。只事这个事定姑息不过。今人做事只计成败，都是利害心害了是非之公。

或问："'虑以下人'，是应得下他不？"曰："若应得下他，如子弟之下父兄，这何足道？然亦不是卑谄而徇人以非礼之恭，只是无分毫上人之心，把上一着，前一步，尽着别人占，天地间惟有下面底最宽，后面底最长。"

士君子在朝则论政，在野则论俗，在庙则论祭礼，在丧则论丧礼，在边圉则论战守，非其地也，谓之羡谈。

处天下事，前面常长出一分，此之谓豫；后面常余出一分，此之谓裕。

如此则事无不济，而心有余乐。若扣杀分数做去，必有后悔处。人亦然，施在我有余之恩，则可以广德，留在人不尽之情，则可以全好。

非首任，非独任，不可为祸福先。福始祸端，皆危道也。士君子当大事时，先人而任，当知"慎果"二字；从人而行，当知"明哲"二字。明哲非避难也，无裨于事而只自没耳。

养态，士大夫之陋习也。古之君子，养德德成，而见诸外者有德容。见可怒，则有刚正之德容；见可行，则有果毅之德容。当言，则终日不虚口，不害其为默；当刑，则不宥小故，不害其为量。今之人，士大夫以宽厚浑涵为盛德，以任事敢言为性气，销磨忧国济时者之志，使之就文法，走俗状，而一无所展布。嗟夫！治平之世宜尔，万一多故，不知张眉吐胆、奋身前步者谁也？此前代之覆辙也。

处事先求大体，居官先厚民风。

临义莫计利害，论人莫计成败。

一人覆屋以瓦，一人覆屋以茅，谓覆瓦者曰："子之费十倍予，然而蔽风雨一也。"覆瓦者曰："茅十年腐，而瓦百年不碎，子百年十更，而多以工力之费、屡变之劳也。"嗟夫！天下之患，莫大于有坚久之费，贻屡变之劳，是之谓工无用、害有益。天下之愚，亦莫大于狃朝夕之近，忘久远之安，是之谓欲速成见小利。是故朴素浑坚，圣人制物利用之道也。彼好文者，惟朴素之耻而靡丽，夫易败之物，不智甚矣。或曰："靡丽其浑坚者可乎？"曰："既浑坚矣，靡丽奚为？苟以靡丽之费而为浑坚之资，岂不尤浑坚哉？是故君子作有益，则轻千金；作无益，则惜一介。假令无一介之费，君子亦不作无益，何也？不敢以耳目之玩，启天下民穷财尽之祸也。"

遇事不妨详问、广问，但不可有偏主心。

轻言骤发，听言之大戒也。

君子处事主之以镇静有主之心，运之以圆活不拘之用，养之以从容敦大之度，循之以推行有渐之序，待之以序尽必至之效，又未尝有心勤效远之悔。今人临事，才去安排，又不耐踌躇，草率含糊，与事拂乱，岂无幸成？竟不成个处事之道。

君子与人共事，当公人己而不私。苟事之成，不必功之出自我也；不幸而败，不必咎之归诸人也。

有当然、有自然、有偶然。君子尽其当然，听其自然，而不惑于偶然；小人泥于偶然，拂其自然，而弃其当然。噫！偶然不可得，并其当然者失之，可哀也。

不为外撼，不以物移，而后可以任天下之大事。彼悦之则悦，怒之则怒，浅衷狭量，粗心浮气，妇人孺子能笑之，而欲有所树立，难矣。何

也？其所以待用者无具也。

"明白简易"，此四字可行之终身。役心机，扰事端，是自投剧网也。

水之流行也，碍于刚，则求通于柔；智者之于事也，碍于此，则求通于彼。执碍以求通，则愚之甚也，徒劳而事不济。

计天下大事，只在要紧处一着留心用力，别个都顾不得。譬之奕棋，只在输赢上留心，一马一卒之失浑不放在心下，若观者以此预计其高低，奕者以此预乱其心目，便不济事。况善筹者以与为取，以丧为得；善奕者饵之使吞，诱之使进，此岂寻常识见所能策哉？乃见其小失而遽沮挠之，摈斥之，英雄豪杰可为窃笑矣，可为恸惋矣。

夫势，智者之所藉以成功，愚者之所逆以取败者也。夫势之盛也，天地圣人不能裁，势之衰也，天地圣人不能振，亦因之而已。因之中寓处之权，此善用势者也，乃所以裁之振之也。

士君子抱经世之具，必先知"五用"。"五用"之道未得，而漫尝试之，此小丈夫技痒、童心之所为也，事必不济。是故贵择人。不择可与共事之人，则不既厥心，不堪其任。或以虚文相欺，或以意见相倾，譬以玉杯付小儿，而奔走于崎岖之峰也。是故贵达时。时者，成事之期也。机有可乘，会有可际，不先不后，则其道易行。不达于时。譬投种于坚冻之候也。是故贵审势。势者，成事之藉也。登高而招，顺风而呼，不劳不费，而其功易就。不审于势，譬行舟于平陆之地也。是故贵慎发。左盼右望，长虑却顾，实见得利矣，又思其害，实见得成矣，又虑其败，万无可虞则执极而不变。不慎所发，譬夜射仪的也。是故贵宜物。夫事有当蹈常袭故者，有当改弦易辙者，有当兴废举坠者，有当救偏补敝者，有以小弃大而卒以成其大者，有理屈于势而不害其为理者，有当三令五申者，有当不动声色者。不宜于物，譬苗莠兼存，而玉石俱焚也。嗟夫！非有其具之难，而用其具者之难也。

腐儒之迂说，曲士之拘谈，俗子之庸识，躁人之浅见，谲者之异言，恬夫之邪语，皆事之贼也，谋断家之所忌也。

智者之于事，有言之而不行者，有所言非所行者，有先言而后行者，有先行而后言者，有行之既成而始终不言其故者，要亦为国家深远之虑，而求以必济而已。

善用力者就力，善用势者就势，善用智者就智，善用财者就财，夫是之谓乘。乘者，知几之谓也。失其所乘，则倍劳而功不就，得其所乘，则与物无忤，于我无困，而天下享其利。

凡酌量天下大事，全要个融通周密，忧深虑远。营室者之正方面也，远视近视，曰有近视正而远视不正者；较长较短，曰有准于短而不准于长者；应上应下，曰有合于上而不合于下者；顾左顾右，曰有协于左而不协于右者。既而远近长短上下左右之皆宜也，然后执绳墨、运木石、鸠器用，以定万世不拔之基。今之处天下事者，粗心浮气，浅见薄识，得其一方而固执以求胜。以此图久大之业，为治安之计难矣。

字经三书，未可遽真也；言传三口，未可遽信也。

巧者，气化之贼也，万物之祸也，心术之蠹也，财用之灾也，君子不贵焉。

君子之处事有真见矣，不遽行也，又验众见，察众情，协诸理而协，协诸众情、众见而协，则断以必行；果理当然，而众情、众见之不协也，又委曲以行吾理。既不贬理，又不骇人，此之谓理术。噫！惟圣人者能之，猎较之类是也。

干天下大事非气不济。然气欲藏，不欲露；欲抑，不欲扬。掀天揭地事业不动声色，不惊耳目，做得停停妥妥，此为第一妙手，便是入神。譬之天地当春夏之时，发育万物，何等盛大流行之气！然视之不见，听之不闻，岂无风雨雷霆，亦只时发间出，不显匠作万物之迹，这才是化工。

疏于料事，而拙于谋身，明哲者之所惧也。

实处着脚，稳处下手。

姑息依恋，是处人大病痛，当义处，虽处骨肉亦要果断；鲁莽径直，是处事大病痛，当紧要处，虽细微亦要检点。

正直之人能任天下之事。其才、其守小事自可见。若说小事且放过，大事到手才见担当，这便是饰说，到大事定然也放过了。松柏生，小便直，未有始曲而终直者也。若用权变时另有较量，又是一副当说话。

无损损，无益益，无通通，无塞塞，此调天地之道，理人物之宜也。然人君自奉无嫌于损损，于百姓无嫌于益益；君子扩理路无嫌于通通，杜欲窦无嫌于塞塞。

事物之理有定，而人情意见千岐万径，吾得其定者而行之，即形迹可疑，心事难白，亦付之无可奈何。若惴惴畏讥，琐琐自明，岂能家置一喙哉？且人不我信，辩之何益？人若我信，何事于辩？若事有关涉，则不当以缄默妨大计。

处人、处己、处事都要有余，无余便无救性，此里甚难言。

悔前莫如慎始，悔后莫如改图，徒悔无益也。

居乡而囿于数十里之见，硁硁然守之也，百攻不破，及游大都，见千里之事，茫然自失矣。居今而囿于千万人之见，硁硁然守之也，百攻不破，及观坟典，见千万年之事，茫然自失矣。是故囿见不可狃，狃则狭，狭则

140

不足以善天下之事。

事出于意外，虽智者亦穷，不可以苛责也。

天下之祸多隐成而卒至，或偶激而遂成。隐成者贵预防，偶激者贵坚忍。

当事有四要：际畔要果决，怕是绵；执持要坚耐，怕是脆；机括要深沉，怕是浅；应变要机警，怕是迟。

君子动大事十利而无一害，其举之也，必矣。然天下无十利之事，不得已而权其分数之多寡，利七而害三则吾全其利而防其害。又较其事势之轻重，亦有九害而一利者为之，所利重而所害轻也，所利急而所害缓也，所利难得而所害可救也，所利久远而所害一时也。此不可与浅见薄识者道。

当需莫厌久，久时与得时相邻。若愤其久也，而决绝之，是不能忍于斯须，而甘弃前劳，坐失后得也。此从事者之大戒也。若看得事体审，便不必需，即需之久，亦当速去。

朝三暮四，用术者诚诈矣，人情之极致，有以朝三暮四为便者，有以朝四暮三为便者，要在当其所急。猿非愚，其中必有所当也。

天下之祸非偶然而成也，有辏合，有搏激，有积渐。辏合者，杂而不可解，在天为风雨雷电，在身为多过，在人为朋奸，在事为众恶遭会，在病为风寒暑湿，合而成痹。搏激者，勇而不可御，在天为迅雷大雹，在身为忿恨，在人为横逆卒加，在事为骤感成凶，在病为中寒暴厥。积渐者，极重而不可反，在天为寒暑之序，在身为罪恶贯盈，在人为包藏待逞，在事为大蔽极坏，在病为血气衰羸、痰火蕴郁，；奄奄不可支。此三成者，理势之自然，天地万物皆不能外，祸福之来，恒必由之。故君子为善则籍众美，而防错履之多，奋志节而戒一朝之怒，体道以终身，孜孜不倦，而

绝不可长之欲。

再之略，不如一之详也；一之详，不如再之详也，再详无后忧矣。

有余，当事之妙道也。故万无可虑之事备十一，难事备百一，大事备千一，不测之事备万一。

在我有余则足以当天下之感，以不足当感，未有不困者。识有余，理感而即透；才有余，事感而即办；力有余，任感而即胜；气有余，变感而不震；身有余，内外感而不病。

语之不从，争之愈劼①（qíng），名之乃惊。不语不争，无所事名，忽忽冥冥，吾事已成，彼亦懵懵。昔人谓不动声色而措天下于泰山，予以为动声色则不能措天下于泰山矣。故曰："默而成之，不言而信，存乎德行。"

天下之事，在意外者常多。众人见得眼前无事都放下心，明哲之士只在意外做功夫，故每万全而无后忧。

不以外至者为荣辱，极有受用处，然须是里面分数足始得。今人见人敬慢，辄有喜愠心，皆外重者也。此迷不破，胸中冰炭一生。

有一介必吝者，有千金可轻者，而世之论取与，动曰所直几何？此乱语耳。

才犹兵也，用之伐罪吊民，则为仁义之师；用之暴寡凌弱，则为劫夺之盗。是故君子非无才之患，患不善用才耳。故惟有德者能用才。

藏莫大之害，而以小利中其意；藏莫大之利，而以小害疑其心。此愚者之所必堕，而智者之所独觉也。

---

① 劼：强劲。

今人见前辈先达作事不自振拔，辄生叹恨，不知渠当我时也会叹恨人否？我当渠时能免后人叹恨否？事不到手，责人尽易，待君到手时，事事努力不轻放过便好。只任哓哓责人，他日纵无可叹恨，今日亦浮薄子也。

区区与人较是非，其量与所较之人相去几何？

无识见底人，难与说话；偏识见底人，更难与说话。

两君子无争，相让故也；一君子一小人无争，有容故也。争者，两小人也。有识者奈何自处于小人？即得之未必荣，而况无益于得以博小人之名，又小人而愚者。

方严是处人大病痛。圣贤处世离一温厚不得，故曰"泛爱众"，曰"和而不同"，曰"和而不流"，曰"群而不党"，曰"周而不比"，曰"爱人"，曰"慈样"，曰"岂弟"，曰"乐只"，曰"亲民"，曰"容众"，曰"万物一体"，曰"天下一家，中国一人"。只恁踽踽凉凉冷落难亲，便是世上一个碍物。即使持正守方，独立不苟，亦非用世之才，只是一节狷介之士耳。

谋天下后世事最不可草草，当深思远虑。众人之识，天下所同也，浅昧而狃于目前，其次有众人看得一半者，其次豪杰之士与练达之人得其大概者，其次精识之人有旷世独得之见者，其次经纶措置、当时不动声色，后世不能变易者，至此则精矣，尽矣，无以复加矣，此之谓大智，此之谓真才。若偶得之见，藉听之言，翘能自喜而攘臂直言天下事，此老成者之所哀，而深沉者之所惧也。

而今只一个"苟"字支吾世界，万事安得不废弛？

天下事要乘势待时，譬之决痈待其将溃，则病者不苦而痈自愈，若

虺蝮^①（huǐ fù）毒人，虽即砭手断臂，犹迟也。

饭休不嚼就咽，路休不看就走，人休不择就交，话休不想就说，事休不思就做。

参苓归芪本益人也，而与身无当，反以益病；亲厚恳切本爱人也，而与人无当，反以速祸，故君子慎焉。

两相磨荡，有皆损无俱全，特大小久近耳。利刃终日断割，必有缺折之时；砥石终日磨砻，亦有亏消之渐。故君子不欲敌人以自全也。

见前面之千里，不若见背后之一寸。故达观非难，而反观为难；见见非难，而见不见为难；此举世之所迷，而智者之独觉也。

誉既汝归，毁将安辞？利既汝归，害将安辞？巧既汝归，罪将安辞？

上士会意，故体人也以意，观人也亦以意。意之感人也深于骨肉，意之杀人也毒于斧钺。鸥鸟知渔父之机，会意也，可以人而不如鸥乎？至于征色发声而不观察，则又在"色斯举矣"之下。

士君子要任天下国家事，先把本身除外。所以说"策名委质"，言自策名之后身已非我有矣，况富贵乎？若营营于富贵身家，却是社稷苍生委质于我也，君之贼臣乎？天之僇民乎？

圣贤之量空阔，事到胸中如一叶之泛沧海。

圣贤处天下事，委曲纡徐，不轻徇一己之情，以违天下之欲，以破天下之防。是故道有不当直，事有不必果者，此类是也。譬之行道然，循曲从远顺其成迹，而不敢以欲速适己之便者，势不可也。若必欲简捷直遂，则两京程途正以绳墨，破城除邑，塞河夷山，终有数百里之近矣，而人情

---

① 虺蝮：蝮蛇类毒蛇。

事势不可也。是以处事要逊以出之，而学者接物怕径情直行。

热闹中空老了多少豪杰，闲淡滋味惟圣贤尝得出，及当热闹时也只以这闲淡心应之。天下万事万物之理都是闲淡中求来，热闹处使用。是故，静者，动之母。

胸中无一毫欠缺，身上无一些点染，便是羲皇以上人，即在夷狄患难中，何异玉烛春台上？

圣人掀天揭地事业只管做，只是不费力；除害去恶只管做，只是不动气；蹈险投艰只管做，只是不动心。

圣贤用刚，只够济那一件事便了；用明，只够得那件情便了；分外不剩分毫。所以作事无痕迹，甚浑厚，事既有成，而亦无议。

圣人只有一种才，千通万贯随事合宜，譬如富贵只积一种钱，贸易百货都得。众人之才如货，轻毂虽美，不可御寒；轻裘虽温，不可当暑。又养才要有根本，则随遇不穷；运才要有机括，故随感不滞；持才要有涵蓄，故随事不败。

坐疑似之迹者，百口不能自辩；狃一见之真者，百口难夺其执。此世之通患也。惟圣虚明通变吻合人情，如人之肝肺在其腹中，既无遁情，亦无诬执。故人有感泣者，有愧服者，有欢悦者。故曰"惟圣人为能通天下之志"，不能如圣人，先要个虚心。

圣人处小人不露行迹，中间自有得已处，高崖陡堑，直气壮颎皆褊也，即不论取祸，近小丈夫矣。孟子见乐正子从王欢，何等深恶！及处王欢，与行而不与比，虽然，犹形迹矣。孔子处阳货只是个绐法，处向魋只是个躲法。

君子所得不问，故其所行亦异。有小人于此，仁者怜之，义者恶之，

礼者处之不失礼，智者处之不取祸，信者推诚以御之而不计利害，惟圣人处小人得当可之宜。

被发于乡邻之斗，岂是恶念头？但类于从井救人矣。圣贤不为善于性分之外。

仕途上只应酬无益人事，工夫占了八分，更有甚精力时候修正经职业？我尝自喜行三种方便，甚于彼我有益：不面谒人，省其疲于应接；不轻寄书，省其困于裁答；不乞求人看顾，省其难于区处。

士君子终身应酬不止一事，全要将一个静定心酌量缓急轻重为后先。若应轇辕①（jiāo gé）情处纷杂事，都是一味热忙，颠倒乱应，只此便不见存心定性之功，当事处物之法。

儒者先要个不俗，才不俗又怕乖俗。圣人只是和人一般，中间自有妙处。

处天下事，先把"我"字阁起，千军万马中，先把"人"字阁起。

处毁誉，要有识有量。今之学者，尽有向上底，见世所誉而趋之，见世所毁而避之，只是识不定；闻誉我而喜，闻毁我而怒，只是量不广。真善恶在我，毁誉于我无分毫相干。

某平生只欲开口见心，不解作吞吐语。或曰："恐非'其难其慎'之义。"予矍然惊谢曰："公言甚是。但其难其慎在未言之前，心中择个'是'字才脱口，更不复疑，何吞吐之有？吞吐者，半明半暗，似于'开成心'三字碍。"

接人要和中有介，处事要精中有果，认理要正中有通。

---

① 轇辕：交错；杂乱。

天下之事常鼓舞不见罢劳，一衰歇便难振举。是以君子提醒精神不令昏眊，役使筋骨不令怠惰，惧振举之难也。

实言、实行、实心，无不孚人之理。

当大事，要心神定，心气足。

世间无一处无拂意事，无一日无拂意事，椎度量宽宏有受用处，彼局量褊浅者空自懊恨耳。

听言之道徐审为先，执不信之心与执必信之心，其失一也。惟圣人能先觉，其次莫如徐审。

君子之处事也，要我就事，不令事就我；其长民也，要我就民，不令民就我。

上智不悔，详于事先也；下愚不悔，迷于事后也。惟君子多悔。虽然，悔人事，不悔天命，悔我不悔人。我无可悔，则天也、人也，听之矣。

某应酬时有一大病痛，每于事前疏忽，事后点检，点检后辄悔吝；闲时慵懒，忙时迫急，迫急后辄差错。或曰："此失先后着耳。"肯

把点检心放在事前，省得点检，又省得悔吝。肯把急迫心放在闲时，省得差错，又省得牵挂。大率我辈不是事累心，乃是心累心。一谨之不能，而谨无益之谨；一勤之不能，而勤无及之勤，于此心倍苦，而于事反不详焉，昏懦甚矣！书此以自让。

无谓人唯唯，遂以为是我也；无谓人默默，遂以为服我也，无谓人煦煦，遂以为爱我也；无谓人卑卑，遂以为恭我也。

事到手且莫急，便要缓缓想；想得时切莫缓，便要急急行。

我不能宁耐事，而令事如吾意，不则躁烦；我不能涵容人，而令人如吾意，不则谴怒。如是则终日无自在时矣，而事卒以偾，人卒以怨，我卒以损，此谓至愚。

有由衷之言，有由口之言；有根心之色，有浮面之色。各不同也，应之者贵审。

富贵，家之灾也；才能，身之殃也；声名，谤之媒也；欢乐，悲之藉也。故惟处顺境为难。只是常有惧心，退一步做，则免于祸。

语云"一错二误"最好理会。凡一错者，必二误，盖错必悔作，悔作则心凝于所悔，不暇他思，又错一事。是以无心成一错，有心成二误也。礼节应对间最多此失。苟有错处，更宜镇定，不可忙乱，一忙乱则相因而错者无穷矣。

冲繁地，顽钝人，纷杂事，迟滞期，拂逆时，此中最好养火。若决裂愤激，悔不可言；耐得过时，有无限受用。

当繁迫事，使聋瞆人；值追逐时，骑瘦病马；对昏残烛，理烂乱丝，而能意念不躁，声色不动，亦不后事者，其才器吾诚服之矣。

义所当为，力所能为，心欲有为，而亲友挽得回，妻孥劝得止，只是无志。

妙处先定不得，口传不得，临事临时，相几度势，或只须色意，或只须片言，或用疾雷，或用积阴，务在当可，不必彼觉，不必人惊，却要善持善发，一错便是死生关。

意主于爱，则诟骂扑击皆所以亲之也；意主于恶，则奖誉绸缪皆所以仇之也。

养定者，上交则恭而不迫，下交则泰而不忽，处亲则爱而不狎，处疏则真而不厌。

有进用，有退用，有虚用，有实用，有缓用，有骤用，有默用，有不用之用，此八用者，宰事之权也。而要之归于济义，不义，虽济，君子不贵也。

责人要含蓄，忌太尽；要委婉，忌太直；要疑似，忌太真。今子弟受父兄之责也，尚有所不堪，而况他人乎？孔子曰："忠告而善道之，不可则止。"此语不止全交，亦可养气。

祸莫大于不仇人而有仇人之辞色，耻莫大于不恩人而诈恩人之状态。

柔胜刚，讷止辩，让愧争，谦伏傲。是故退者得常倍，进者失常倍。

余少时曾泄当密之语，先君责之，对曰："已戒闻者使勿泄矣。"先君曰："子不能必子之口，而能必人之口乎？且戒人与戒己孰难？小子慎之。"

《中孚》，妙之至也。格天动物不在形迹、言语、事为之末，苟无诚以孚之，诸皆糟粕耳，徒勤无益于义。鸟抱卵曰孚，从爪从子，血气潜入而子随母化，岂在声色？岂事造作？学者悟此，自不怨天尤人。

应万变，索万理，惟沉静者得之。是故水止则能照，衡定则能称。世亦有昏昏应酬而亦济事，梦梦谈道而亦有发明者，非资质高，则偶然合也，

所不合者何限？

祸莫大于不体人之私而又苦之，仇莫深于不讳人之短而又讦之。

肯替别人想，是第一等学问。

不怕千日密，只愁一事疏。诚了再无疏处，小人掩着，徒劳尔心矣。譬之于物，一毫欠缺，久则自有欠缺承当时；譬之于身，一毫虚弱，久则自有虚弱承当时。

置其身于是非之外，而后可以折是非之中；置其身于利害之外，而后可以观利害之变。

余观察晋中，每升堂，首领官凡四人，先揖堂官，次分班对揖，将退则余揖手，四人又一躬而行。一日，三人者以公出？一人在堂，偶忘对班之无人，又忽揖下，起愧不可言，群吏忍口而笑。余揖手谓之曰："有事不妨先退。"揖者退，其色顿平。昔余今大同日，县丞到任，余让笔揖手，丞他顾而失瞻，余面责簿吏曰："奈何不以礼告新官？"丞愧谢，终公宴不解容，余甚悔之。偶此举能掩人过，可补前失矣。因识之以充忠厚之端云。

善用人底，是个人都用得；不善用人底，是个人用不得。

以多恶弃人，而以小失发端，是藉弃者以口实而自取不龊之讥也。曾有一隶怒挞人，余杖而恕之；又窃同舍钱，又杖而恕之。且戒之曰："汝慎，三犯不汝容矣。"一日在宴醉而寝，余既行矣，而呼之不至，既至，托疾，实醉也。余逐之。出语人曰："余病不能从，遂逐我。"人曰："某公有德器，乃以疾逐人耶？"不知余恶之也，以积愆而逐之也，以小失则余之拙也。虽然，彼藉口以自白，可为他日更主之先容，余拙何悔？

手段不可太阔，太阔则填塞难完；头绪不可太繁，太繁则照管不到。

得了真是非，才论公是非。而今是非不但捉风捕影，且无风无影，不知何处生来，妄听者遽信是实以定是非。曰："我无私也"。噫！固无私矣，《彩苓》止棘、暴公《巷伯》，孰为辩之？

固可使之愧也，乃使之怨；固可使之悔也，乃使之怒；固可使之感也，乃使之恨。晓人当如是邪？

不要使人有过。

谦忍皆居尊之道，俭朴皆居富之道。故曰：卑不学恭，贫不学俭。

豪雄之气虽正多粗，只用他一分，便足济事，那九分都多了，反以偾事矣。

君子不受人不得已之情，不苦人不敢不从之事。

教人十六字：诱掖，奖劝，提撕，警觉，涵育；薰陶，鼓舞，兴作。

水激逆流，火激横发，人激乱作，君子慎其所以激者。愧之，则小人可使为君子，激之，则君子可使为小人。

事前忍易，正事忍难；正事悔易，事后悔难。

说尽有千说，是却无两是。故谈道者必要诸一是而后精，谋事者必定于一是而后济。

世间事各有恰好处，慎一分者得一分，忽一分者失一分，全慎全得，全忽全失。小事多忽，忽小则失大；易事多忽，忽易则失难。存心君子自得之体验中耳。

到一处问一处风俗，果不大害，相与循之，无与相忤。果于义有妨，或不言而默默转移，或婉言而徐徐感动，彼将不觉而同归于我矣。若疾言厉色，是己非人，是激也，自家取祸不惜，可惜好事做不成。

事有可以义起者，不必泥守旧例；有可以独断者，不必观望众人。若旧例当，众人是，莫非胸中道理而彼先得之者也，方喜旧例免吾劳，方喜

众见印吾是，何可别生意见以作聪明哉？此继人之后者之所当知也。

善用明者，用之于暗；善用密者，用之于疏。

你说底是我便从，我不是从你，我自从是，何私之有？你说底不是我便不从，不是不从你，我自不从不是，何嫌之有？

日用酬酢^①（chóu zuò），事事物物要合天理人情。所谓合者，如物之有底盖然，方者不与圆者合，大者不与小者合，欹者不与正者合。覆诸其上而不广不狭，旁视其隙而若有若无。一物有一物之合，不相苦窳（yǔ）；万物各有其合，不相假借。此之谓天则，此之谓大中，此之谓天下万事万物各得其所，而圣人之所以从容中，贤者之所以精一求，众人之所以醉心梦意、错行乱施者也。

事有不当为而为者，固不是；有不当悔而悔者，亦不是。圣贤终始无二心，只是见得定了。做时原不错，做后如何悔？即有凶咎，亦是做时便大拚如此。

心实不然，而迹实然。人执其然之迹，我辨其不然之心，虽百口，不相信也。故君子不示人以可疑之迹，不自诬其难辨之心。何者？正大之心孚人有素，光明之行无所掩覆也。傥有疑我者，任之而已，哓哓何为？

大丈夫看得生死最轻，所以不肯死者，将以求死所也。死得其所，则为善用死矣。成仁取义，死之所也，虽死贤于生也。

将祭而齐其思虑之不齐者，不惟恶念，就是善念也是不该动底。这三日里，时时刻刻只在那所祭者身上，更无别个想头，故曰"精白一心"。才一毫杂便不是精白，才二便不是一心，故君子平日无邪梦，齐日无杂梦。

---

① 酬酢：宾主互相敬酒（酬：向客人敬酒，酢：向主人敬酒），泛指交际应酬。

彰死友之过，此是第一不仁。生而告之也，望其能改，彼及闻之也，尚能自白，死而彰之，夫何为者？虽实过也，吾为掩之。

争利起于人各有欲，争言起于人各有见。惟君子以淡泊自处，以知能让人，胸中有无限快活处。

吃这一箸饭，是何人种获底？穿这一匹帛，是何人织染底？大厦高堂，如何该我住居？安车驷马，如何该我乘坐？获饱暖之休，思作者之劳；享尊荣之乐，思供者之苦，此士大夫日夜不可忘情者也。不然，其负斯世斯民多矣。

只大公了，便是包涵天下气象。

"定、静、安、虑、得"，此五字时时有，事事有，离了此五字便是孟浪做。

公人易，公己难；公己易，公己于人难；公己于人易，忘人己之界而不知我之为谁难。公人处人，能公者也；公己处己，亦公者也。至于公己于人，则不以我为嫌，时当贵我富我。泰然处之而不嫌于尊己，事当逸我利我。公然行之而不嫌于厉民，非富贵我，逸利我也。我者，天下之我也。天下之名分纪纲于我乎寄，则我者，名分纪纲之具也。何嫌之有？此之谓公己于人，虽然，犹未能忘其道，未化也。圣人处富贵逸利之地，而忘其身；为天下劳苦卑困，而亦忘其身。非曰我分当然也，非曰我志欲然也。譬痛者之必呻吟，乐者之必谈笑，痒者之必爬搔，自然而已。譬蝉之鸣秋，鸡之啼晓，草木之荣枯，自然而已。夫如是，虽负之使灰其心，怒之使薄其意，不能也；况此分不尽，而此心少怠乎？况人情未孚，而惟人是责乎？夫是之谓忘人己之界，而不知我之为谁。不知我之为谁，则亦不知人之为谁矣。不知人我之为谁，则六合混一，而太和元气塞于天地之间

矣。必如是而后谓之仁。

才下手，便想到究竟处。

理、势、数皆有自然。圣人不与自然斗，先之不敢干之，从之不敢迎之，待之不敢奈之，养之不敢强之。功在凝精不撄其锋，妙在默成不揭其名。夫是以理、势、数皆为我用，而相忘于不争。噫！非善济天下之事者，不足以语此。

心一气纯，可以格天动物，天下无不成之务矣。

握其机使自息，开其窍使自嗽，发其萌使自峥，提其纲使自张，此老氏之术乎？曰："非也。"二帝三王御世之大法不过是也。解其所不得不动，投其所不能不好，示其所不得不避。天下固有拼死而惟吾意指者，操之有要而掂掇其心故也。化工无他术，亦只是如此。

对忧人勿乐，对哭人勿笑，对失意人勿矜。

"与禽兽奚择哉？于禽兽又何难焉？"此是孟子大排遣。初爱敬人时，就安排这念头，再不生气。余因扩充排遣横逆之法，此外有十：一曰与小人处，进德之资也。彼侮愈甚，我忍愈坚，于我奚损哉？《诗》曰："它山之石，可以攻玉。"二曰不遇小人，不足以验我之量。《书》曰："有容德乃大。"三曰彼横逆者至，于自反而忠，犹不得免焉。其人之顽悖甚矣，一与之校必起祸端。兵法云："求而不得者，挑也无应。"四曰始爱敬矣，又自反而仁礼矣，又自反而忠矣。我理益直，我过益寡。其卒也乃不忍于一逞以掩旧善，而与彼分恶，智者不为。太史公曰："无弃前修而祟新过。"五曰是非之心，人皆有之。彼固自昧其天，而责我无已，公论自明，吾亦付之不辩；古人云："桃李不言，下自成蹊。"六曰自反无阙。彼欲难盈，安心以待之，缄口以听之，彼计必穷。兵志曰："不应不动，敌将自静。"七曰可避则避之，如太王之去邠；可下则下之，如韩信之跨下。古人云："身愈诎，道愈尊。"又曰："终身让畔，不失一段。"八曰付之天。天道有知，知我者其天乎？《诗》曰："投畀有昊。"九曰委之命。人生相与，或顺或忤，或合或离，或疏之而亲，或厚之而疑，或偶遭而解，或久构而危。鲁平公将出而遇臧仓，司马牛为弟子而有桓魋①（tuí），岂非命耶？十曰外宁必有内忧。小人侵陵则惧患、防危、长虑、却顾，而不敢侈然有肆心。则百祸潜消。孟子曰："出则无敌国外患者，国恒亡。"三自反后，君子之存心犹如此。彼爱人不亲，礼人不答而遽怒，与夫不爱人、不敬人而望人之爱敬己也，其去横逆能几何哉？

过责望人，亡身之念也。君子相与，要两有退心，不可两有进心。自反者，退心也。故刚两进则碎，柔两进则屈，万福皆生于退反。

施者不知，受者不知，诚动于天之南，而心通于海之北，是谓神应；我意才萌，彼意即觉，不俟出言，可以默会，是谓念应；我以目授之，彼以目受之，人皆不知，商人独觉，是谓不言之应；我固强之，彼固拂之，阳异而阴同，是谓不应之应。明乎此者，可以谈兵矣。

卑幼有过，慎其所以责让之者：对众不责，愧悔不责，暮夜不则，正饮食不责，正欢庆不责，正悲忧不责，疾病不责。

举世之议论有五：求之天理而顺，即之人情而安，可揆圣贤，可质神明，而不必于天下所同，曰公论。情有所便，意有所拂，逞辩博以济其一偏之说，曰私论。心无私曲，气甚豪雄，不察事之虚实、势之难易、理之可否，执一隅之见，狃时俗之习，既不正大，又不精明，蝇哄蛙嗷，通国

---

①桓魋：又称向魋，东周春秋时期宋国(今河南商丘)人。是宋桓公的后代，深受宋景公宠爱，他的弟弟司马牛是孔子的弟子。

成一家之说，而不可与圣贤平正通达之识，曰妄论。造伪投奸，谲訾诡秘，为不根之言，播众人之耳，千口成公，久传成实，卒使夷由为跷跖[①]（qiāo zhí），曰诬论。称人之善，胸无秤尺，惑于小廉曲谨，感其煦意象恭，喜一激之义气，悦一霎之道言，不观大节，不较生平，不举全体，不要永终，而遽许之，曰无识之论。呜呼！议论之难也久矣，听之者可弗察与？

简静沉默之人发用出来不可当，故停蓄之水一决不可御也，蛰处之物其毒不可当也，潜伏之兽一猛不可禁也。轻泄骤举，暴雨疾风耳，智者不惧焉。

平居无事之时，则丈夫不可绳以妇人之守也，及其临难守死，则当与贞女列妇比节；接人处众之际，则君子未尝示人以廉隅之迹也，及其任道徒义，则当与壮士健卒争勇。

祸之成也必有渐，其激也奋于积。智者于其渐也绝之，于其积也消之，甚则决之。决之必须妙手，譬之疡然，郁而内溃，不如外决；成而后决，不如早散。

涵养不定底，恶言到耳先思驭气，气平再没错底。一不平，饶你做得是，也带着五分过失在。

疾言遽色、厉声怒气，原无用处。万事万物只以心平气和处之，自有妙应。余褊，每坐此失，书以自警。

尝见一论人者云："渠只把天下事认真做，安得不败？"余闻之甚惊讶，窃意天下事尽认真做去，还做得不象，若只在假借面目上做工夫，成甚道理？天下事只认真做了。更有甚说？何事不成？方今大病痛，正患在

---

① 跷跖：古代大盗庄跷与盗跖的并称。亦泛指盗贼。

不肯认真做，所以大纲常、正道理无人扶持，大可伤心。嗟夫！武子之愚，所谓认真也与？

人人因循昏忽，在醉梦中过了一生，坏废了天下多少事！惟忧勤惕励之君子，常自惺惺爽觉。

明义理易，识时势难；明义理腐儒可能，识时势非通儒不能也。识时易，识势难；识时见者可能，识势非早见者不能也。识势而早图之，自不至于极重，何时之足忧？

只有无迹而生疑，再无有意而能掩者，可不畏哉？

令人可畏，未有不恶之者，恶生毁；令人可亲，未有不爱之者，爱生誉。

先事体怠神昏，事到手忙脚乱，事过心安意散，此事之贼也。兵家尤不利此。

善用力者，举百钧若一羽，善用众者，操万旅若一人。

没这点真情，可惜了繁文侈费；有这点真情，何嫌于二簋一掬①？

百代而下，百里而外，论人只是个耳边纸上，并迹而诬之，那能论心？呜呼！文士尚可轻论人乎哉？此天谴鬼责所系，慎之！

或问："怨尤之念，底是难克，奈何？"曰："君自来怨尤，怨尤出甚底？天之水旱为虐不怕人怨，死自死耳，水旱自若也；人之贪残无厌不怕你尤，恨自恨耳，贪残自若也。此皆无可奈何者。今且不望君自修自责，只将这无可奈何事恼乱心肠，又添了许多痛苦，不若淡然安之，讨些便宜。"其人大笑而去。

见事易，任事难。当局者只怕不能实见得，果实见得，则死生以之，

---

①二簋一掬：簋，古代祭祀宴享盛黍稷之器皿。掬，两手所捧（的东西）。表示少而不定的数量。

荣辱以之，更管甚一家非之，一国非之，天下非之。

人事者，事由人生也。清心省事，岂不在人？

闭户于乡邻之斗，虽有解纷之智，息争之力，不为也，虽忍而不得谓之杨朱。忘家于怀襄之时，虽有室家之忧，骨肉之难，不顾也，虽劳而不得谓之墨翟。

流俗污世中真难做人，又跳脱不出，只是清而不激就好。

恩莫到无以加处：情薄易厚，爱重成隙。

欲为便为，空言何益？不为便不为，空言何益？

以至公之耳听至私之口，舜、跖易名矣；以至公之心行至私之闻，黜陟易法矣。故兼听则不蔽，精察则不眩，事可从容，不必急遽也。

某居官，厌无情者之多言，每裁抑之。盖无厌之欲，非分之求，若以

温颜接之，彼恳乞无已，烦琐不休，非严拒则一日之应酬几何？及部署日看得人有不尽之情，抑不使通，亦未尽善。尝题二语于私署云："要说底尽着都说，我不嗔你；不该从未敢轻从，你休怪我。"或曰："毕竟往日是。"

同途而遇，男避女，骑避步，轻避重，易避难，卑幼避尊长。

势之所极，理之所截，圣人不得而毫发也。故保釐以时刻分死生，名次以相鳞分得失。引绳之绝，堕瓦之碎，非必当断当敝之处，君子不必如此区区也。

制礼法以垂万世、绳天下者，须是时中之圣人斟酌天理人情之至而为之。一以立极，无一毫矫拂心，无一毫惩创心，无一毫一切心，严也而于人情不苦，宽也而于天则不乱，俾天下肯从而万世相安。故曰："礼之用，和为贵。""和"之一字，制礼法时合下便有，岂不为美？《仪礼》不知是何人制作，有近于迂阔者，有近于迫隘者，有近于矫拂者，大率是个严苛繁细之圣人所为，胸中又带个惩创矫拂心，而一切之。后世以为周公也，遂相沿而守之，毕竟不便于人情者，成了个万世虚车。是以繁密者激人躁心，而天下皆逃于阔大简直之中；严峻者激人畔心，而天下皆逃于逍遥放恣之地。甚之者，乃所驱之也。此不可一二指。余读《礼》，盖心不安而口不敢道者，不啻百余事也。而宋儒不察《礼》之情，又于节文上增一重锁钥，予小子何敢言？

礼无不报，不必开多事之端；怨无不酬，不可种难言之恨。

舟中失火，须思救法。

象箸夹冰丸，须要夹得起。

相嫌之敬慎，不若相忘之怒詈。

士君子之相与也，必求协诸礼义，将世俗计较一切脱尽。今世号为知

礼者全不理会圣贤本意，只是节文习熟，事体谙练，灿然可观，人便称之，自家欣然自得，泰然责人。嗟夫！自繁文弥尚而先王之道湮没，天下之苦相责，群相逐者，皆末世之靡文也。求之于道，十九不合，此之谓习尚。习尚坏人，如饮狂泉。

学者处事处人，先要识个礼义之中。正这个中正处，要析之无毫厘之差，处之无过不及之谬，便是圣人。

当急遽冗杂时，只不动火，则神有余而不劳，事从容而就理。一动火，种种都不济。

予平生处人处事，激切之病十居其九，一向在这里克，只凭消磨不去。始知不美之质变化甚难，而况以无恒之志、不深之养，如何能变化得？若志定而养深，便是下愚也移得一半。

予平生做事发言，有一大病痛，只是个"尽"字，是以无涵蓄，不浑厚，为终身之大戒。

凡当事，无论是非邪正，都要从容蕴藉，若一不当意便忿恚而决裂之，此人终非远器。

以激而发者，必以无激而废，此不自涵养中来，算不得有根本底学者。涵养中人，遇当为之事，来得不陡，若懒若迟，持得甚坚，不移不歇。彼攘臂抵掌而任天下之事，难说不是义气，毕竟到尽头处不全美。

天地万物之理皆始于从容，而卒于急促。急促者尽气也，从容者初气也。事从容则有余味，人从容则有余年。

凡人应酬多不经思，一向任情做去，所以动多有悔。若心头有一分检点，便有一分得处，智者之忽固不若愚者之详也。

日日行不怕千万里，常常做不怕千万事。

事见到无不可时便斩截做，不要留恋，儿女子之情不足以语办大事者也。

断之一事，原谓义所当行，却念有牵缠，事有掣碍，不得脱然爽洁，才痛煞煞下一个"断"字，如刀斩斧齐一般。总然只在大头脑处成一个"是"字，第二义都放下，况儿女情、利害念，那顾得他？若待你百可意、千趁心，一些好事做不成。

先众人而为，后众人而言。

在邪人前发正论，不问有心无心，此是不磨之恨。见贪者谈廉道，已不堪闻；又说某官如何廉，益难堪；又说某官贪，愈益难堪；况又劝"汝当廉"，况又责汝如何贪，彼何以当之？或曰："当如何？"曰："位在，则进退在我，行法可也。位不在，而情意相关，密讽可也。若与我无干涉，则钳口而已。礼入门而问讳，此亦当讳者"。

天下事最不可先必而豫道之，已定矣，临时还有变更，况未定者乎？故宁有不知之名，无贻失言之悔。

举世嚣嚣兢兢不得相安，只是抵死没自家不是耳。若只把自家不是都认，再替别人认一分，便是清宁世界，两忘言矣。

人人自责自尽，不直四海无争，弥宇宙间皆太和之气矣。

担当处都要个自强不息之心，天下何事不得了？天下何人不能处？

规模先要个阔大，意思先要个安闲，古之人约己而丰人，故群下乐为之用，而所得常倍。徐思而审处，故己不劳而事极精详。"褊急"二字，处世之大碍也。

凡人初动一念是如此，及做出来却不是如此，事去回顾又觉不是如此，只是识见不定。圣贤才发一念，始终如一，即有思索，不过周详此一念耳。

盖圣贤有得于豫养，故安闲；众人取办于临时，故眩惑。

处人不可任己意，要悉人之情；处事不可任己见，要悉事之理。

天下无难处之事，只消得两个"如之何"；天下无难处之人，只消得三个"必自反"。

人情要耐心体他，体到悉处，则人可寡过，我可寡怨。

事不关系都歇过到关系时悔之何及？事幸不败都饶过，到败事时惩之何益？是以君子不忽小，防其败也不恕败，防其再也。

人只是怕当局，当局者之十，不足以当旁观者之五。智虑以得失而昏也，胆气以得失而夺也，只没了得失心，则志气舒展。此心与旁观者一般，何事不济？

世道、人心、民生、国计，此是士君子四大责任。这里都有经略，都能张主，此是士君子四大功业。

情有可通，莫于旧有者过裁抑，以生寡恩之怨；事在得已，莫于旧无者妄增设，以开多事之门。若理当革、时当兴，合于事势人情，则非所拘矣。

毅然奋有为之志，到手来只做得五分。确然矢不为之操，到手来只夺得五分。渠非不自信，未临事之志向虽笃，既临事之力量不足也。故平居观人以自省，只可信得一半。

办天下大事，要精详，要通变，要果断，要执持。才松软怠弛，何异虎头蛇尾？除天下大奸，要顾虑，要深沉，要突猝，要洁绝，才张皇疏慢，是撄虎鬓（zhěn）龙鳞。

利害死生间有毅然不夺之介，此谓大执持。惊急喜怒事无卒然遽变之容，此谓真涵养。

力负丘山未足雄，地负万山，此身还负地。量包沧海不为大，天包四海，吾量欲包天。

天不可欺，人不可欺，何处瞒藏些子？性分当尽职分当尽，莫教久缺分毫。

何是何非，何长何短，但看百忍之图。不喑不瞽，不痴不聋，自取一朝之忿。

植万古纲常，先立定自家地步；做两间事业，先推开物我藩篱。

捱不过底事，莫如早行；悔无及之言，何似休说。

苟时不苟真不苟，忙处无忙再无忙。

《谦》六爻，画画皆吉；"恕"一字，处处可行。

才逢乐处须知苦，既没闲时那有忙。

生来不敢拂吾发，义到何妨断此头。

量嫌六合隘，身负五岳轻。

休买贵后贱，休逐众人见。

难乎能忍，妙在不言。

休忙休懒，不懒不忙。

养生

养生，其实就是养身，保养血肉之躯。自古以来，人们总结了很多养生之法，如经络养生、饮食养生、静神养生、修身养生、调气养生、进补养生等。作者在继承传统的养生之法外，对养生也提出了自己的看法，其中最突出的是"养德"养生法。作者说："德可延年，养德尤养生之第一要义。"认为对他人宽厚仁德，自己心中的烦事便会减少很多，心情好了，人也就精神了，自然也就延年益寿了。所以，在本章，作者更多的是提倡从精神层面调节生理层面，以达到养生的效果。

夫水，遏之，乃所以多之；泄之，乃所以竭之。惟仁者能泄。惟智者知泄。

天地间之祸人者，莫如多；令人易多者，莫如美。美味令人多食，美色令人多欲，美声令人多听，美物令人多贪，美官令人多求，美室令人多居，美田令人多置，美寝令人多逸，美言令人多人，美事令人多恋，美景令人多留，美趣令人多思，皆祸媒也。不美则不令人多，不多则不令人败。予有一室，题之曰"远美轩"，而扁其中曰"冷淡"。非不爱美，惧祸之及也。夫鱼见饵不见钩，虎见羊不见阱。猩猩见酒不见人，非不见也，迷于所美而不暇顾也。此心一冷，则热闹之景不能入；一淡，则艳冶之物不能动。夫能知困穷、抑郁、贫贱，辚轲（kǎn kě）之为详，则可与言道矣。

以肥甘爱儿女而不思其伤身，以姑息爱儿女而不恤其败德，甚至病以死，患大辟而不知悔者，皆妇人之仁也。噫！举世之自爱而陷于自杀者，又十人而九矣。

五闭，养德养生之道也。或问之："视、听、言、动、思将不启与？"曰："常闭而时启之，不弛于事可矣。此之谓夷夏关。"

今之养生者，饵药、服气、避险、辞难、慎时、寡欲，诚要法也。嵇康善养生，而其死也却在所虑之外。乃知养德尤养生之第一要也。德在我，而蹈白刃以死，何害其为养生哉？

愚爱谈医，久则厌之，客言及者，告之曰："以寡欲为四物，以食淡为二陈，以清心省事为四君子。无价之药，不名之医，取诸身而已。"

仁者寿，生理完也；默者寿，元气定也；拙者寿，元神固也。反此皆夭道也。其不然，非常理耳。

盗为男戒，色为女戒。人皆知盗之劫杀为可畏。而忘女戒之劫杀。悲夫！

太朴，天地之命脉也。太朴散而天地之寿夭可卜矣。故万物蕃，则造化之元精耗散。木多实者根伤，草出茎者根虚，费用广者家贫，言行多者神竭，皆夭道也。老子受用处，尽在此中看破。

饥寒痛痒，此我独觉，虽父母不之觉也；衰老病死，此我独当，虽妻子不能代也。自爱自全之道，不自留心，将谁赖哉？

气有为而无知，神有知而无为。精者，无知无为，而有知有为之母也。精，天一也，属水，水生气；气，纯阳也，属火，火生神；神，太虚也，属无，而丽于有。精盛则气盛，精衰则气衰，故甑涸而不蒸。气存则神存，

气亡则神亡，故烛尽而火灭。

气只够喘息底，声只够听闻底，切莫长余分毫，以耗无声无臭之真体。

语云："纵欲忘身"，"忘"之一字最宜体玩。昏不省记谓之忘，欲迷而不悟，情胜而不顾也。夜气清明时，都一一分晓，着迷处，便思不起，沉溺者可以惊心回首矣。

在箧香韫（yùn），在几香损，在炉香烬。

书室联："曙枕酣余梦，旭窗闲展书。"

卷四　外篇·御集

内文导读

　　在六艺中，御，是指驾驭车马。和上篇一样，作者以"御"为题，并不是谈驾驭车马的技术，而是取其比喻义。因为"御"就是掌控马车，行进的马车是不断变化的，御之技巧，也就是熟悉变化而掌控变化的过程，所以这里阐述的是对变化事物的掌控之道。但是，作者又没有直接阐述掌控之道，在作者看来，天地、世运、圣贤和一切世人都是掌控者，讲天地运行、评世间变化、论圣贤之德和识人物高下，通过掌握他们的规律或特性来达到掌控的目的。

天地

中国古人对天地自然有一套大异于西方的独特看法。不论儒家、道家或墨家，也不论哲学、文学或艺术，大都表现出对自然的这种了解和认识，即把自然看作是大化流行的有机整体，可以与人发生感应或共鸣的有情宇宙。此即所谓的"天人合一"。但是，作者的宇宙观是很独特的，他主张以气为本，天地万物，一气所成，即氤氲元气之一体气化流行，而成宇宙及其万有众象这生生不息之大千世界。认为主宰乾坤的是"元气"，所以他说，"元气亘万亿岁年，终不磨灭，是形化气化之祖"，"天地万物只是一气聚散，更无别个"。

总的来说，这章讲的是自然界的运行规律，作者还是用阴阳五行之理去解读自然界的生发和消退变化。

湿温生物，湿热长物，燥热成物，凄凉杀物，严寒养物。湿温，冲和之气也；湿热，蒸发之气也；燥热，燔灼之气也；凄凉，杀气，阴壮而阳微也，严寒，敛气，阴外激而阳内培也。五气惟严寒最仁。

浑厚，天之道也。是故处万物而忘言，然不能无日月星辰以昭示之，是寓精明于浑厚之中。

精存则生神，精散则生形。太乙者，天地之神也；万物者，天地之形也。太乙不尽而天地存，万物不已而天地毁。人亦然。

天地只一个光明，故不言而人信。

天地不可知也，而吾知天地之所生，观其所生，而天地之性情形体俱见之矣。是故观子而知父母，观器而知模范。天地者，万物之父母而造物之模范也。

天地之气化，生于不齐，而死于齐。故万物参差，万事杂揉，势固然耳，天地亦主张不得。

观七十二候者，谓物知时，非也，乃时变物耳。

天地盈虚消息是一个套子，万物生长收藏是一副印板。

天积气所成，自吾身以上皆天也。日月星辰去地八万四千里，囿于积气中，无纤隔微障，彻地光明者，天气清甚无分毫渣滓耳。故曰太清。不然，虽薄雾轻烟，一里外有不见之物矣。

地道，好生之至也，凡物之有根种者，必与之生。尽物之分量，尽己之力量，不至寒凝枯败不止也、故曰坤，称母。

四时惟冬是天地之性，春夏秋皆天地之情。故其生万物也，动气多而静气少。

万物得天地之气以生，有宜温者，有宜微温者，有宜太温者，有宜温而风

者，有宜温而湿者，有宜温而燥者，有宜温而时风时湿者。何气所生，则宜何气，得之则长养，失之则伤病。气有一毫之爽，万物阴受一毫之病。其宜凉、宜寒、宜暑，无不皆然。飞潜动植，蠛蠓①（miè měng）之物，无不皆然。故天地位则万物育，王道平则万民遂。

六合中洪纤动植之物，都是天出气、地出质熔铸将出来，都要消磨无迹，还他故物。不怕是金石，也要归于无。盖从无中生来，定要都归无去。譬之一盆水，打搅起来大小浮沤以千万计，原是假借成底，少安静时，还化为一盆水。

先天立命处，是万物自具底，天地只是个生息培养。只如草木原无个生理，天地好生亦无如之何。

天地间万物，都是阴阳两个共成底。其独得于阴者，见阳必避，蜗牛壁藓之类是也；其独得于阳者，见阴必枯，夏枯草之类是也。

阴阳合时只管合，合极则离；离时只管离，离极则合。不极则不离不合，极则必离必合。

定则水，燥则火，吾心自有水火；静则寒，动则热，吾身自有冰炭。然则天地之冰炭谁为之？亦动静为之。一阴生而宇宙入静，至十月闭塞而成寒；一阳生而宇宙入动，至五月熏蒸而成暑。或曰："五月阴生矣，而六月大暑，十一月阳生矣，而十二月大寒；何也？"曰："阳不极则不能生阴，阴不极则不能生阳，势穷则反也。微阴激阳，则阳不受激而愈炽；微阳激阴，则阴不受激而愈溢，气逼则甚也。至七月、正月，则阴阳相战，客不胜主，衰不胜旺，过去者不胜方来。故七月大火西流，而金渐生水；

---

① 蠛蠓：即蠓。虫名。体微细，将雨，群飞塞路。

正月析木用事，而木渐生火。盖阴阳之气续接非直接，直接则绝，父母死而子始生，有是理乎？渐至非骤至，骤至则激，五谷种而能即熟，有是理乎？二气万古长存，万物四时咸遂，皆续与渐为之也。惟续，故不已；惟渐，故无迹。"

既有个阴气，必有聚结，故为月；既有个阳气，必有精华，故为日。晦是月之体，本是纯阴无光之物，其光也映日得之，客也，非主也。

天地原无昼夜，日出而成昼，日入而成夜。星常在天，日出而不显其光，日入乃显耳。古人云："星从日生。"细看来，星不藉日之光以为光。嘉靖壬寅日食，既满天有星，当是时，日且无光，安能生星之光乎？

水静柔而动刚，金动柔而静刚，木生柔而死刚，火生刚而死柔。土有刚有柔，不刚不柔，故金、木、水、火皆从钟焉，得中故也，天地之全气也。

嘘气自内而之外也，吸气自外而之内也。天地之初嘘为春，嘘尽为夏，故万物随嘘而生长；天地之初吸为秋，吸尽为冬，故万物随吸而收藏。嘘者上升，阳气也，阳主发；吸者下降，阴气也，阴主成。嘘气温，故为春夏；吸气寒，故为秋冬。一嘘一吸，自开辟以来至混沌之后，只这一丝气，有毫发断处，万物灭，天地毁。万物，天地之子也，一气生死无不肖之。

风惟知其吹拂而已，雨惟知其淋漓而已，雪惟知其严凝而已，水惟知其流行而已，火惟知其燔灼而已。不足则屏息而各藏其用，有余则猖狂而各恣其性。卒然而感则强者胜，若两军交战，相下而后已。是故久阴则权在雨，而日月难为明；久旱则权在风，而云雨难为泽，以至水火霜雪莫不皆然。谁为之？曰：明阳为之。阴阳谁为之？曰：自然为之。

阴阳征应，自汉儒穿凿附会，以为某灾样应某政事，最迂。大抵和气致祥，戾气致妖，与作善降样，作恶降殃，道理原是如此。故圣人只说

人事，只尽道理，应不应，在我不在我都不管。若求一一征应，如鼓答桴，尧、舜其犹病矣。大段气数有一定的，有偶然的，天地不能违，天地亦顺之而已。旱而雩（yú），水而禜①（yíng），彗孛而禳（ráng），火而祓（fú），日月食而救，君子畏天威，谨天戒当如是尔。若云随祷辄应，则日月盈亏岂系于救不救之间哉？大抵阴阳之气一偏必极，势极必反。阴阳乖戾而分，故孤阳亢而不下阴，则旱无其极，阳极必生阴，故久而雨；阴阳和合而留故淫，阴升而不舍阳，则雨无其极，阴极必生阳，故久而晴。草木一衰不至遽茂，一茂不至遽衰；夫妇朋友失好不能遽合，合不至遽乖。天道物理人情自然如此是一定的，星陨地震，山崩雨血，火见河清此是偶然底。吉凶先见，自非常理，故臣子以修德望君，不必以灾异恐之。若因灾而惧，困可修德。一有祥瑞便可谓德已足而罢修乎？乃若至德回天，灾祥立应，桑穀枯，彗星退，冤狱释而骤雨，忠心白而反风，亦间有之。但曰必然事，吾不能确确然信也。

气化无一息之停，不属进，就属退。动植之物其气机亦无一息之停，不属生，就属死，再无不进不退而止之理。

形生于气。气化没有底，天地定然没有；天地没有底，万物定然没有。

生气醇浓浑浊，杀气清爽澄澈；生气牵恋优柔，杀气果决脆断；生气宽平温厚，杀气峻隘凉薄。故春气纲缊②（yīn yūn），万物以生；夏气熏蒸，

---

①禜：《左传》昭公元年："山川之神，则水旱疠疫之灾，于是乎禜之；日月星辰之神，则雪霜风雨之不时，于是乎禜之。"《说文》："设绵蕝为营，以禳风雨雪霜水旱疠疫于日月星辰山川也。"即为消除水灾而举行祭祀。

②纲缊：古代指天地阴阳二气交互作用的状态。亦作"细氲"。形容云烟弥漫、气氛浓盛的景象。

万物以长；秋气严肃，万物以入；冬气闭藏，万物以亡。

一呼一吸，不得分毫有余，不得分毫不足；不得连呼，不得连吸；不得一呼无吸，不得一吸无呼，此盈虚之自然也。

水质也，以万物为用；火气也，以万物为体。及其化也，同归于无迹。水性徐，火性疾，故水之入物也，因火而疾。水有定气，火无定气，故火附刚则刚，附柔则柔，水则入柔不入刚也。

阳不能藏，阴不能显。才有藏处，便是阳中之阴：才有显处，便是阴中之阳。

水能实虚，火能虚实。

乾坤是毁底，故开辟后必有混沌；所以主宰乾坤是不毁底，故混沌还成开辟。主宰者何？元气是已。元气亘万亿岁年终不磨灭，是形化气化之祖也。

天地全不张主，任阴阳；阴阳全不摆布，任自然。世之人趋避祈禳徒自苦耳。其夺自然者，惟至诚。

天地发万物之气到无外处止，收敛之气到无内处止。不至而止者，非本气不足，则客气相夺也。

静生动长，动消静息。总则生，生则长，长则消，消则息。

万物生于阴阳，死于阴阳。阴阳于万物原不相干，任其自然而已。雨非欲润物，旱非欲熯物，风非欲挠物，雷非欲震物，阴阳任其气之自然，而万物因之以生死耳。《易》称"鼓之以雷霆，润之以风雨"，另是一种道理，不然，是天地有心而成化也。若有心成化，则寒暑灾样得其正，乃见天心矣。

天极从容，故三百六十日为一嘘吸；极次第，故温暑凉寒不蓦越而杂

至；极精明，故昼有容光之照而夜有月星；极平常，寒暑旦夜、生长收藏，万古如斯而无新奇之调；极含蓄，并包万象而不见其满塞；极沉默，无所不分明而无一言；极精细，色色象象条分缕析而不厌其繁；极周匝，疏而不漏；极凝定，风云雷雨变态于胸中，悲欢叫号怨德于地下，而不恶其扰；极通变，普物因材不可执为定局；极自然，任阴阳气数理势之所极所生，而已不与；极坚耐，万古不易而无欲速求进之心，消磨曲折之患；极勤敏，无一息之停；极聪明，亘古今无一人一事能欺罔之者，极老成，有亏欠而不隐藏；极知足，满必损，盛必定；极仁慈，雨露霜雪无非生物之心；极正直，始终计量，未尝养人之奸、容人之恶；极公平，抑高举下，贫富贵贱一视同仁；极简易，无琐屑曲局示人以繁难；极雅淡，青苍自若，更无炫饰；极灵爽，精诚所至，有感必通；极谦虚，四时之气常下交；极正大，擅六合之恩威而不自有；极诚实，无一毫伪妄心，虚假事；极有信，万物皆任之而不疑。故人当法天。人，天所生也。如之者存，反之者亡，本其气而失之也。

春夏后看万物繁华，造化有多少淫巧，多少发挥，多少张大，元气安得不斫（zhuó）丧？机缄安得不穷尽？此所以虚损之极，成否塞，成浑沌也。

形者，气之橐囊也。气者，形之线索也。无形，则气无所凭籍以生；无气，则形无所鼓舞以为生。形须臾不可无气，气无形则万古依然在宇宙间也。

要知道雷霆霜雪都是太和。

浊气醇，清气漓；浊气厚，清气薄；浊气同，清气分；浊气温，清气寒；浊气柔，清气刚；浊气阴，消气阳；浊气丰，清气啬；浊气甘，清气苦；浊气喜，清气恶；浊气荣，清气枯；浊气融，清气孤；浊气生，清气杀。

"一阴一阳之谓道"。二阴二阳之谓驳。阴多阳少、阳多阴少之谓偏。有阴无阳、有阳无阴之谓孤。一阴一阳，《乾》《坤》两卦，不二不杂，纯粹以精，此天地中和之气，天地至善也。是道也，上帝降衷，君子衷之。是故继之即善，成之为性，更无偏驳，不假修为，是一阴一阳属之君子之身矣。故曰"君子之道"，"仁者见之谓之仁，智者见之谓之智"，此之谓偏。"百胜日用而不知"，此之谓驳。至于孤气所生，大乖常理。孤阴之善，慈悲如母，恶则阴毒如鸩；孤阳之善，嫉恶如仇，恶则凶横如虎。此篇夫子论性纯以善者言之，与"性相近"也稍稍不同。

天地万物只是一个渐，故能成，故能久。所以成物悠者，渐之象也；久者，渐之积也。天地万物不能顿也，而况于人乎？故悟能顿，成不能顿。

盛德莫如地，万物于地，恶道无以加矣。听其所为而莫之憾也，负荷生成而莫之厌也。故君子"卑法地"，乐莫大焉。

日正午，月正圆，一呼吸间耳。呼吸之前，未午未圆；呼吸之后，午过圆过。善观中者，此亦足观矣。

中和之气，万物之所由以立命者也，故无所不宜；偏盛之气，万物之所由以盛衰者也，故有宜有不宜。

禄、位、名、寿、康、宁、顺、适、子孙贤达，此天福人之大权也。然尝轻以与人，所最靳而不轻以与人者，惟名。福善祸淫之言，至名而始信：大圣得大名，其次得名，视德无分毫爽者，恶亦然。禄、位、寿、康在一身，名在天下；禄、位、寿、康在一时，名在万世。其恶者备有百福，恶名愈著；善者备尝艰苦，善誉日彰。桀、纣、幽、厉之名，孝子慈孙百

世不能改。此固天道报应之微权也。天之以百福予人者，恃有此耳。彼天下万世之所以仰慕钦承疾恶笑骂，其祸福固亦不小也。

以理言之，则当然者谓之天，命有德讨有罪，奉三尺无私是已；以命言之，则自然者谓之天，莫之为而为，莫之致而至，定于有生之初是已；以数言之，则偶然者谓之天，会逢其适，偶值其际是已。

造物之气有十：有中气，有纯气，有杂气，有戾气，有似气，有大气，有细气，有闲气，有变气，有常气，皆不外于五行。中气，五行均调，精粹之气也，人钟之而为尧、舜、禹、文、周、孔，物得之而为麟凤之类是也。纯气，五行各具纯一之气也，人得之而为伯夷、伊尹、柳下惠，物得之而为龙虎之类是也。杂气，五行交乱之气也。戾气，五行粗恶之气也。似气，五行假借之气也。大气，旁薄浑沦之气也。细气，纤蒙浮渺之气也。闲气，积久充溢会合之气也。变气，偶尔遭逢之气也。常气，流行一定之气也。万物各有所受以为生，万物各有所属以为类，万物不自由也。惟有学问之功，变九气以归中气。

火性发扬，水性流动，木性条畅，金性坚刚，土性重厚，其生物也亦然。

太和在我，则天地在我，何动不臧？何往不得？

弥六合皆动气之所为也，静气一粒伏在九地之下以胎之。故动者静之死乡，静者动之生门。无静不生，无动不死。静者常施，动者不还。发大造之生气者动也，耗大造之生气者亦动也。圣人主静以涵元理，道家主静以留元气。

万物发生，皆是流于既溢之余，万物收敛，皆是劳于既极之后。天地一岁一呼吸，而万物随之。

天地万物到头来皆归于母。故水、火、金、木有尽，而土不尽。何者？水、火、金、木，气尽于天，质尽于地，而土无可尽。故真气无归，真形无藏。万古不可磨灭，灭了更无开辟之时。所谓混沌者，真气与真形不分也。形气混而生天地，形气分而生万物。

天欲大小人之恶，必使其恶常得志。彼小人者，惟恐其恶之不遂也，故贪天祸以至于亡。

自然谓之天，当然谓之天，不得不然谓之天；阳亢必旱，久旱必阴，久阴必雨，久雨必晴，此之谓自然。君尊臣卑，父坐子立，夫唱妇随，兄友弟恭，此之谓当然。小役大，弱役强，贫役富，贱役贵，此之谓不得不然。

心就是天，欺心便是欺天，事心便是事天，更不须向苍苍上面讨。

天者，未定之命；命者，已定之天。天者，大家之命，

命者，各物之天。命定而吉凶祸福随之也，由不得天，天亦再不照管。

天地万物只是一气聚散，更无别个。形者，气所附以为凝结；气者，形所托以为运动。无气则形不存，无形则气不住。

天地既生人物，则人物各具一天地。天地之天地由得天地，人物之天地由不得天地。人各任其气质之天地至于无涯，牿其降衷之天地几于渐尽，天地亦无如之何也已。其吉凶祸福率由自造，天何尤乎而怨之？

吾人浑是一天，故日用起居食息念念时时事事便当以天自处。

朱子云："天者，理也。"余曰："理者，天也。"

有在天之天，有在人之天。有在天之先天，太极是已；有在天之后天，阴阳五行是已。有在人之先天，元气、元理是已；有在人之后天，血气、心知是已。

问："天地开辟之初，其状何似？"曰："未易形容。"因指斋前盆沼，令满贮带沙水一盆，投以瓦砾数小块，杂谷豆升许，令人搅水浑浊，曰："此是混沌未分之状。待三日后再来看开辟。"至日而浊者清矣，轻清上浮，曰："此是天开于子。沉底浑泥，此是地辟于丑。中间瓦砾出露，此是山陵，是时谷豆芽生，月余而水中小虫浮沉奔逐，此是人与万物生于寅。彻底是水，天包乎地之象也。地从上下，故山上锐而下广，象量谷堆也。气化日繁华，日广侈，日消耗，万物毁而生机微，天地虽不毁，至亥而又成混沌之世矣。"

雪非熏蒸之化也。天气上升，地气下降，是干涸世界矣。然阴阳之气不交则绝，故有留滞之余。阴始生之，嫩阳往来交结，久久不散而迫于严寒，遂为雪为霰。白者，少阴之色也，水之母也。盛则为雪，微则为霜，冬月片瓦半砖之下着湿地，皆有霜，阴气所呵也，土干则否。

两间气化，总是一副大蒸笼。

天地之于万物，因之而已，分毫不与焉。

世界虽大，容得千万人忍让，容不得一两个纵横。

天地之于万物原是一贯。

轻清之气为霜露，浓浊之气为云雨。春雨少者，熏蒸之气未浓也。春多雨则泄夏之气，而夏雨必少，夏多雨者，熏蒸之气有余也。夏少雨则积气之余，而秋雨必多，此谓气之常耳。至于霪潦①（yín liáo）之年，必有亢阳之年，则数年总计也。蜀中之漏天，四时多雨；云中之高地，四时多旱；吴下之水乡，黄梅之雨为多，则四方互计也。总之，一个阴阳，一般分数，先有余则后不足，此有余则彼不足，均则各足，是谓太和，太和之岁，九有皆丰。

冬者，万物之夜，所以待劳倦养精神者也。春生、夏长、秋成，而不培养之以冬，则万物之灭久矣。是知大冬严寒，所以仁万物也。愈严凝则愈收敛，愈收敛则愈精神，愈精神则生发之气愈条畅。譬之人须要安歇，今夜能熟睡，则明日必精神。故曰：冬者万物之所以归命也。

---

①霪潦：久雨成涝。

世运

内文导读

世运，意思是指世间盛衰治乱的更迭变化，所以，这章谈的是天下的安定和动荡。但是，对世间的盛衰治乱，作者并没有具体阐述，而是通过总结各个时期的社会现象，对各个时期的历史现实给出自己的评价，指出了世间盛衰治乱的本质。这些评论和见解是非常独到的，有赞誉，也有评判，引导人们从字里行间领悟到管理社会的真谛。这一部分，其实是社会管理学的内容，从这一点看，是非常了不起的。

势之所在，天地圣人不能违也。势来时即摧之，未必遽坏；势去时即挽之，未必能回。然而圣人每与势忤，而不肯甘心从之者，人事宜然也。

世人贱老，而圣王尊之；世人弃愚，而君子取之；世人耻贫，而高士清之；世人厌淡，而智者味之；世人恶冷，而幽人宝之；世人薄素，而有道者尚之。悲夫！世之人难与言矣。

坏世教者，不是宦官宫妾，不是农工商贸，不是衙门市井，不是夷狄。

古昔盛时，民自饱暖之外无过求，自利用之外无异好，安身家之便而不恣耳目之欲。家无奇货，人无玩物，余珠玉于山泽而不知宝，赢茧丝于箱箧而不知绣。偶行于途而知贵贱之等，创见于席而知隆杀之理。农于桑麻之外无异闻，士于礼义之外无羡谈；公卿大夫于劝课训迪之外无簿书。知官之贵，而不知为民之难；知贫之可忧，而不知人富之可嫉。夜行不以兵，远行不以糇。施人者非欲其我德，施于人者不疑其欲我之德。诉欣浑浑，其时之春乎？其物之胚孽乎？吁！可想也已。

伏羲以前是一截世道，其治任之而已，己无所与也。五帝是一截世道，其治安之而已，不扰民也。三王是一截世道，其治正之而已，不使纵也。秦以后是一截世道，其治劫之而已，愚之而已，不以德也。

世界一般是唐虞时世界，黎民一般是唐虞时黎民，而治不古若，非气化之罪也。

终极与始接，困极与亨接。

三皇是道德世界，五帝是仁义世界，三王是礼义世界，春秋是威力世界，战国是智巧世界，汉以后是势利世界。

士鲜衣美食，浮淡怪说、玩日愒时，而以农工为村鄙；女傅粉簪花、冶容学态、袖手乐游，而以勤俭为羞辱；官盛从丰供、繁文缛节、奔逐世态，而以教养为迂腐。世道可为伤心矣。

喜杀人是泰，愁杀人也是泰。泰之人昏惰侈肆，泰之事废坠宽罢，泰之风纷华骄蹇，泰之前如上水之篙，泰之世如高竿之顶，泰之后如下坂之车。故否可以致泰，泰必至于否。故圣人忧泰不忧否。否易振，泰难持。

世之衰也，卑幼贱微气高志肆而无上，子弟不知有父母，妇不知有舅姑，后进不知有先达，士民不知有官师，郎署不知有公卿，偏裨军士不知有主帅。目空空而气勃勃，耻于分义而敢于陵驾。呜呼！世道至此，未有不乱不亡者也。

节文度数，圣人之所以防肆也。伪礼文不如真爱敬，真简率不如伪礼

文。伪礼文犹足以成体，真简率每至于逾闲；伪礼文流而为象恭滔天，真简率而为礼法扫地。七贤八达，简率之极也。举世牛马而晋因以亡。近世士风祟尚简率；荡然无检，嗟嗟！吾莫知所终矣。

天下之势顿可为也，渐不可为也。顿之来也骤骤多无根，渐之来也深深则难撼。顿着力在终，渐着力在始。

造物有涯而人情无涯，以有涯足无涯，势必争，故人人知足则天下有余。造物有定而人心无定，以无定撼有定，势必败。故人人安分则天下无事。

天地有真气，有似气。故有凤凰则有昭明，有粟谷则有稂莠，兔葵似葵，燕麦似麦，野菽似菽，槐蓝似槐之类。人亦然皆似气之所钟也。

六合是个情世界，万物生于情死于情。至人无情，圣人调情，君子制情，小人纵情。

变民风易，变士风难；变士风易，变仕风难。仕风变，天下治矣。

古之居官也，在下民身上做工夫；今之居官也，在上官眼底做工夫。古之居官也尚正直，今之居官也尚婀娜（ān ē）。

任侠气质皆贤者也，使入圣贤绳墨，皆光明俊伟之人。世教不明，纪法陵替，使此辈成此等气习，谁之罪哉！

世界毕竟是吾儒世界，虽二氏之教杂出其间，而纪纲法度、教化风俗，都是二帝三王一派家数。即百家并出，只要主仆分明，所谓元气充实，即风寒入肌，疮疡在身，终非危症也。

一种不萌芽，六尘不缔构，何须度万众成罗汉三千？九边无夷狄，四海无奸雄，只宜销五兵铸金人十二。

圣贤

内文导读

这章讲的是作者的圣贤观。从某种意义上讲，圣贤是社会和历史主导的另一个群体，所以作者将诸多笔墨放在这里。

成圣成贤是儒家的终极追求，在这条路上，从孔子对"仁""礼"的追求，到王阳明、朱熹对"道""理"的体悟和追求，都是儒家乃至后来的中国古人对个人如何成圣成贤的思考和实践。而本章作者所阐述的圣贤观与前人的观点有一定的区别。作者认为，在圣人的内涵上，圣人能够把握天理，与天理合一，并且能够达到无心而无境的地位，能够超越性情之限制；在圣人的成长上，作者认为圣人可以通过修身、克己复礼而达到；在圣人与众人之关系上，作者认为，圣人与众人并不是完全割裂的，圣人既超越于众人，又生活在众人之中。

孔子是五行造身，两仪成性。其余圣人得金气多者则刚明果断，得木气多者则朴素质直，得火气多者则发扬奋迅，得水气多者则明彻圆融，得土气多者则镇静浑厚，得阳气多者则光明轩豁，得阴气多者则沉默精细。气质既有所限，虽造其极，终是一偏底圣人。此七子者，共事多不相合，共言多不相入，所同者大根本大节目耳。

孔颜穷居，不害其为仁覆天下，何则？仁覆天下之具在我，而仁覆天下之心未尝一日忘也。

圣人不落气质，贤人不浑厚便直方，便着了气质色相；圣人不带风土，贤人生燕赵则慷慨，生吴越则宽柔，就染了风土气习。

性之圣人，只是个与理相忘，与道为体，不待思维，横行直撞，恰与时中吻合。反之，圣人常常小心，循规蹈矩①，前望后顾，才执得中字，稍放松便有过不及之差。是以希圣君子心上无一时任情恣意处。

圣人一，圣人全，一则独诣其极，全则各臻其妙。惜哉！至人有圣人之功而无圣人之全者，囿于见也。

所贵乎刚者，贵其能胜己也，非以其能胜人也。子路不胜其好勇之私，是为"勇"字所伏，终不成个刚者。圣门称刚者谁？吾以为恂恂之颜子，其次鲁钝之曾子而已，余无闻也。

天下古今一条大路，曰大中至正，是天造地设底。这个路上古今不多几人走，曰尧、舜、禹、汤、文、武、周、孔、颜、曾、思、孟，其余识得底，周、程、张、朱，虽走不到尽头，毕竟是这路上人。将这个路来比较古今人，虽伯夷、伊、惠也是异端，更那说那佛、老、杨、墨、阴阳、术数诸家。若论个分晓，伯夷、伊、惠是旁行底，佛、老、杨、墨是斜行底，阴阳、星数是歧行底。本原处都从正路起，却念头一差，走下路去，愈远愈缪。所以说，异端言本原不异而发端异也。何也？佛之虚无是吾道中寂然不动差去，老之无为是吾道中守约施博差去，为我是吾道中正静自守差去，兼爱是吾道中万物一体差去，阴阳家是吾道中敬授人时差去，术

---

① 循规蹈矩：指拘泥于旧的准则，不敢稍做变通。

数家是吾道中至诚前知差去。看来大路上人时为佛，时为老，时为杨，时为墨，时为阴阳、术数，是合数家之所长。岔路上人佛是佛，老是老，杨是杨，墨是墨，阴阳、术数是阴阳、术数，殊失圣人之初意。譬之五味不适均不可以专用也，四时不错行不可以专令也。

圣人之道不奇，才奇便是贤者。

战国是个惨酷底气运，巧伪底世道。君非富强之术不讲，臣非功利之策不行。六合正气独钟在孟子身上，故在当时疾世太严，忧民甚切。

"清""任""和""时"是孟子与四圣人议定底谥法。"祖述尧、舜，宪章文、武，上律天时，下袭水土"，是子思作仲尼底赞语。

圣贤养得天所赋之理完，仙家养得天所赋之气完。然出阳脱壳，仙家未尝不死，特留得此气常存。性尽道全，圣贤未尝不死，只是为此理常存。若修短存亡，则又系乎气质之厚薄，圣贤不计也。

贤人之言视圣人未免有病，此其大较耳。可怪俗儒见说是圣人语，便回护其短而推类以求通；见说是贤人之言，便洗索其疵而深文以求过。设有附会者从而欺之，则阳虎、优孟皆失其真，而不免徇名得象之讥矣。是故儒者要认理，理之所在，虽狂夫之言，不异于圣人。圣人岂无出于一时之感，而不可为当然不易之训者哉？

尧、舜功业如此之大，道德如此之全，孔子称赞不啻口出。在尧、舜心上有多少缺然不满足处！道原体不尽，心原趁不满，势分不可强，力量不可勉，圣人怎放得下？是以圣人身囿于势分、力量之中，心长于势分、力量之外，才觉足了，便不是尧、舜。

伊尹看天下人无一个不是可怜底，伯夷看天下人无一个不是可恶底，柳下惠看天下人无一个不是可与底。

浩然之气孔子非无，但用底妙耳。孟子一生受用全是这两字。我尝云："孟子是浩然之气，孔子是浑然之气。浑然是浩然底归宿。浩然是浑然底作用。惜也！孟子未能到浑然耳。"

圣学专责人事，专言实理。

二女试舜，所谓"书不可尽信"也，且莫说玄德升闻，四岳共荐。以圣人遇圣人，一见而人品可定，一语而心理相符，又何须试？即帝艰知人，还须一试，假若舜不能谐二女，将若之何？是尧轻视骨肉，而以二女为市货也，有是哉？

自古功业，惟孔孟最大且久。时雍风动，今日百姓也没受用处，赖孔孟与之发挥，而尧、舜之业至今在。

尧、舜、周、孔之道，如九达之衢，无所不通；如代明之日月，无所不照。其余有所明，必有所昏，夷、尹、柳下惠昏于清、任、和，佛氏昏于寂，老氏昏于啬，杨氏昏于义，墨氏昏于仁，管、商昏于法。其心有所向也，譬之鹘鹃（gǔ zhōu）知南；其心有所厌也，譬之盍旦恶夜。岂不纯然成一家人物？竟是偏气。

尧、舜、禹、文、周、孔，振古圣人无一毫偏倚，然五行所钟，各有所厚，毕竟各人有各人气质。尧敦大之气多，舜精明之气多，禹收敛之气多，文王柔嘉之气多，周公文为之气多，孔子庄严之气多，熟读经史自见。若说"天纵圣人"，如太和元气流行略不沾着一些四时之气，纯是德性用事，不落一毫气质，则六圣人须索一个气象无毫发不同方是。

读书要看圣人气象性情。《乡党》见孔子气象十九。至其七情，如"回非助我"，"牛刀割鸡"，见其喜处；由之瑟，由之使门人为臣，怃然于沮溺之对，见其怒处；丧予之恸，获麟之泣，见其哀处；侍侧言志之问，与

186

人歌和之时，见其乐处；山梁雌雉之叹，见其爱处；斥由之佞，答子贡"君子有恶"之语，见其恶处；周公之梦，东周之想，见其欲处。便见他发而皆中节处。

费宰之辞，长府之止，看闵子议论，全是一个机轴，便见他和悦而诤。处人论事之法，莫妙于闵子天生底一段中平之气。

圣人妙处在转移人不觉，贤者以下便露圭角，费声色，做出来只见张皇。

或问："孔、孟周流，到处欲行其道，似技痒底？"曰："圣贤自家看底分数真，天生出我来，抱千古帝王道术，有旋乾转坤手投，只兀兀①家居，甚是自负，所以遍行天下以求遇夫可行之君。既而天下皆无一遇，犹有九夷、浮海之思，公山佛肸②（bì xī）之往。夫子岂真欲如此？只见吾道有起死回生之力，天下有垂死欲生之民，必得君而后术可施也。譬之他人孺子入井与己无干，既在井畔，又知救法，岂忍袖手？"

明道答安石能使愧屈，伊川答子由，遂激成三党，可以观二公所得。

休作世上另一种人，形一世之短。圣人也只是与人一般，才使人觉异样便不是圣人。

平生不作圆软态，此是丈夫。能软而不失刚方之气，此是大丈夫。圣贤之所以分也。

圣人于万事也，以无定体为定体，以无定用为定用，以无定见为定见，以无定守为定守。贤人有定体，有定用，有定见，有定守。故圣人为从心所欲，贤人为立身行己，自有法度。

_____

① 兀兀：不动的样子。

② 佛肸：人名。春秋末年晋卿赵鞅的家臣，为中牟的县宰，但投靠范氏、中行氏。

圣贤之私书，可与天下人见；密事，可与天下人知；不意之言，与天下人闻；暗室之中，可与天下人窥。

好问、好察时，着一"我"字不得，此之谓能忘。执两端时，着一"人"字不得，此之谓能定。欲见之施行，略无人己之嫌，此之谓能化。

无过之外，更无圣人；无病之外，更无好人。贤智者于无过之外求奇，此道之贼也。

积爱所移，虽至恶不能怒，狃于爱故也；积恶所习，虽至感莫能回，狃于恶故也。惟圣人之用情不狃。

圣人有功于天地，只是"人事"二字。其尽人事也，不言天命，非不知回天无力，人事当然，成败不暇计也。

或问："狂者动称古人，而行不掩言，无乃行本顾言乎？孔子奚取焉？"曰："此与行不顾言者人品悬绝。譬之于射，立拱把于百步之外，九矢参连，此养由基能事也。屠夫拙射，引弦之初，亦望拱把而从事焉，即发，不出十步之远，中不近方丈之鹄，何害其为志士？又安知日关弓，月抽矢，白首终身，有不为由基者乎？是故学者贵有志，圣人取有志。狷者言尺行尺，见寸守寸，孔子以为次者，取其守之确，而恨其志之隘也。今人安于凡陋，恶彼激昂，一切以行不顾言沮之，又甚者，以言是行非谤之，不知圣人岂有一蹴可至之理？希圣人岂有一朝径顿之术？只有有志而废于半途，未有无志而能行跬步者。"或曰："不言而躬行何如？"曰："此上智也，中人以下须要讲求博学、审问、明辨，与同志之人相砥砺奋发，皆所以讲求之也，安得不言？若行不顾言，则言如此而行如彼，口古人而心衰世，岂得与狂者同日语哉？"

君子立身行己自有法度，此有道之言也。但法度自尧、舜、禹、汤、文、武、周、孔以来只有一个，譬如律令一般，天下古今所共守者。若家自为律，人自为令，则为伯夷、伊尹、柳下惠之法度。故以道为法度者，时中之圣；以气质为法度者，一偏之圣。

圣人是物来顺应，众人也是物来顺应。圣人之顺应也，从廓然太公来，故言之应人如响，而吻合乎当言之理；行之应物也，如取诸宫中，而吻合乎当行之理。众人之顺应也，从任情信意来，故言之应人也，好莠自口，而鲜与理合；事之应物也，可否惟欲，而鲜与理合。君子则不然，其不能顺应也，不敢以顺应也。议之而后言，言犹恐尤也；拟之而后动，动犹恐悔也。却从存养省察来。噫！今之物来顺应者，人人是也，果圣人乎？可哀也已！

圣人与众人一般，只是尽得众人底道理，其不同者，乃众人自异于圣人也。

天道以无常为常，以无为为为。圣人以无心为心，以无事为事。

万物之情，各求自遂者也。惟圣人之心，则欲遂万物而忘自遂。

为宇宙完人甚难，自初生以至属纩，彻头彻尾无些子破绽尤难，恐亘古以来不多几人。其余圣人都是半截人，前面破绽，后来修补，以至终年晚岁，才得干净成就了一个好人，还天付本来面目，故曰汤武反之也。曰反，则未反之前便有许多欠缺处。今人有过便甘自弃，以为不可复入圣人境域，不知盗贼也许改恶从善，何害其为有过哉？只看归宿处成个甚人，以前都饶得过。

圣人低昂气化，挽回事势，如调剂气血，损其侈不益其强，补其虚不甚其弱，要归于平而已。不平则偏，偏则病，大偏则大病，小偏则小病。圣人虽欲不平，不可得也。

圣人绝四，不惟纤尘微障无处着脚，即万理亦无作用处，所谓顺万事而无情也。

圣人胸中万理浑然，寂时则如悬衡鉴，感之则若决江河，未有无故自发一善念。善念之发，胸中不纯善之故也。故惟旦昼之梏亡，然后有夜气之清明。圣人无时不夜气，是以胸中无无，故自见光景。

法令所行，可以使土偶奔趋；惠泽所浸，可以使枯木萌蘖；教化所孚，可以使鸟兽伏驯；精神所极，可以使鬼神感格，吾必以为圣人矣。

圣人不强人以太难，只是拨转他一点自然底肯心。

参赞化育底圣人，虽在人类中，其实是个活天，吾尝谓之人天。

孔子只是一个通，通外更无孔子。

圣人不随气运走。不随风俗走，不随气质走。

圣人平天下，不是夷山填海，高一寸还他一寸，低一分还他一分。

"圣而不可知之之谓神"，不可知，可知之祖也。无不可知做可知不出，无可知则不可知何所附属？

只为多了这知觉，便生出许多情缘，添了许多苦恼。落花飞絮岂无死生？他只恁委和委顺而已。或曰："圣学当如是乎？"曰："富贵、贫贱、寿夭、宠辱，圣人未尝不落花飞絮之耳。虽有知觉，心不为知觉苦。"

圣人心上再无分毫不自在处。内省不疚，既无忧惧，外至之患，又不怨尤，只是一段不释然，却是畏天命，悲人穷也。

定静安虑，圣人无一刻不如此。或曰："喜怒哀乐到面前何如？"曰："只恁喜怒哀乐，定静安虑，胸次无分毫加损。"

有相予者，谓面上部位多贵，处处指之。予曰："所忧不在此也。汝相予一心要包藏得天下理，相予两肩要担当得天下事，相予两脚要踏得万事定，虽不贵，予奚忧？不然，予有愧于面也。"

物之入物者染物，入于物者染于物；惟圣人无所入，万物亦不得而入之。惟无所入，故无所不入。惟不为物入，故物亦不得而离之。

人于吃饭穿衣，不曾说我当然不得不然，至于五常百行，却说是当然不得不然，又竟不能然。

孔子七十而后从心，六十九岁未敢从也。众人一生只是从心，从心安得好？圣学战战兢兢，只是降伏一个"从"字，不曰"戒慎恐惧"，则曰"忧勤惕励"，防其从也。岂无乐时，乐也只是乐天。众人之乐则异是矣。任意若不离道，圣贤性不与人殊，何苦若此？

日之于万形也，鉴之于万象也，风之于万籁也，尺度权衡之于轻重长短也，圣人之于万事万物也，因其本然付以自然，分毫我无所与焉。然后感者常平，应者常逸，喜亦天，怒亦天，而吾心之天如故也。万感劻勷①（kuāng ráng），

---

① 劻勷：急迫不安的样子。

众动轇轕[①]（jiāo gé），而吾心之天如故也。

平生无一事可瞒人，此是大快乐。

尧、舜虽是生知安行，然尧、舜自有尧、舜工夫学问。但聪明睿智，千百众人岂能不资见闻，不待思索？朱文公云："圣人生知安行，更无积累之渐。"圣人有圣人底积累，岂儒者所能测识哉？

圣人不矫。

圣人一无所昏。

孟子谓文王"取之而燕民不悦则勿取"，虽非文王之心，最看得时势定。文王非利天下而取之，亦非恶富贵而逃之，顺天命之予夺，听人心之向背，而我不与焉。当是时，三分天下才有其二，即武王亦动手不得，若三分天下有其三，即文王亦束手不得。《勺》之诗曰："遵养时晦，时纯熙矣，是用大介。"天命人心一毫假借不得。商家根深蒂固，须要失天命人心到极处，周家积功累仁，须要收天命人心到极处，然后得失界限决绝洁净，无一毫粘带。如瓜熟自落，栗熟自坠，不待剥摘之力；且莫道文王时动得手，即到武王时，纣又失了几年人心，武王又收了几年人心。《牧誓》《武成》取得何等费唇舌！《多士》《多方》守得何等耽惊怕；则武王者，生摘劲剥之所致也。又譬之疮落痂、鸡出卵，争一刻不得。若文王到武王时定不犯手，或让位微箕为南河阳城之避，徐观天命人心之所属，属我我不却之使去，不属我我不招之使来，安心定志，任其自去来耳。此文王之所以为至德。使安受二分之归，不惟至德有损，若纣发兵而问，叛人即不胜，文王将何辞？虽万万出文王下者，亦不敢安受商之叛国也。用是见文王仁

---

①轇轕：纵横交错貌。

熟智精，所以为宣哲之圣也。

汤祷桑林以身为牺，此史氏之妄也。按汤世十八年旱，至二十三年祷桑林责六事，于是旱七年矣，天乃雨。夫农事冬旱不禁三月，夏旱不禁十日，使汤持七年而后祷，则民已无孑遗矣，何以为圣人？即汤以身祷而天不雨，将自杀，与是绝民也，将不自杀，与是要天也，汤有一身能供几祷？天虽享祭，宁欲食汤哉？是七年之间，岁岁有旱，未必不祷，岁岁祷雨，未必不应，六事自责，史臣特纪其一时然耳。以人祷，断断乎其无也。

伯夷见冠不正，望望然去之，何不告之使正？柳下惠见袒裼裸裎，而由由与偕，何不告之使衣？故曰：不夷不惠，君子居身之珍也。

亘古五帝三王不散之精英，铸成一个孔子，余者犹成颜、曾以下诸贤至思、孟，而天地纯粹之气索然一空矣。春秋战国君臣之不肖也宜哉！后乎此者无圣人出焉。靳孔、孟诸贤之精英，而未尽泄与！

周子谓："圣可学乎？曰无欲。"愚谓圣人不能无欲，七情中合下有欲。孔子曰："己欲立欲达。"孟子有云："广土众民，君子欲之。"天欲不可无，人欲不可有。天欲，公也；人欲，私也。周子云"圣无欲"，愚云："不如圣无私。"此二字者，三氏之所

以异也。

圣人没自家底见识。

对境忘情，犹分彼我，圣人可能入尘不染，则境我为一矣。而浑然无点染，所谓"入水不溺，入火不焚"，非圣人之至者不能也。若尘为我役，化而为一，则天矣。

圣人学问只是人定胜天。

圣人之私，公；众人之公，私。

圣人无夜气。

"衣锦尚䌹①（jiǒng）"，自是学者作用，圣人无尚。

圣王不必天而必我，我之天定而天之天随之。

生知之圣人不长进。

学问到孔子地位才算得个通，通之外无学问矣。

圣人尝自视不如人，故天下无有如圣人者，非圣人之过虚也，四海之广，兆民之众，其一才一智未必皆出圣人下也。以圣人无所不能，岂无一毫之未至；以众人之无所能，岂无一见之独精。以独精补未至，固圣人之所乐取也。此圣人之心日歉然不自满足，日汲汲然不已于取善也。

圣人不示人以难法，其所行者，天下万世之可能者也；其所言者，天下万世之可知者也。非圣人贬以徇人也，圣人虽欲行其所不能，言其所不知，而不可得也。道本如是，其易知易从也。

---

①衣锦尚䌹：同"衣锦褧衣"；锦衣外面再加上麻纱单罩衣，以掩盖其华丽。比喻不炫耀于人。《诗经·国风·硕人》："硕人其颀，衣锦褧衣。"

品藻

内文导读

颜师古注："品藻者，定其差品及文质。"这章作者是在评论不同阶层的人，其目的是让人识别或效仿。虽然前文多处有非常精彩的识人论断，但是这章还是在阐述识人之法。其实，这不是赘述，用人先识人，可能这才是作者的意图吧!

独处看不破，忽处看不破，劳倦时看不破，急遽仓卒时看不破，惊忧骤感时看不破，重大独当时看不破，吾必以为圣人。

圣人做出来都是德性，贤人做出来都是气质，众人做出来都是习俗，小人做出来都是私欲。

汉儒杂道，宋儒隘道。宋儒自有宋儒局面，学者若入道，且休着宋儒横其胸中，只读"六经""四书"而体玩之，久久胸次自是不同。若看宋儒，先看濂溪、明道。

一种人难悦亦难事，只是度量褊狭，不失为君子；一种人易事亦易悦，这是贪污软弱，不失为小人。

为小人所荐者，辱也；为君子所弃者，耻也。

小人有恁一副邪心肠，便有一段邪见识；有一段邪见识，便有一段邪

议论；有一段邪议论，便引一项邪朋党，做出一番邪举动。其议论也，援引附会，尽成一家之言，攻之则圆转迁就而本可破；其举动也，借善攻善，匿恶济恶，善为骑墙之计，击之则疑似牵缠而不可断。此小人之尤，而藉君子之迹者也。此藉君子之名，而济小人之私者也。亡国败家，端是斯人。若明白小人，刚戾小人，这都不足恨。所以《易》恶阴柔阳只是一个，惟阴险伏而多瑞，变幻而莫测，驳杂而疑似，譬之光天化日，黑白分明，人所共见，暗室晦夜，多少埋伏，多少类象，此阴阳之所以别也。虞廷黜陟①（chù zhì），惟曰幽明，其以是夫？

富于道德者不矜事功，犹矜事功，道德不足也；富于心得者不矜闻见，犹矜闻见，心得不足也。文艺自多浮薄之心也，富贵自雄，卑陋之见也。此二人者，皆可怜也，而雄富贵者更不数于丈夫行。彼其冬烘盛大之态，皆君子之所欲呕者也。而彼且志骄意得，可鄙孰甚焉？

士君子在尘世中，摆脱得开，不为所束缚；摆脱得净，不为所污蔑，此之谓天挺人豪。

藏名远利，夙夜汲汲乎实行者，圣人也。为名修，为利劝，夙夜汲汲乎实行者，贤人也。不占名标，不寻利孔，气昏志惰，荒德废业者，众人也。炫虚名，渔实利，而内存狡猾之心，阴为鸟兽之行者，盗贼也。

圈子里干实事，贤者可能。圈子外干大事非豪杰不能。或曰："圈子外可干乎？"曰："世俗所谓圈子外，乃圣贤所谓性分内也。人守一官，官求一称，内外皆若人焉，天下可庶几矣，所谓圈子内干实事者也。心切忧世，志在匡时，苟利天下，文法所不能拘，苟计成功，形迹所不必避，则

---

① 黜陟：指人才的进退，官吏的升降。

圈子外干大事者也。识高千古，虑周六合，挽末世之颓风，还先王之雅道，使海内复尝秦汉以前之滋味，则又圈子以上人矣。世有斯人乎？吾将与之共流涕矣。乃若硁硁^①（kēng kēng）狃^②（niǔ）众见，惴惴循弊规，威仪文辞，灿然可观，勤慎谦默，居然寡过，是人也，但可为高官耳，世道奚赖焉？"

达人落叶穷通，浮云生死；高士睥睨古今，玩弄六合；圣人古今一息，万物一身；众人尘弃天真，腥集世味。

阳君子取祸，阴君子独免；阳小人取祸，阴小人得福。阳君子刚正直方，阴君于柔嘉温厚；阳小人暴庆放肆，阴小人奸回智巧。

古今士率有三品：上士不好名，中士好名，下士不知好名。

上士重道德，中士重功名，下士重辞章，斗筲之人重富贵。

人流品格，以君子小人定之，大率有九等，有君子中君子，才全德备，无往不宜者也。有君子，优于德而短于才者也。有善人，恂雅温朴，仅足自守，识见虽正，而不能自决，躬行虽力，而不能自保。有众人，才德识见俱无足取，与世浮沉，趋利避害，碌碌风俗中无自表异。有小人，偏气邪心，惟己私是殖，苟得所欲，亦不害物。有小人中小人，贪残阴狠，恣意所极，而才足以济之，敛怨怙终，无所顾忌。外有似小人之君子，高峻奇绝，不就俗检，然规模弘远，小疵常颣，不足以病之。有似君子之小人，老诈浓文，善藏巧藉，为天下之大恶，占天下之大名，事幸不败，当时后世皆为所欺而竟不知者。有君子小人之间，行亦近正而偏，语亦近道而杂，学圆通便近于俗，尚古朴则入于腐，宽便姑息，严便猛鸷。是人也，有君

---

① 硁硁：理直气壮、从容不迫的样子。

② 狃：因袭，拘泥。

子之心，有小人之过者也，每至害道，学者戒之。

有俗检，有礼检。有通达，有放达。君子通达于礼检之中，骚士放达于俗检之外。世之无识者，专以小节细行定人品，大可笑也。

上才为而不为，中才只见有为，下才一无所为。

心术平易，制行诚直，语言疏爽，文章明达，其人必君子也。心术微暧，制行诡秘，语言吞吐，文章晦涩，其人亦可知矣。

有过不害为君子，无过可指底，真则圣人，伪则大奸，非乡愿之媚世，则小人之欺世也。

从欲则如附膻，见道则若嚼蜡，此下愚之极者也。

有涵养人心思极细，虽应仓卒，而胸中依然暇豫，自无粗疏之病。心粗便是学不济处。

功业之士，清虚者以为粗才，不知尧、舜、禹、汤、皋、夔、稷、契功业乎？清虚乎？饱食暖衣而工骚墨之事，话玄虚之理，谓勤政事者为俗吏，谓工农桑者为鄙夫，此敝化之民也，尧、舜之世无之。

观人括以五品：高、正、杂、庸、下。独行奇识曰高品，贤智者流。择中有执曰正品，圣贤者流。有善有过曰杂品，劝惩可用。无短无长曰庸品，无益世用。邪伪二种曰下品，慎无用之。

气节信不过人，有出一时之感慨，则小人能为君子之事；有出于一念之剽窃，则小人能盗君子之名。亦有初念甚力，久而屈其雅操，当危能奋安而丧其平生者，此皆不自涵养中来。若圣贤学问，至死更无破绽。

无根本底气节，如酒汉殴人，醉时勇，醒时索然无分毫气力。无学问底识见，如庖人炀灶，面前明，背后左右无一些照顾，而无知者赏其一时，惑其一偏，每击节叹服，信以终身。吁！难言也。

众恶必察，是仁者之心。不仁者闻人之恶，喜谈乐道。疏薄者闻人之恶，深信不疑。惟仁者知恶名易以污人，而作恶者之好为诬善也，既察为人所恶者何人，又察言者何心，又察致恶者何由，耐心留意，独得其真，果在位也，则信任不疑，果不在位也，则举辟无贰，果如人所中伤也，则扶救必力。呜呼！此道不明久矣。

党锢诸君，只是褊浅无度量。身当浊世，自处清流，譬之泾渭，不言自别。正当遵海滨而处，以待天下之清也，却乃名检自负，气节相高，志满意得，卑视一世而践踏之，讥谤权势而狗彘之，使人畏忌奉承愈炽愈骄，积津要之怒，溃权势之毒，一朝而成载胥之凶，其死不足惜也。《诗》称"明哲保身"，孔称"默足有容""免于刑戮"，岂贵货清市直，甘鼎镬如饴哉？申、陈二子，得之郭林宗几矣。"顾""厨""俊""及"吾道中之罪人也，仅愈于卑污耳。若张俭则又李膺、范滂之罪人，可诛也夫！

问："严子陵何如？"曰："富贵利达之世不可无此种高人，但朋友不得加于君臣之上。五臣与舜同僚友，今日比肩，明日北面而臣之，何害其为圣人？若有用世之才，抱忧世之志，朋时之所讲求，正欲大行，竟施以康天下，孰君孰臣，正不必尔。如欲远引高蹈，何处不可藏身，便不见光武也得，既见矣，犹友视帝，而加足其腹焉，恐道理不当如是，若光武者则大矣。"

见是贤者，就着意回护，虽有过差，都向好边替他想；见是不贤者，就着意搜索，虽有偏长，都向恶边替他想，自宋儒以来率坐此失。大段都是个偏识见，所谓好而不知其恶，恶而不知其美者。惟圣人便无此失，只是此心虚平。

蕴藉之士深沉，负荷之士弘重，斡旋之士圆通，康济之士精敏。反是皆凡才也，即聪明辩博无补焉。

君子之交怕激，小人之交怕合。斯二者，祸人之国，其罪均也。

圣人把得定理，把不得定势。是非，理也。成败，势也。有势不可为而犹为之者，惟其理而已。知此则三仁可与五臣比事功，孔子可与尧、舜较政治。

未试于火，皆纯金也。未试于事，皆完人也。惟圣人无往而不可。下圣人一等皆有所不足，皆可试而败。夫三代而下人物，岂甚相远哉？生而所短不遇于所试，则全名定论，可以盖棺，不幸而偶试其所不足，则不免为累。夫试不试之间，不可以定人品也。故君子观人不待试，而人物高下终身事业不爽分毫，彼其神识自在世眼之外耳。

世之颓波，明知其当变，狃于众皆为之而不敢动；事之义举，明知其当为，狃于众皆不为而不敢动，是亦众人而已。提抱之儿得一果饼，未敢辄食，母尝之而后入口，彼不知其可食与否也。既知之矣，犹以众人为行止，可愧也夫惟英雄豪杰不徇习以居非，能违俗而任道，夫是之谓独复。呜呼！此庸人智巧之士，所谓生事而好异者也。

士气不可无，傲气不可有。士气者，明于人己之分，守正而不诡随。傲气者，昧于上下之等，好高而不素位。自处者每以傲人为士气，观人者每以士气为傲人。悲夫！故惟有士气者能谦己下人。彼傲人者昏夜乞哀，或不可知矣。

体解神昏、志消气沮，天下事不是这般人干底。攘臂抵掌，矢志奋心，天下事也不是这般人干底。干天下事者，智深勇沉、神闲气定，有所不言，言必当，有所不为，为必成。不自好而露才，不轻试以幸功，此真才也，世鲜识之。近世惟前二种人，乃互相讥，识者胥笑之。

贤人君子，那一种人里没有？鄙夫小人，那一种人里没有？世俗都在那爵位上定人品，把那邪正却作第二着看。今有仆隶乞丐之人，特地做忠孝节义之事，为天地间立大纲常，我当北面师事之；环视达官贵人，似俛首居其下矣。论到此，那富贵利达与这忠孝节义比来，岂直太山鸿毛哉？然则匹夫匹妇未可轻，而下士寒儒其自视亦不可渺然小也。故论势分，虽抱关之吏，亦有所下以伸其尊。论性分，则尧、舜与途人可揖让于一堂。论心谈道，孰贵孰贱？孰尊孰卑？故天地间惟道贵，天地间人惟得道者贵。

山林处士常养一个傲慢轻人之象，常积一腹痛愤不平之气，此是大病痛。

好名之人充其心，父母兄弟妻子都顾不得，何者？名无两成，必相形而后显。叶人证父攘羊，陈仲子恶兄受鹅，周泽奏妻破戒，皆好名之心为之也。

世之人常把好事让与他人做，而甘居己于不肖，又要掠个好名儿在身上，而诋他人为不肖。悲夫！是益其不肖也。

理圣人之口易，理众人之口难。圣人之口易为众人，众人之口难为圣人，岂直当时之毁誉，即千古英雄豪杰之士，节义正直之人，一入议论之家，彼臧此否，各骋偏执，互为雌黄。譬之舞文吏出入人罪，惟其所欲求，其有大公至正之见，死者复生。而响服者几人？是生者肆口，而死者含冤也。噫！使臧否人物者，而出于无闻之士，犹昔人之幸也。彼擅著作之名号，为一世人杰，而立言不慎，则是狱成于廷尉，就死而莫之辩也，不仁莫大焉。是故君子之论人，与其刻也宁恕。

正直者必不忠厚，忠厚者必不正直。正直人植纲常扶世道，忠厚人养和平培根本。然而激天下之祸者，正直之人；养天下之祸者，忠厚之过也。此四字兼而有之，惟时中之圣。

露才是士君子大病痛，尤其甚于饰才。露者，不藏其所有也。饰者，虚剽其所无也。

士有三不顾：行道济时人顾不得爱身，富贵利达人顾不得爱德，全身远害人顾不得爱天下。

其事难言而于心无愧者，宁灭其可知之迹。故君子为心受恶，太伯是已。情有所不忍，而义不得不然者，宁负大不韪之名。故君子为理受恶，周公是已。情有可矜，而法不可废者，宁自居于忍以伸法。故君子为法受恶，武侯是已。人皆为之，而我独不为，则掩其名以分谤。故君子为众受恶，宋子罕是已。

"不欲为小人，不能为君子。毕竟作甚么人？"曰："众人"。既众人，当与众人伍矣，而列其身名于士大夫之林可乎？故众人而有士大夫之行者荣，士大夫而为众人之行者辱。

天之生人，虽下愚亦有一窍之明听其自为用。而极致之，亦有可观而不可谓之才。所谓才者，能为人用，可圆可方，能阴能阳，而不以己用者也，以己用皆偏才也。

心平气和而有强毅不可夺之力，秉公持正而有圆通不可拘之权，可以语人品矣。

从容而不后事，急遽而不失容，脱略而不疏忽，简静而不凉薄，真率而不鄙俚，温润而不脂韦，光明而不浅浮，沉静而不阴险，严毅而不苛刻，周匝而不烦碎，权变而不谲诈，精明而不猜察，亦可以为成人矣。

厚德之士能掩人过，盛德之士不令人有过。不令人有过者，体其不得已之心，知其必至之情，而预遂之者也。

烈士死志，守士死职，任士死怨，忿士死斗，贪士死财，躁士死言。

知其不可为而遂安之者，达人智士之见也；知其不可为而犹极力以图之者，忠臣孝子之心也。

无识之士有三耻：耻贫，耻贱，耻老。或曰："君子独无耻与？"曰："有耻。亲在而贫耻，用贤之世而贱耻，年老而德业无闻耻。"

初开口便是煞尾语，初下手便是尽头着，此人大无含蓄，大不济事，学者戒之。

一个俗念头，一双俗眼目，一口俗话说，任教聪明才辩，可惜错活了一生。

或问："君子小人辩之最难？"曰："君子而近小人之迹，小人而为君子之态，此诚难辩。若其大都，则如皂白不可掩也。君子容貌敦大老成，小人容貌浮薄琐屑。君子平易，小人跷蹊；君子诚实，小人奸诈；君子多

让，小人多争；君子少文，小人多态。君子之心正直光明，小人之心邪曲微暧。君子之言雅淡质直，惟以达意；小人之言鲜秾柔泽，务于可人。君子与人亲而不昵，宜谅而不养其过；小人与人狎而致情，谀悦而多济其非。君子处事可以盟天质日，虽骨肉而不阿；小人处事低昂世态人情，虽昧理而不顾。君子临义慷慨当前，惟视天下国家人物之利病，其祸福毁誉了不关心；小人临义则观望顾忌，先虑爵禄身家妻子之便否，视社稷苍生漫不属己。君子事上，礼不敢不恭，难使枉道；小人事上，身不知为我，侧意随人。君子御下，防其邪而体其必至之情；小人御下，遂吾欲而忘彼同然之愿。君子自奉节俭恬雅，小人自奉汰侈弥文。君子亲贤爱士，乐道人之善；小人嫉贤妒能，乐道人之非。如此类者，色色顿殊。孔子曰：'患不知人'，吾以为终日相与，其类可分，虽善矜持，自有不可掩者在也。"

今之论人者，于辞受不论道义，只以辞为是，故辞宁矫廉，而避贪爱之嫌。于取与不论道义，只以与为是，故与宁伤惠，而避吝啬之嫌。于怨怒不论道义，只以忍为是，故礼虽当校，而避无量之嫌。义当明分，人皆病其谀而以倨傲矜陵为节概；礼当持体，人皆病其倨而以过礼足恭为盛德。惟俭是取者，不辩礼有当丰；惟默是贵者，不论事有当言。此皆察理不精，贵贤知而忘其过者也。噫！与不及者诚有间矣，其贼道均也。

狃浅识狭闻，执偏见曲说，守陋规俗套，斯人也若为乡里常人，不足轻重，若居高位有令名，其坏世教不细。

以粗疏心看古人亲切之语，以烦躁心看古人静深之语，以浮泛心看古人玄细之语，以浅狭心看古人博洽之语，便加品骘，真孟浪人也。

文姜与弑桓公，武后灭唐子孙，更其国庙，此二妇者，皆国贼也，而祔葬于墓，祔祭于庙，礼法安在？此千古未反一大案也。或曰："子无废母之义。"噫！是言也，闾阎市井儿女之识也，以礼言，三纲之重等于天地，天下共之。子之身，祖庙承继之身，非人子所得而有也。母之罪，宗庙君父之罪，非人子所得而庇也。文姜、武后，庄公、中宗安得而私之以情？言弑吾身者与我同丘陵，易吾姓者与我同血食；祖父之心悦乎？怒乎？对子而言则母尊，对祖父而言，则吾母臣妾也。以血属而言，祖父我同姓，而母异姓也，子为母忘身可也，不敢仇，虽杀我可也不敢仇。宗庙也，父也，我得而专之乎？。专祖父之庙以济其私，不孝；重生我之恩，而忘祖父之仇，亦不孝；不体祖父之心，强所仇而与之共土同牢，亦不孝。二妇之罪当诛，吾为人子不忍行，亦不敢行也；有为国讨贼者，吾不当闻，亦不敢罪也。不诛不讨，为吾母者逋戮之元凶也。葬于他所，食于别宫，称后夫人而不系于夫，终身哀悼，以伤吾之不幸而已。庄公、中宗皆昏庸之主，吾无责矣。吾恨当时大臣陷君于大过而不顾也。或曰："'葬我小君文姜'，夫子既许之矣，子何罪焉？"曰："此胡氏失仲尼之意也。仲尼盖伤鲁君臣之昧礼，而特著其事以示讥尔。曰'我'，言不当我而我之也，曰'小君'言不成小君而小君之也。与历世夫人同书而不异其词，仲尼之心岂无别白至此哉？不然，姜氏会齐侯，每行必书其恶，恶之深如此而肯许其为'我小君'耶？"或曰："子狃于母重而不敢不尊，臣狃于君命而不敢不从，是亦权变之礼耳。"余曰："否！否！宋桓夫人出耳，襄公立而不敢迎其母，圣人不罪。襄公之薄恩而美夫人之守礼，况二妇之罪弥漫宇宙万倍于出者，臣子忘祖父之重，而尊一罪大恶极之母，以伸其私，天理民彝灭矣。道之不明一至是哉！余安得而忘言？"

平生无一人称誉，其人可知矣。平生无一人诋毁，其人亦可知矣。大如天，圣如孔子，未尝尽可人意。是人也，无分君子小人皆感激之，是在

天与圣人上，贤耶？不肖耶？我不可知矣。

寻行数墨是头巾见识，慎步矜趋是钗裙见识，大刀阔斧是丈夫见识，能方能圆、能大能小是圣人见识。

春秋人计可否，畏礼义，惜体面。战国人只是计利害，机械变诈，苟谋成计得，顾其体面？说甚羞耻？

太和中发出，金石可穿，何况民物有不孚格者乎？

自古圣贤孜孜汲汲，惕励忧勤，只是以济世安民为己任，以检身约己为先图。自有知以至于盖棺，尚有未毕之性分，不了之心缘，不惟孔、孟，虽佛、老、墨翟、申、韩皆有一种毙而后已念头，是以生不为世间赘疣①之物，死不为幽冥浮荡之鬼。乃西晋王衍辈一出，以身为懒散之物，百不经心，放荡于礼法之外，一无所忌，以浮谈玄语为得圣之清，以灭理废教为得道之本，以浪游于山水之间为高人，以衔杯于糟曲之林为达士，人废职业，家尚虚无，不止亡晋，又开天下后世登临题咏之祸；长惰慢放肆之风，以至于今。追原乱本，益开衅于庄、列，而基恶于巢、由。有世道之责者，宜知所戒矣。

微子抱祭器归周，为宗祀也。有宋之封，但使先王血食，则数十世之神灵有托，我可也，箕子可也，但属子姓者一人亦可也，若曰事异姓以苟富贵而避之嫌则浅之乎其为识也，惟是箕子可为夷齐，而《洪范》之陈、朝鲜之封，是亦不可以已乎？曰："系累之臣，释囚访道，待以不臣之礼而使作宾，固圣人之所不忍负也。此亦达节之一事，不可为后世宗臣藉口"。

无心者公，无我者明。当局之君子不如旁观之众人者，有心有我之

---

① 赘疣：皮肤上长的肉瘤。比喻多余无用的东西。

故也。

君子豪杰战兢惕励，当大事勇往直前；小人豪杰放纵恣睢，拼一命横行直撞。

老子犹龙不是尊美之辞，盖变化莫测，渊深不露之谓也。

乐要知内外。圣贤之乐在心，故顺逆穷通随处皆泰；众人之乐在物，故山溪花鸟遇境才生。

可恨读底是古人书，作底是俗人事。

言语以不肖而多，若皆上智人，更不须一语。

能用天下而不能用其身，君子惜之。善用其身者，善用天下者也。

粗豪人也自正气，但一向恁底便不可与人道。

学者不能徙义改过，非是不知，只是积懦久惯。自家由不得自家，便没一些指望。若真正格致了，便由不得自家，欲罢不能矣。

孔、孟以前人物只是见大，见大便不拘挛。小家势挛。人，寻行数墨，使杀了只成就个狷者。

终日不歇口，无一句可议之言，高于缄默者百倍矣。

越是聪明人越教诲不得。

强恕，须是有这恕心才好。勉强推去，若视他人饥寒痛楚漠然通不动心，是恕念已无，更强个甚？还须是养个恕出来，才好与他说强。

盗莫大于瞒心昧己，而窃劫次之。

明道受用处，阴得之佛、老，康节受用处，阴得之庄、列，然作用自是吾儒。盖能奴仆四氏，而不为其所用者。此语人不敢道，深于佛、老之庄、列者自然默识得。

乡原是似不是伪，孟子也只定他个"似"字。今人却把"似"字作

"伪"字看，不惟欠确，且末减了他罪。

不当事，不知自家不济。才随遇长，识以穷精。坐谈先生只好说理耳。

沉溺了，如神附，如鬼迷，全由不得自家，不怕你明见真知。眼见得深渊陡涧，心安意肯底直前撞去，到此翻然跳出，无分毫粘带，非天下第一大勇不能。学者须要知此。

巢父、许由，世间要此等人作甚？荷蒉晨门，长沮桀溺知世道已不可为，自有无道则隐一种道理。巢、由一派有许多人皆污浊尧、舜，哕吐皋、夔，自谓旷古高人，而不知不仕无义洁一身以病天下，吾道之罪人也。且世无巢、许不害其为唐虞，无尧、舜、皋、夔，巢、许也没安顿处，谁成就你个高人？

而今士大夫聚首时，只问我辈奔奔忙忙、熬熬煎煎，是为天下国家，欲济世安民乎？是为身家妻子，欲位高金多乎？世之治乱，民之死生，国之安危，只于这两个念头定了。嗟夫！吾辈日多而世益苦，吾辈日贵而民日穷，世何贵于有吾辈哉？

只气盛而色浮，便见所得底浅。邃养之人安详沉静，岂无慷慨激切，发强刚毅时，毕竟不轻惹的。

以激为直，以浅为诚，皆贤者之过。

评品古人，必须胸中有段道理，如权平衡直，然后能称轻重。若执偏见曲说，昧于时不知其势，责其病不察其心，未尝身处其地，未尝心筹其事，而曰某非也，某过也，是瞽指星、聋议乐，大可笑也。君子耻之。

小勇嗷燥，巧勇色笑，大勇沉毅，至勇无气。

为善去恶是，趋吉避凶惑矣。阴阳异端之说也，祀非类之鬼，禳白致之灾，祈难得之福，泥无损益之时日，宗趋避之邪术。悲夫！愚民之抵死而不悟也。即悟之者，亦狃天下皆然，而不敢异。至有名公大人，尤极信尚。呜呼！反经以正邪慝（tè），将谁望哉？

夫物愚者真，智者伪；愚者完，智者丧。无论人，即乌之返哺，雄之耿介，鸤鸠均平专一，雎鸠和而不流，雁之贞静自守，驺虞之仁，獬豸（xiè zhì）之秉正嫉邪，何尝有矫伪哉？人亦然，人之全其天者，皆非智巧者也。才智巧，则其天漓矣；漓则其天可夺，惟愚者之天不可夺。故求道真，当求之愚；求不二心之臣以任天下事，亦当求之愚。夫愚者何尝不智哉？愚者之智，纯正专一之智也。

面色不浮，眼光不乱，便知胸中静定非久养不能。《礼》曰："俨若思，安定辞。"善形容有道气象矣。

于天理汲汲者，于人欲必淡；于私事耽耽者，于公务必疏；于虚文烨烨者，于本实必薄。

圣贤把持得"义"字最干净，无分毫"利"字干扰。众人才有义举，便不免有个"利"字来扰乱。"利"字不得，便做"义"字不成。

道自孔、孟以后，无人识三代以上面目。汉儒无见于精，宋儒无见于大。

有忧世之实心，泫然欲泪，有济世之实才，施处辄宜。斯人也，我愿为曳履执鞭。若聚谈纸上，微言不关国家治忽；争走尘中，众辙不知黎庶死生，即品格有清浊，均于宇宙无补也。

安重深沉是第一美质。定天下之大难者，此人也。办天下之大事者，此人也。刚明果断次之。其它浮薄好任，翘能自喜，皆行不逮者也。即见诸行事而施为无术，反以偾事，此等只可居谈论之科耳。

任有七难：繁任要提纲挈领，宜综核之才。重任要审谋独断，宜镇静之才。急任要观变会通，宜明敏之才。密任要藏机相可，宜周慎之才。独任要担当执持，宜刚毅之才。兼任要任贤取善，宜博大之才。疑任要内明外朗，宜驾驭之才。天之生人，各有偏长。国家之用人，备用群长。然而投之所向辄不济事者，所用非所长，所长非所用也。

操进退用舍之权者，要知大体。若专以小知观人，则卓荦奇伟之士都在所遗。何者？敦大节者不为细谨，有远略者或无小才，肩钜任者或无捷识；而聪明材辩、敏给圆通之士，节文习熟、闻见广洽之人，类不能裨缓急之用。嗟夫！难言之矣。士之遇不遇，顾上之所爱憎也。

居官念头有三用：念念用之君民，则为吉士。念念用之套数，则为俗吏。念念用之身家，则为贼臣。

小廉曲谨之士，循途守辙之人，当太平时，使治一方、理一事，尽能奉职。若定难决疑，应卒蹈险，宁用破绽人，不用寻常人。虽豪悍之魁，任侠之雄，驾御有方，更足以建奇功，成大务。噫！难与曲局者道。

圣人悲时悯俗，贤人痛世疾俗，众人混世逐俗，小人败常乱俗。呜呼！小人坏之，众人从之，虽悯虽疾，竞无益矣。故明王在上，则移风易俗。

观人只谅其心，心苟无他，迹皆可原。如下官之供应未备，礼节偶疏，此岂有意简傲乎？简傲上官以取罪，甚愚者不为也，何怒之有？供应丰溢，礼节卑屈，此岂敬戎乎？将以悦我为进取之地也，何感之有？

今之国语乡评，皆绳人以细行，细行一亏，若不可容于清议，至于大节都脱略废坠，浑不说起。道之不明，亦至此乎？可叹也已！

凡见识，出于道理者第一，出于气质者第二，出于世俗者三，出于自私者为下。道理见识，可建天地，可质鬼神，可推四海，可达万世，正大公平，光明易简，此尧、舜、禹、汤、文、武、周、孔相与授受者是也。气质见识，仁者谓之仁，智者谓之智。刚气多者为贤智，为高明；柔气多者为沉潜，为谦忍。夷、惠、伊尹、老、庄、申、韩各发明其质之所近是已。

世俗见识，狃于传习之旧，不辨是非；安于耳目之常，遂为依据。教之则貌不相入，攻之则牢不可破；浅庸卑陋而不可谈王道。自秦、汉、唐、宋以来，创业中兴，往往多坐此病。故礼乐文章，因陋就简，纪纲法度，缘势因时。二帝三王旨趣漫不曾试尝，邈不入梦寐，可为流涕者，此辈也，己私见识利害荣辱横于胸次，是非可否迷其本真，援引根据亦足成一家之说，附会扩充尽可眩众人之听。秦皇本游观也，而托言巡狩四岳；汉武本穷兵也，而托言张皇六师。道自多歧，事有两端，善辩者不能使服，不知者皆为所惑。是人也设使旁观，未尝不明，惟是当局，便不除己，其流之弊，至于祸国家乱世道而不顾，岂不大可忧大可惧哉！故圣贤蹈险履危，把自家搭在中间；定议决谋，把自家除在外面，即见识短长不敢自必，不

害其大公无我之心也。

凡为外所胜者，皆内不足也；为邪所夺者，皆正不足也。二者如持衡然，这边低一分，那边即昂一分，未有毫发相下者也。

善为名者，藉口以掩真心；不善为名者，无心而受恶名。心迹之间，不可以不辨也。此观人者之所忽也。

自中庸之道不明，而人之相病无终已。狷介之人病和易者为熟软，和易之人病狷介者为乖戾；率真之人病慎密者为深险，慎密之人病率真者为粗疏；精明之人病浑厚者为含糊，浑厚之人病精明者为苛刻。使质于孔子，吾知其必有公案矣；孔子者，合千圣于一身，萃万善于一心，随事而时出之，因人而通变之，圆神不滞，化裁无端。其所自为，不可以教人者也。何也？难以言传也。见人之为，不以备责也。伺也？难以速化也。

观操存在利害时，观精力在饥疲时，观度量在喜怒时，观存养在纷华时，观镇定在震惊时。

人言之不实者十九，听言而易信者十九，听言而易传者十九。以易信之心，听不实之言，播喜传之口，何由何跖？而流传海内，纪载史册，冤者冤，幸者幸。呜呼！难言之矣。

孔门心传，惟有颜子一人，曾子便属第二等。

名望甚隆，非大臣之福也；如素行无愆，人言不足仇也。

尽聪明底是尽昏愚，尽木讷底是尽智慧。

透悟天地万物之情，然后可与言性。

僧道、宦官、乞丐，未有不许其为圣贤者。我儒衣儒冠且不类儒，彼顾得以嗤之，奈何以为异类也，而鄙夷之乎？

盈山宝玉，满海珠玑，任人恣意采取，并无禁厉榷夺，而束手畏足，甘守艰难，愚亦尔此乎？

告子许大力量，无论可否，只一个不动心，岂无骨气人所能？可惜只是没学问，所谓"其至尔力也"。

千古一条大路，尧、舜、禹、汤、文、武、孔、孟由之。此是官路古路，乞人盗跖都有分，都许由，人自不由耳。或曰："须是跟着数圣人走。"曰："各人走各人路。数圣人者，走底是谁底路？肯实在走，脚踪儿自是暗合。"

功士后名，名士后功。三代而下，其功名之士绝少。圣人以道德为功名者也，贤人以功名为功名者也，众人以富贵为功名者也。

建天下之大事功者，全要眼界大。眼界大则识见自别。

谈治道，数千年来只有个唐虞禹汤文武，作用自是不俦。衰周而后，直到于今，高之者为小康，卑之者为庸陋。唐虞时光景，百姓梦也梦不着。创业垂统之君臣，必有二帝五臣之学术而后可。若将后世眼界立一代规模，如何是好？

一切人为恶，犹可言也，惟读书人不可为恶。读书人为恶，更无教化之人矣。一切人犯法犹可言也，做官人不可犯法。做官人犯法，更无禁治之人矣。

自有书契以来，穿凿附会，作聪明以乱真者，不可胜纪。无知者藉信而好古之名，以误天下后世苍生。不有洞见天地万物之性情者出而正之，迷误何有极哉？虚心君子，宁阙疑可也。

君子当事，则小人皆为君子，至此不为君子，真小人也；小人当事，则中人皆为小人，至此不为小人，真君子也。

小人亦有好事，恶其人则并疵共事；君子亦有过差，好其人则并饰其

非，皆偏也。

无欲底有，无私底难。二氏能无情欲，而不能无私。无私无欲，正三教之所分也。此中最要留心理会，非狃于闻见、章句之所能悟也。

道理中作人，天下古今都是一样；气质中作人，便自千状万态。

论造道之等级，士不能越贤而圣，越圣而天。论为学之志向，不分士、圣、贤，便要希天。

颜渊透彻，曾子敦朴，子思缜细，孟子豪爽。

多学而识，原是中人以下一种学问。故夫子自言"多闻择其善而从之，多见而识之"。教子张"多闻阙疑""多见阙殆"。教人"博学于文"。教颜子"博之以文"。但不到一贯地位，终不成究竟。故顿渐两门，各缘资性。今人以一贯为入门上等天资，自是了悟，非所望于中人，其误后学不细。

无理之言，不能惑世诬人。只是他聪明才辩，附会成一段话说，甚有滋味，无知之人欣然从之，乱道之罪不细。世间此种话十居其六七，既博且久，非知道之君子，孰能辨之？

间中都不容发，此智者之所乘，而思者之所昧也。

明道在朱、陆之间。

明道不落尘埃，多了看释、老；伊川终是拘泥，少了看庄、列。

迷迷易悟，明迷难醒。明迷愚，迷明智。迷人之迷，一明则跳脱；明人之迷，明知而陷溺。明人之明，不保其身；迷人之明，默操其柄。明明可与共太平，明迷可与共忧患。

巢、由、披、卷、佛、老、庄、列，只是认得"我"字真，将天地万物只是成就我。尧、舜；禹、汤、文、武、孔、孟，只是认得"人"字真，将此身心性命只是为天下国家。

闻毁不可遽信，要看毁人者与毁于人者之人品。毁人者贤，则所毁者损；毁人者不肖，则所毁者重。考察之年，闻一毁言如获拱璧①，不暇计所从来，枉人多矣。

是众人，即当取其偏长；是贤者，则当望以中道。

士君子高谈阔论，语细探玄，皆非实际，紧要在适用济事。故今之称拙钝者曰不中用，称昏庸者曰不济事。此虽谚语口头，余尝愧之同志者，盍亦是务乎？

秀雅温文，正容谨节，清庙明堂所宜。若蹈汤火，衽金革，食牛吞象之气，填海移山之志，死孝死忠，千捶百折，未可专望之斯人。

不做讨便宜底学问，便是真儒。

千万人吾往，赫杀老子。老子是保身学问。

亲疏生爱憎，爱憎生毁誉，毁誉生祸福。此智者之所耽耽注意，而端人正士之所脱略而不顾者也。

---

① 拱璧：大璧。拱，通珙。

此个题目考人品者不可不知。

精神只顾得一边，任你聪明智巧，有所密必有所疏。惟平心率物，无毫发私意者，当疏当密，一准于道而人自相忘。

读书要看三代以上人物是甚学识，甚气度，甚作用。汉之粗浅，便着世俗；宋之局促，使落迂腐，如何见三代以前景象？

真是真非，惟是非者知之，旁观者不免信迹而诬其心，况门外之人，况千里之外，百年之后乎？其不虞之誉，求全之毁，皆爱憎也。其爱僧者，皆恩怨也。故公史易，信史难。

或问："某公如何？"曰："可谓豪杰英雄，不可谓端人正士。"问："某公如何？"曰："可谓端人正士，不可谓达节通儒。"达节通儒，乃端人正士中豪杰英雄者也。

名实如形影。无实之名，造物所忌，而矫伪者贪之，暗修者避之。

遗葛牛羊，亳众往耕，似无此事。圣人虽委曲教人，未尝不以诚心直道交邻国。桀在则葛非汤之属国也，奚问其不祀，即知其无牺牲矣。亳之牛羊，岂可以常遗葛伯耶？葛岂真无牛羊耶？有亳之众，自耕不暇，而又使为葛耕，无乃后世市恩好名、沾沾煦煦者之所为乎？不然，葛虽小，亦先王之建国也，宁至无牛羊粢盛哉？即可以供而不祭，当劝谕之矣。或告之天子，以明正其罪矣。何至遗牛羊往为之耕哉？可以不告天子而灭其国，顾可以不教之，自供祭事而代之劳且费乎？不然，是多彼之罪，而我得以藉口也。是伯者，假仁义济贪欲之所为也。孟子此言，其亦公刘、太王好货色之类与？

汉以来儒者一件大病痛，只是是古非今。今人见识作为不如古人，此其大都。至于风会所宜，势极所变，礼义所起，自有今人精于古人处。二帝者，夏之古也。夏者，殷之古也。殷者，周之古也。其实制度文为三代不相祖述，而达者皆以为是。宋儒泥古，更不考古昔真伪，今世是非。只如祭祀一节，古人席地不便于饮食，故尚簠簋^①（fǔ guǐ）笾豆^②（biān dòu），其器皆高。今祭古人用之，从其时也。子孙祭祖考，只宜用祖考常用所宜，而簠簋笾豆是设可乎？古者墓而不坟，不可识也，故不墓祭。后世父母体魄所藏，巍然丘垅，今欲舍人子所睹记者而敬数寸之木可乎？则墓祭似不可已也。诸如此类甚多，皆古人所笑者也。使古人生于今，举动必不如此。

儒者惟有建业立功是难事。自古儒者成名多是讲学著述，人未尝尽试所言，恐试后纵不邪气，其实成个事功不狼狈以败者定不多人。

而今讲学不为明道，只为角胜，字面词语间拿住一点半点错，便要连篇累牍辩个足。这是甚么心肠？讲甚学问？

得人不敢不然之情易，得人自然之情难。秦、汉而后皆得人不敢不然之情者也。

众人但于"义"中寻个"利"字，再没于"利"中寻个"义"字。

性分、名分不是两项，尽性分底不傲名分。召之见，不肯见之；召之役，往执役之事。今之讲学者，陵犯名分，自谓高洁。孔子乘田委吏何尝不折腰屈膝于大夫之庭乎？噫！道不明久矣。

中高第，做美官，欲得愿足，这不是了却一生事。只是作人不端，或无过可称，而分毫无补于世，则高第美官反以益吾之耻者也。而世顾以此自多，予不知其何心。

隐逸之士只优于贪荣恋势人，毕竟在行道济时者之下。君子重之，所

①簠簋：簠与簋。两种盛黍稷稻粱之礼器。

②笾豆：笾和豆。古代祭祀及宴会时常用的两种礼器。竹制为笾，木制为豆。

以羞富贵利达之流也。若高自标榜，尘视朝绅而自谓清流，傲然独得，则圣世之罪人也。夫不仕无义，宇宙内皆儒者事，奈之何洁身娱己弃天下理乱于不闻，而又非笑尧舜稷契之侪哉？使天下而皆我也，我且不得有其身，况有此乐乎？予无用世具，行将老桑麻间，故敢云。

古之论贤不肖者，不曰"幽明"则曰"枉直"，则知光明洞达者为贤，隐伏深险者为不肖。真率爽快者为贤，斡旋转折者为不肖。故贤者如白日青天，一见即知其心事。不肖者如深谷晦夜，穷年莫测其浅深。贤者如疾矢急弦，更无一些回顾。枉者如曲钩盘绳，不知多少机关。故虞廷曰"黜陟幽明"，孔子曰"举直错枉"。观人者之用明，舍是无所取矣。

品第大臣率有六等，上焉者宽厚深沉，远识兼照，造福于无形，消祸于未然，无智名勇功，而天下阴受其赐。其次刚明任事，慷慨敢言，爱国如家，忧时如病，而不免太露锋芒，得失相半。其次恬静逐时，动循故事，利不能兴，害不能除。其次持禄养望，保身固宠，国家安危，略不介怀。其次贪功启衅，怙宠张威，愎是任情，扰乱国政。其次奸险凶淫，煽虐肆毒，贼伤善类，蛊惑君心，断国家命脉，失四海人望。

极宽过厚足恭曲谨之人，乱世可以保身，治世可以敦俗。若草昧经纶，仓卒筹画，荷天下之重，襄四海之难，永百世之休，旋乾转坤，安民阜物，自有一等英雄豪杰，渠辈当束之高阁。

弃此身操执之常而以圆软沽俗誉，忘国家远大之患而以宽厚市私恩，巧趋人所未见之利，善避人所未识之害，立身于百祸不侵之地，事成而我有功，事败而我无咎，此智巧士也，国家奚赖焉！

委罪掠功，此小人事。掩罪夸功，此众人事。让美归功，此君子事。分怨共过，此盛德事。

士君子立身难，是不苟；识见难，是不俗。

十分识见人与九分者说，便不能了悟，况愚智相去不翅倍蓰[①]（xǐ）。而一不当意辄怒而弃之，则皋、夔、稷、契、伊、傅、周、召弃人多矣。所贵乎有识而居人上者，正以其能就无识之人，因其微长而善用之也。

大凡与人情不近，即行能卓越，道之贼也。圣人之道，人情而已。

以林皋安乐懒散心做官，未有不荒怠者。以在家治生营产心做官，未有不贪鄙者。

守先王之大防，不为苟且人开蹊窦，此儒者之操尚也。敷先王之道而布之宇宙，此儒者之事功也。

士君子须有三代以前一副见识，然后可以进退古今，权衡道法，可以成济世之业，可以建不世之功。

矫激之人加卑庸一等，其害道均也。吴季札、陈仲子、时苗、郭巨之类是已。君子矫世俗只到恰好处便止，矫枉只是求直，若过直则彼左枉而我右枉也。故圣贤之如衡，处事与事低昂，分毫不得高下，使天下晓然知大中至正之所在，然后为不诡于道。

————————————

① 蓰：五倍为蓰。

曲如炼铁钩，直似脱弓弦，不觅封侯贵，何为死道边。

雅士无奇名，幽人绝隐慝。

题汤阴庙末联：千古形销骨已朽，丹心犹自血鲜鲜。

寄所知云：道高毁自来，名重身难隐。

卷五 外篇·书集

内文导读

　　"书"在六艺中是书法的意思。本卷和之前的很多章节一样，看似有些文不对题。针对这样的现象，有人解释说，作者将本书按照周朝官学所倡导的六种技能进行分类，即"六艺"：礼、乐、射、御、书、数，主要是为了表达心目中对最完美的周朝的憧憬。特别是本卷，书法和治道几乎毫无联系。但是仔细想想，作者用"六艺"作为本书的线脉，不仅是为了致敬经典而采用经典，其实标题和内容在意义上还是有一定的联系的。因为任何一个人采取的治理国家的方针、政策、措施，都需要对前人有所继承，以贤达为榜样，好的治理国家的办法，前人都是通过书来留给后人，后人往往是通过读书去继承前人的。作者以"书"为题，一定有这个意图。

治道

内文导读

　　治道，指的是治理国家的方针、政策、措施等。其中一些为官之道，却是作者思想可圈可点的地方。自古以来，中国人一直是比较看重做官的，只要有可能，大概很少有人不在向往着弄个一官半职，不把做官看作一桩可以光宗耀祖、得享尊崇之幸事的。但作者却对为官发出痛苦的"呻吟"："做官都是苦事，为官原是苦人。"这苦的背后，体现的是一心为民的辛劳，这样的为官意识在任何一个时代都是难能可贵的。

　　吕坤的思想以儒家为本，兼采百家。他本人从政经验丰富，在法律操作层面有许多精辟见解，他对于改革的审慎态度，对于"治理技艺"的透彻理解，尤其令人叹服。

　　庙堂之上，以养正气为先；海宇之内，以养元气为本。能使贤人君子无郁心之言，则正气培矣；能使群黎百姓无腹诽之语，则元气固矣。此万世帝王保天下之要道也。

　　六合之内，有一事一物相陵夺假借，而不各居其正位，不成清世界；有匹夫匹妇冤抑愤懑，而不得其分愿，不成平世界。

　　天下万事万物皆要求个实用。实用者，与吾身心关损益者也。凡一切不急之物，供耳目之玩好，皆非实用也，愚者甚至丧其实用以求无用。悲夫！是故明君治天下，必先尽革靡文，而严诛淫巧。

当事者若执一簿书，寻故事，循弊规，只用积年书手也得。

兴利无太急，要左视右盼；革弊无太骤，要长虑却顾。

苟可以柔道，理不必悻直也；苟可以无为，理不必多事也。

经济之士，一居言官便一建白，此是上等人，去缄默保位者远，只是治不古若。非前人议论不精，乃今人推行不力。试稽旧读，今日我所言，昔人曾道否？若只一篇文章了事，虽奏牍如山，只为纸笔作孽障，架阁上添鼠食耳。夫士君子建白，岂欲文章奕世哉？冀谏行而民受其福也。今诏令刊布遍中外，而民间疾苦自若，当求其故。故在实政不行而虚文搪塞耳。综核不力，罪将谁归？

为政之道，以不扰为安，以不取为与，以不害为利，以行所无事为兴废起弊。

从政自有个大体。大体既立，则小节虽抵牾（wǔ），当别作张弛，以辅吾大体之所未备，不可便改弦易辙。譬如待民贵有恩，此大体也，即有顽暴不化者，重刑之，而待民之大体不变。待士有礼，此大体也，即有淫肆不检者，严治之，而待士之大体不变。彼始之宽也，既养士民之恶，终之猛也，概及士民之善，非政也，不立大体故也。

为政先以扶持世教为主。在上者一举措间，而世教之隆污、风俗之美恶系焉。若不管大体何如，而执一时之偏见，虽一事未为不得，而风化所伤甚大，是谓乱常之政。先王慎之。

人情之所易忽，莫如渐；天下之大可畏，莫如渐。渐之始也，虽君子不以为意。有谓其当防者，虽君子亦以为迂。不知其极重不反之势，天地

圣人亦无如之奈何，其所由来者渐也。周、郑交质，若出于骤然，天子虽屠懦甚，亦必有惎心，诸侯虽豪横极，岂敢生此念？迨积渐所成，其流不觉至是，故步视千里为远，前步视后步为近。千里者，步步之积也。是以骤者举世所惊，渐者圣人独惧。明以烛之，坚以守之，毫发不以假借，此慎渐之道也。

君子之于风俗也，守先王之礼而俭约是崇，不妄开事端以贻可长之渐。是故漆器不至金玉，而刻镂之不止；黼黻^①（fǔ fú）不至庶人，锦绣被墙屋不止。民贫盗起不顾也，严刑峻法莫禁也。是故君子谨其事端，不开人情窦而恣小人无厌之欲。

着令甲者，凡以示天下万世，最不可草率，草率则行时必有滞碍；最不可含糊，含糊则行者得以舞文；最不可疏漏，疏漏则出于吾令之外者无以凭藉，而行者得以专辄。

筑基树枭者，千年之计也；改弦易辙者，百年之计也；兴废补敝者，十年之计也；垩白黝青者，一时之计也。因仍苟且，势必积衰。助波覆倾，反以裕蛊。先天下之忧者，可以审矣。

气运怕盈，故天下之势不可使之盈。既盈之势，便当使之损。是故不测之祸，一朝之忿，非目前之积也，成于势盈。势盈者，不可不自损。捧盈卮者，徐行不如少挹。

微者正之，甚者从之。从微则甚，正甚愈甚，天地万物、气化人事，莫不皆然。是故正微从甚，皆所以禁之也。此二帝三王之所以治也。

圣人治天下，常今天下之人精神奋发，意念敛束。奋发则万民无弃业，

---

① 黼黻：泛指礼服上所绣的华美花纹。这里指绣有华美花纹的礼服。

而兵食足，义气充，平居可以勤国，有事可以捐躯。敛束则万民无邪行，而身家重名检修。世治则礼法易行，国衰则奸盗不起。后世之民怠惰放肆甚矣。臣民而怠惰放肆，明主之忧也。

能使天下之人者，惟神、惟德、惟惠、惟威。神则无言无为，而妙应如响。德则共尊共亲，而归附自同。惠则民利其利，威则民畏其法。非是则动众无术矣。

只有不容已之真心，自有不可易之良法。其处之未必当者，必其思之不精者也。其思之不精者，必其心之不切者也。故有纯王之心，方有纯王之政。

《关雎》是个和平之心，《麟趾》是个仁厚之德。只将和平仁厚念头行政，则仁民爱物，天下各得其所。不然，《周官》法度以虚文行之，岂但无益，且以病民。

"民胞物与"，子厚胸中合下有这段着痛着痒心，方说出此等语。不然，只是做戏的一般，虽是学哭学笑，有甚悲喜？故天下事只是要心真。二帝三王亲亲仁民爱物，不是向人学得来，亦不是见得道理当如此。曰亲、曰仁、曰爱，看是何等心肠，只是这点念头恳切殷浓，至诚恻怛，譬之慈母爱子，由不得自家。所以有许多生息爱养之政。悲夫！可为痛哭也已。

为人上者，只是使所治之民个个要聊生，人人要安分，物物要得所，事事要协宜。这是本然职分。遂了这个心，才得畅然一霎欢，安然一觉睡。稍有一民一物一事不妥贴，此心如何放得下？何者？为一郡邑长，一郡邑皆待命于我者也；为一国君，一国皆待命于我者也；为天下主，天下皆待命于我者也。无以答其望，何以称此职？何以居此位？夙夜汲汲图惟之不暇，而暇于安富尊荣之奉，身家妻子之谋，一不遂心，而淫怒是逞耶？夫付之以生民之寄，宁为盈一己之欲哉？试一反思，便当愧汗。

王法上承天道，下顺人情，要个大中至正，不容有一毫偏重偏轻之制。行法者，要个大公无我，不容有一毫故出故入之心，则是天也。君臣以天行法，而后下民以天相安。

人情天下古今所同，圣人惧其肆，特为之立中以防之，故民易从。有乱道者从而矫之，为天下古今所难为之事，以为名高，无识者相与骇异之，崇奖之，以率天下，不知凡于人情不近者，皆道之贼也。故立法不可太激，制礼不可太严，责人不可太尽，然后可以同归于道。不然，是驱之使畔也。

振玩兴废，用重典；惩奸止乱，用重典；齐众摧强，用重典。

民情有五，皆生于便。见利则趋，见色则爱，见饮食则贪，见安逸则就，见愚弱则欺，皆便于己故也。惟便，则术不期工而自工；惟便，则奸不期多而自多。君子固知其难禁也，而德以柔之，教以谕之，礼以禁之，法以惩之，终日与便为敌，而竟不能衰止。禁其所便，与强其所不便，其难一也。故圣人治民如治水，不能使不就下，能分之使不泛溢而已。堤之使不决，虽尧、舜不能。

尧、舜无不弊之法，而恃有不弊之身，用救弊之人以善天下之治，如此而已。今也不然，法有九利，不能必其无一害；法有始利，不能必其不终弊。嫉才妒能之人，惰身利口之士，执其一害终弊者讪笑之。谋国不切而虑事不深者，从而附和之。不曰"天下本无事，安常袭故何妨"，则曰"时势本难为，好动喜事何益"。至大坏极弊，瓦解土崩，而后付之天命焉。呜呼！国家养士何为哉？士君子委质何为哉？儒者以宇宙为分内何为哉？

官多设而数易，事多议而屡更，生民之殃未知所极。古人慎择人而久任，慎立政而久行。一年如是，百千年亦如是。不易代不改政，不弊事不更法。故百官法守一，不敢作聪明以擅更张；百姓耳目一，不至乱听闻以乖政令。日渐月渍，莫不遵上之纪纲法度以淑其身，习上之政教号令以成其俗。譬之寒暑不易，而兴作者岁岁有持循焉；道路不易，而往来者年年知远近焉。何其定静！何其经常！何其相安！何其易行！何其省劳费！或曰："法久而弊，奈何？"曰："寻立法之本意，而救偏补弊耳。善医者，去其疾不易五脏，攻本脏不及四脏；善补者，缝其破不剪余完，浣其垢不改故制。"

圣明之世，情礼法三者不相忤也。末世，情胜则夺法，法胜则夺礼。

汤、武之诰誓，尧、舜之所悲，桀、纣之所笑也。是岂不示信于民，而白己之心乎？尧、舜曰："何待哓哓尔示民？民不忍不从。"桀、纣曰："何待哓哓尔示民？民不敢不从。"观《书》之诰誓，而知王道之衰矣。世

道至汤、武，其势必有桀、纣，又其势必至有秦、项、莽、操也。是故维持世道者，不可不虑其流。

圣人能用天下，而后天下乐为之用。圣人以心用天下，以形用心。用者，无用者也。众用之所恃，以为用者也。若与天下竞智勇、角聪明，则穷矣。

后世无人才，病本只是学政不修。而今把作万分不急之务，才振举这个题目，便笑倒人。官之无良，国家不受其福，苍生且被其祸。不知当何如处？

圣人感人心于患难处更验。盖圣人平日仁渐义摩，深思厚泽，入于人心者化矣。及临难处仓卒之际，何暇思图，拿出见成的念头来，便足以捐躯赴义。非曰我以此成名也，我以此报君也。彼固亦不自知其何为，而迫切至此也。其次捐躯而志在图报。其次易感而终难。其次厚赏以激其感。噫！至此而上下之相与薄矣，交孚之志解矣。嗟夫！先王何以得此于人哉？

圣人在上，能使天下万物各止其当然之所，而无陵夺假借之患，夫是之谓各安其分，而天地位焉；能使天地万物各遂其同然之情，而无抑郁倔强之态，夫是之谓各得其愿，而万物育焉。

民情既溢，裁之为难。裁溢如割骈拇①（pián mǔ）赘疣，人甚不堪。故裁之也欲令民堪，有渐而已矣。安静而不震激，此裁溢之道也。故圣王在上，慎所以溢之者，不生民情。礼义以驯之，法制以防之，不使潜滋暴决，此慎溢之道也。二者帝王调剂民情之大机也，天下治乱恒必由之。

---

① 骈拇：指并合的脚趾，跟旁出的歧指和附着的赘瘤一样，都是人体上多余的东西。

创业之君，当海内属目倾听之时，为一切雷厉风行之法。故今行如流，民应如响。承平日久，法度疏阔，人心散而不收，惰而不振，顽而不爽。譬如熟睡之人，百呼若聋；欠倦之身，两足如跛，惟是盗贼所追，水火所迫，或可猛醒而急奔。是以诏今废格，政事颓靡，条上者纷纷，中饬者累累，而听之者若罔闻，知徒多书发之劳，纸墨之费耳。即杀其尤者一人，以号召之，未知肃然改视易听否。而迂腐之儒，犹曰宜崇长厚，勿为激切。嗟夫！养天下之祸，甚天下之弊者，必是人也。故物垢则浣，甚则改为；室倾则支，甚则改作。中兴之君，综核名实，整顿纪纲，当与创业等而后可。

先王为政，全在人心上用工夫。其体人心，在我心上用工夫。何者？同然之故也。故先王体人于我，而民心得，天下治。

天下之患，莫大于"苟可以"而止。养颓靡不复振之习，成极重不可反之势，皆"苟可以"三字为之也。是以圣人之治身也，勤励不息；其治民也，鼓舞不倦。不以无事废常规，不以无害忽小失。非多事，非好劳也，诚知夫天下之事，厪未然之忧者尚多；或然之悔，怀太过之虑者犹贻不及之忧；兢慎始之图者，不免怠终之患故耳。

天下之祸，成于怠忽者居其半，成于激迫者居其半。惟圣人能销祸于未形，弭患于既著。夫是之谓知微知彰。知微者不动声色，要在能察几；知彰者不激怒涛，要在能审势。呜呼！非圣人之智，其谁与于此？

精神爽奋，则百废俱兴；肢体怠弛，则百兴俱废。圣人之治天下，鼓舞人心，振作士气，务使天下之人如含露之朝叶，不欲如久旱之午苗。

而今不要掀揭天地、惊骇世俗，也须拆洗乾坤、一新光景。

无治人，则良法美意反以殃民；有治人，则弊习陋规皆成善政。故有

文武之政，须待文武之君臣。不然，青萍结绿，非不良剑也；乌号繁弱，非不良弓矢也，用之非人，反以资敌。予观放赈、均田、减粜、检灾、乡约、保甲、社仓、官牛八政而伤心焉。不肖有司，放流有余罪矣。

振则须起风雷之《益》，惩则须奋刚健之《乾》，不如是，海内大可忧矣。

一呼吸间，四肢百骸无所不到；一痛痒间，手足心知无所不通，一身之故也。无论人生，即偶提一线而浑身俱动矣，一脉之故也。守令者，一郡县之线也。监司者，一省路之线也。君相者，天下之线也。心知所及，而四海莫不精神；政令所加，而万姓莫不鼓舞者何？提其线故也。令一身有痛痒而不知觉，则为痴迷之心矣。手足不顾，则为痿痹之手足矣。三代以来，上下不联属久矣。是人各一身，而家各一情也，死生欣戚不相感，其罪不在下也。

夫民怀敢怒之心，畏不敢犯之法，以待可乘之衅。众心已离，而上之人且恣其虐以甚之，此桀纣之所以亡也。是以明王推自然之心，置同然之腹，不恃其顺我者之迹，而欲得其无怨我者之心。体其意欲而不忍拂，知民之心不尽见之于声色，而有隐而难知者在也。此所以固结深厚，而子孙终必赖之也。

圣主在上，只留得一种天理、民彝、经常之道在，其余小道、曲说、异端、横议斩然芟除，不遗余类。使天下之人易耳改目、洗心濯虑，于一切乱政之术，如再生，如梦觉，若未尝见闻。然后道德一而风俗同，然后为纯王之治。

治世莫先无伪，教民只是不争。

任是权奸当国，也用几个好人做公道，也行几件好事收人心。继之者欲矫前人以自高，所用之人一切罢去，所行之政一切更张，小人奉承以干进，又从而巧言附和，尽改良法而还弊规焉。这个念头为国为民乎？为自家乎？果曰为国为民，识见已自聋瞽；果为自家，此之举动二帝三王之所不赦者也，更说甚么事业！

圣人无奇名，太平无奇事，何者？皇锡此极，民归此极，道德一，风俗同，何奇之有？

势有时而穷。始皇以天下全盛之威力，受制于匹夫，何者？匹夫者，天子之所恃以成势者也。自倾其势反为势所倾，故明王不恃萧墙之防御，而以天下为藩篱。德之所渐，薄海皆腹心之兵；怨之所结，衽席皆肘腋之寇。故帝王虐民是自虐其身者也，爱民是自爱其身者也。覆辙满前，而驱车者接踵，可恸哉！

如今天下人，譬之骄子，不敢热气，唐突便艴然起怒，缙绅稍加综核，则曰苛刻；学校稍加严明，则曰寡恩；军士稍加敛戢，则曰陵虐；乡官稍加持正，则曰践踏。今纵不敢任怨，而废公法以市恩，独不可已乎？如今天下事，譬之敝屋，轻手推扶，便愕然咋舌。今纵不敢更张，而毁拆以滋坏，独不可已乎？

"公""私"两字，是宇宙的人鬼关。若自朝堂以至闾里，只把持得"公"字定，便自天清地宁，政清讼息；只一个"私"字，扰攘的不成世界。

王道感人处，只在以我真诚恻怛之心，体其委曲必至之情。是故不赏而劝，不激而奋，出一言而能使人致其死命，诚故也。

人君者，天下之所依以忻戚者也。一念怠荒，则四海必有废弛之事，一念纵逸，则四海必有不得其所之民。故常一日之间，几运心思于四海，

而天下尚有君门万里之叹。苟不察群情之向背，而惟己欲之是恣，呜呼！可惧也。

天下之存亡系两字，曰"天命"。天命之去就系两字，曰"人心"。

耐烦则为三王，不耐烦则为五霸。

一人忧，则天下乐；一人乐，则天下忧。

圣人联天下为一身，运天下于一心。今夫四肢百骸、五脏六腑皆吾身也，痛痒之微，无有不觉，无有不顾。四海之痛痒，岂帝王所可忽哉？夫一指之疔如粟，可以致人之死命。国之存亡不在耳目闻见时，闻见时则无及矣。此以利害言之耳。一身麻木若不是我，非身也。人君者，天下之人君。天下者，人君之天下。而血气不相通，心知不相及，岂天立君之意耶？

无厌之欲，乱之所自生也。不平之气，乱之所由成也。皆有国者之所惧也。

用威行法，宜有三豫，一曰上下情通，二曰惠爱素孚，三曰公道难容。如此则虽死而人无怨矣。

第一要爱百姓。朝廷以赤子相付托，而士民以父母相称谓。试看父母之于赤子，是甚情怀，便知长民底道理。就是愚顽梗化之人，也须耐心渐渐驯服。王者必世而后仁，揣我自己德教有俄顷过化手段否？奈何以积习惯恶之人，而遽使之帖然我顺，一教不从，而遽赫然武怒耶？此居官第一戒也。有一种不可驯化之民，有一种不教而杀之罪。此特万分一耳，不可以立治体。

天下所望于圣人，只是个"安"字。圣人所以安天下，只是个"平"字。平则安，不平则不安矣。

三军要他轻生，万姓要他重生。不轻生不能勘乱，不重生易于为乱。

太古之世，上下相忘，不言而信。中古上下求相孚。后世上下求相胜：上用法胜下，下用欺以避法；下以术胜上，上用智以防术。以是而欲求治，胡可得哉？欲复古道，不如一待以至诚。诚之所不孚者，法以辅之，庶几不死之人心，尚可与还三代之旧乎？

治道尚阳，兵道尚阴；治道尚方，兵道尚圆。是惟无言，言必行；是惟无行，行必竟。易简明达者，治之用也。有言之不必行者，有言之即行者，有行之后言者，有行之竟不言者，有行之非其所言者。融通变化，信我疑彼者，兵之用也。二者杂施，鲜不败矣。

任人不任法，此惟尧、舜在上，五臣在下可矣。非是而任人，未有不乱者。二帝三王非不知通变宜民、达权宜事之为善也，以为吾常御天下，则吾身即法也，何以法为？惟夫后世庸君具臣之不能兴道致治，暴君邪臣

之敢于恣恶肆奸也，故大纲细目备载具陈，以防检之，以诏示之。固知夫今日之画一，必有不便于后世之推行也，以为圣子神孙自能师其意，而善用于不穷，且尤足以济吾法之所未及，庸君具臣相与守之而不敢变，亦不失为半得。暴君邪臣即欲变乱，而弁髦之犹必有所顾忌，而法家拂士亦得执祖宗之成宪，以匡正其恶，而不苟从，暴君邪臣亦畏其义正事核也，而不敢遽肆，则法之不可废也明矣。

善用威者不轻怒，善用恩者不妄施。

居上之患，莫大于赏无功，赦有罪；尤莫大于有功不赏，而罚及无罪。是故王者任功罪，不任喜怒；任是非，不任毁誉。所以平天下之情，而防其变也。此有国家者之大戒也。

事有知其当变而不得不因者，善救之而已矣；人有知其当退而不得不用者，善驭之而已矣。

下情之通于上也，如婴儿之于慈母，无小弗达；上德之及于下也，如流水之于间隙，无微不入。如此而天下乱亡者，未之有也。故壅蔽之奸，为亡国罪首。

不齐，天之道也，数之自然也。故万物生于不齐，而死于齐。而世之任情厌事者，乃欲一切齐之，是益以甚其不齐者也。夫不齐其不齐，则简而易治；齐其不齐，则乱而多端。

宇宙有三纲，智巧者不能逃也。一王法，二天理，三公论。可畏哉！

《诗》云："乐只君子，民之父母。"又曰："岂弟君子，民之父母。"君子观于《诗》而知为政之道矣。

既成德矣，而诵其童年之小失；既成功矣，而笑其往日之偶败，皆刻薄之见也。君子不为。

任是最愚拙人，必有一般可用，在善用之者耳。

公论，非众口一词之谓也。满朝皆非，而一人是，则公论在一人。

为政者，非谓得行即行，以可行则行耳。有得行之势，而昧可行之理，是位以济其恶也。君子谓之贼。

使众之道，不分职守，则分日月，然后有所责成而上不劳，无所推委而下不奸。混呼杂命，概怒偏劳，此不可以使二人，况众人乎？勤者苦，惰者逸，讷者冤，辩者欺，贪者饱，廉者饥，是人也，即为人下且不能，而使之为人上，可叹也夫！

世教不明，风俗不美，只是策励士大夫。

治病要择良医，安民要择良吏。良吏不患无人，在选择有法，而激劝有道耳。

孔子在鲁，中大夫耳，下大夫僚侪也，而犹侃侃。今监司见属吏，煦煦沾沾，温之以儿女子之情，才正体统，辄曰示人以难堪，才尚综核，则曰待人以苛刻。上务以长厚悦下官心，以树他日之桃李；下务以弥文涂上官耳目，以了今日之簿书。吏治安得修举？民生安得辑宁？忧时者，伤心恸之。

据册点选，据俸升官，据单进退，据本题覆，持至公无私之心，守画一不二之法，此守常吏部也。选人严于所用，迁官定于所宜，进退则出精识于抚按之外，题覆则持定见于科道之中，此有数吏部也。外而与士民同好恶，内而与君相争是非。铨注为地方，不为其人；去留为其人不为其出身与所恃，品材官如辨白黑，果黜陟，不论久新。任宇宙于一肩，等富贵于土苴。庶几哉其称职矣。呜呼！非大丈夫孰足以语此？乃若用一人则注听宰执口吻，退一人则凝视相公眉睫，藉公名以济私，实结士口而灰民心，

背公市誉、负国殖身。是人也，吾不忍道之。

藏人为君守财，吏为君守法，其守一也。藏人窃藏以营私，谓之盗。吏以法市恩，不曰盗乎？卖公法以酬私德，剥民财以树厚交，恬然以为当然，可叹哉！若吾身家，慨以许人，则吾专之矣。

弭盗之末务，莫如保甲；弭之本务，莫如教养。故斗米十钱，夜户不闭，足食之效也。守遗待主，始于盗牛，教化之功也。夫盗，辱名也。死，重法也。而人犹为之，此其罪岂独在民哉？而惟城池是恃，关键是严，巡缉是密，可笑也已。

整顿世界，全要鼓舞天下人心。鼓舞人心，先要振作自家神气。而今提纲挈领之人，奄奄气不足以息，如何教海内不软手折脚、零骨懈髓底！

事有大于劳民伤财者，虽劳民伤财亦所不顾。事有不关利国安民者，虽不劳民伤财亦不可为。

足民，王政之大本。百姓足，万政举；百姓不足，万政废。孔子告子贡以"足食"，告冉有以"富之"。孟子告梁王以"养生送死无憾"，告齐王以"制田里、教树畜"。尧、舜告此无良法矣。哀哉！

百姓只干正经事，不怕衣食不丰足。君臣只干正经事，不怕天下不太平。试问百司庶府所职者何官？终日所干者何事？有道者可以自省矣。

法至于平尽矣，君子又加之以恕。乃知平者，圣人之公也。恕者，圣人之仁也。彼不平者，加之以深，不恕者，加之以刻，其伤天地之和多矣。

化民成俗之道，除却身教，再无巧术；除却久道，再无顿法。

礼之有次第也，犹堂之有阶，使人不得骤僭也。故等级不妨于太烦。阶有级，虽疾足者不得阔步；礼有等，虽倨傲者不敢陵节。

人才邪正，世道为之也。世道污隆，君相为之也。君人者何尝不费富贵哉？以正富贵人，则小人皆化为君子；以邪富贵人，则君子皆化为小人。

满目所见，世上无一物不有淫巧。这淫巧耗了世上多少生成底财货，误了世上多少生财底工夫，淫巧不诛，而欲讲理财，皆苟且之谈也。

天地之财，要看他从来处，又要看他归宿处。从来处要丰要养，归宿处要约要节。

将三代以来陋习敝规一洗而更之，还三代以上一半古意，也是一个相业。若改正朔、易服色，都是腐儒作用；葺倾厦，逐颓波，都是俗吏作用，于苍生奚补？噫！此可与有识者道。

御戎之道，上焉者德化心孚，其次讲信修睦，其次远驾长驱，其次坚壁清野，其次阴符智运，其次接刃交锋，其下叩关开市，又其下纳币和亲。

为政之道，第一要德感诚服孚，第二要令行禁止。令不行，禁不止，与无官无政同，虽尧、舜不能治一乡，而况天下乎！

防奸之法，毕竟疏于作奸之人。彼作奸者，拙则作伪以逃防，巧则就法以生弊，不但去害，而反益其害。彼作者十，而犯者一耳。又轻其罪以为未犯者劝，法奈何得行？故行法不严，不如无法。

世道有三责：责贵，责贤，责坏纲乱纪之最者。三责而世道可回矣。贵者握风俗教化之权而首坏，以为庶人倡，则庶人莫不象之。贤者明风俗教化之道而自坏，以为不肖者倡，则不肖者莫不象之。责此二人，此谓治本。风教既坏，诛之不可胜诛，故择其最甚者以令天下，此谓治末。本末兼治，不三年而四海内光景自别。乃今贵者、贤者为教化风俗之大蠹，而以体面宽假之，少严则曰苛刻以伤士大夫之体，不知二帝三王曾有是说否乎？世教衰微，人心昏醉，不知此等见识何处来？所谓淫朋比德，相为庇护，以藏其短，而道与法两病矣。天下如何不敝且乱也？

印书先要个印板真，为陶先要个模子好。以邪官举邪官，以俗士取俗士，国欲治，得乎？

不伤财，不害民，只是不为虐耳。苟设官而惟虐之虑也，不设官其谁虐之？正为家给人足，风移俗易，兴利除害，转危就安耳。设廉静寡欲，分毫无损于民，而万事废弛，分毫无益于民也，逃不得"尸位素餐"四字。

天地所以信万物，圣人所以安天下，只是一个"常"字。常也者，帝王所以定民志者也。常一定，则乐者以乐为常，不知德；苦者以苦为常，不知怨。若谓当然，有趋避而无恩仇，非有大奸臣凶，不敢辄生餍（yàn）足之望，忿恨之心，何则？狃于常故也。故常不至大坏极敝，只宜调适，不可轻变，一变则人人生觊觎心，一觊觎则大家引领垂涎，生怨起纷，数年不能定。是以圣人只是慎常，不敢轻变；必不得已，默变，不敢明变；公变，不敢私变；分变，不敢溷①（hùn）变。

纪纲法度，整齐严密，政教号令，委曲周详，原是实践躬行，期于有实用，得实力。今也自贪暴者好法，昏惰者废法，延及今日万事虚文，甚者迷制作之本意而不知，遂欲并其文而去之。只今文如学校，武如教场，书声军容，非不可观可听，将这二途作养人用出来，令人哀伤愤懑欲死。推之万事，莫不皆然。安用缙绅簪婴塞破世间哉？明王不大振作，不苦核实，势必乱亡而后已。

安内攘外之略，须责之将吏。将吏不得其人，军民且不得其所，安问夷狄？是将吏也，养之不善则责之文武二学校，用之不善则责吏兵两尚书。或曰："养有术乎？"曰："何患于无术？儒学之大坏极矣，不十年不足以

①溷：混乱，杂乱。

望成材。武学之不行久矣，不十年不足以求名将。至于遴选于未用之先，条责于方用之际，综核于既用之后，黜陟于效不效之时，尽有良法可旋至，而立有验者。

而今举世有一大迷，自秦、汉以来，无人悟得。官高权重，原是投大遗艰。譬如百钧重担，须寻乌获来担；连云大厦，须用大木为柱。乃朝廷求贤才，藉之名器以任重，非朝廷市私恩，假之权势以荣人也。今也崇阶重地，用者以为荣人，重以予其所爱，而固以吝于所疏，不论其贤不贤。其用者以为荣己，未得则眼穿涎流以干人，既得则捐身镂骨以感德，不计其胜不胜。旁观者不论其官之称不称，人之宜不宜，而以资浅议骤迁，以格卑议冒进，皆视官为富贵之物，而不知富贵之也欲以何用？果朝廷为天下求人耶？抑君相为士人择官耶？此三人者，皆可怜也。叔季之世，生人其识见固如此可笑也！

汉始兴郡守某者，御州兵，常操之内免操二月，继之者罢操，又继之者常给之外冬加酒银人五钱，又继之者加肉银人五钱，又继之者加花布银人一两。仓库不足，括税给之，犹不足，履亩加赋给之。兵不见德也而民怨。又继之者，曰："加吾不能，而损吾不敢。"竟无加。兵相与鼓噪曰："郡长无恩。"率怨民以叛，肆行攻掠。元帝命刺史按之，报曰："郡守不职，不能抚镇军民，而致之叛。"竟弃市。嗟夫！当弃市者谁耶？识治体者为之伤心矣。

人情不论是非利害，莫不乐便己者，恶不便己者。居官立政，无论殃民，即教养谆谆，禁令惓惓，何尝不欲其相养相安、免祸远罪哉？然政一行，而未有不怨者。故圣人先之以躬行，浸之以口语，示之以好恶，激之以赏罚，日积月累，耐意精心，但尽熏陶之功，不计俄顷之效，然后民知

善之当为，恶之可耻，默化潜移，而服从乎圣人。今以无本之令，责久散之民，求旦夕之效，逞不从之怒，忿疾于顽，而望敏德之治，即我且亦愚不肖者，而何怪乎蚩蚩之氓哉？

嘉靖间，南京军以放粮过期，减短常例，杀户部侍郎，散银数十万，以安抚之。万历间，杭州军以减月粮，又给以不通行之钱，欲杀巡抚不果，既而军骄，散银万余乃定。后严火夫夜巡之禁，宽免士夫而绳督市民，既而民变，杀数十人乃定。郧阳巡抚以风水之故，欲毁参将公署为学宫，激军士变，致殴兵备副使几死，巡抚被其把持，奏疏上，必露章明示之乃得行。陕西兵以冬操太早，行法太严，再三请宽，不从，谋杀抚按总兵不成。论者曰："兵骄卒悍如此，奈何？"余曰："不然，工不信度而乱常规，恩不下究而犯众怒，罪不在军也。上人者，体其必至之情，宽其不能之罪，省其烦苛之法，养以忠义之教，明约束，信号令，我不负彼而彼奸，吾令即杀之，彼有愧惧而已。鸟兽来必无知觉，而谓三军之士无良心可乎？乱法坏政，以激军士之暴，以损国家之威，以动天下之心，以开无穷之衅，当事者之罪，不容诛矣。裴度所谓：'韩洪舆疾讨贼，承宗敛手削地。非朝廷之力能制其死命，特以处置得宜，能服其心故耳'。'处置得宜'四字，此统大众之要法也。"

霸者，豪强威武之名，非奸盗诈伪之类。小人之情，有力便挟力，不用伪，力不足而济以谋，便用伪。若力量自足以压服天下，震慑诸侯，直恁做将去，不怕他不从，便靠不到智术上，如何肯伪？王霸以诚伪分，自宋儒始。其实误在"五伯假之""以力假仁"二"假"字上，不知这"假"字只是借字。二帝三王以天德为本，便自能行仁，夫焉有所倚？霸者要做好事，原没本领，便少不得借势力以行之，不然，令不行、禁不止矣，乃是借威力以行仁义。故孟子曰："以力假仁者霸。"以其非身有之，故曰假借耳。人之服之也，非为他智能愚人，没奈他威力何，只得服他。服人者，以强；服于人者，以伪。管、商都是霸佐，看他作用都是威力制缚人，非略人，略卖人者。故夫子只说他"器小"，孟子只说他"功烈如彼其卑"。而今定公孙鞅罪，只说他惨刻，更不说他奸诈。如今官府教民迁善远罪，只靠那刑威，全是霸道，他有甚诈伪？看来王霸考语，自有见成公案。曰以德以力所行底，门面都是一般仁义，如五禁之盟，二帝三王难道说他不是？难道反其所为？他只是以力行之耳。"德""力"二字最确，"诚""伪"二字未稳，何也？王霸是个粗分别，不消说到诚伪上。若到细分别处，二帝三王便有诚伪之分，何况霸者？

骤制则小者未必贴服，以渐则天下豪杰皆就我羁靮①（jī dí）矣。明制则愚者亦生机械，默制则天下无智巧皆入我范围矣。此驭夷狄待小人之微权，君子用之则为术知，小人用之则为智巧，舍是未有能济者也。或曰："何不以至诚行之？"曰："此何尝不至诚？但不浅露轻率耳。孔子曰：'机事不密则害成。'此之谓与？"

迂儒识见，看得二帝三王事功，只似阳春雨露，妪煦可人，再无一些冷落严肃之气。便是慈母，也有诃骂小儿时，不知天地只恁阳春，成甚世界？故雷霆霜雪不备，不足以成天威怒；刑罚不用，不足以成治。只五臣耳，还要一个皋陶。而二十有二人，犹有四凶之诛。今只把天德王道看得恁秀雅温柔，岂知杀之而不怨，便是存神过化处。目下作用，须是汗吐下后，服四君子四物百十剂，才是治体。

---

① 羁靮：马络头和缰绳。泛指驭马之物。引申为束缚。

三公示无私也，三孤示无党也，九卿示无隐也。事无私曲，心无闭藏，何隐之有？呜呼！顾名思义，官职亦少称矣。

要天下太平，满朝只消三个人，一省只消两个人。

贤者只是一味，圣人备五味。一味之人，其性执，其见偏，自有用其一味处，但当因才器使耳。

天之气运有常，人依之以事作，而百务成；因之以长养，而百病少。上之政体有常，则下之志趋定，而渐可责成。人之耳目一，而因以寡过。

君子见狱囚而加礼焉。今以后皆君子人也，可无敬与？噫！刑法之设，明王之所以爱小人，而示之以君子之路也。然则囹圄者，小人之学校与？

小人只怕他有才，有才以济之，流害无穷。君子只怕他无才，无才以行之，斯世何补？

事有便于官吏之私者，百世常行，天下通行，或日盛月新，至弥漫而

不可救。若不便于己私，虽天下国家以为极便，屡加申饬，每不能行，即暂行亦不能久。负国负民，吾党之罪大矣。

恩威当使有余，不可穷也。天子之恩威，止于爵三公、夷九族。恩威尽，而人思以胜之矣。故明君养恩不尽，常使人有余荣；养威不尽，常使人有余惧。此久安长治之道也。

封建自五帝已然，三王明知不便，势与情不得不用耳。夏继虞，而诸侯无罪，安得废之？汤放桀，费征伐者十一国，余皆服从，安得而废之？武伐纣，不期而会者八百，其不会者，或远或不闻，亦在三分有二之数，安得而废之？使六国尊秦为帝，秦亦不废六国。缘他不肯服，势必毕六王而后已。武王兴灭继绝，孔子之继绝举废，亦自其先世曾有功德，及灭之，不以其罪言之耳。非谓六师所移及九族无血食者，必求复其国也。故封建不必是，郡县不必非。郡县者，无定之封建；封建者，有定之郡县也。

刑、礼非二物也，皆令人迁善而去恶也。故远于礼，则近于刑。

上德默成示意而已。其次示观动其自然。其次示声色。其次示是非，使知当然。其次示毁誉，使不得不然。其次示祸福。其次示赏罚。其次示生杀，使不敢不然。盖至于示生杀，而御世之术穷矣。叔季之世，自生杀之外无示也。悲夫！

权之所在，利之所归也。圣人以权行道，小人以权济私。在上者慎以权与人。

太平之时，文武将吏习于懒散，拾前人之唾余，高谈阔论，尽似真才。乃稍稍艰，大事到手，仓皇迷闷，无一干济之术，可叹可恨！士君子平日事事讲求，在在体验，临时只办得三五分，若全然不理会，只似纸舟尘饭耳。

圣人之杀，所以止杀也。故果于杀，而不为姑息。故杀者一二，而所全活者千万。后世之不杀，所以滋杀也。不忍于杀一二，以养天下之奸，故生其可杀，而生者多陷于杀。呜呼！后世民多犯死，则为人上者妇人之仁为之也。世欲治得乎？

天下事，不是一人做底，故舜五臣，周十乱，其余所用皆小德小贤，方能兴化致治。天下事，不是一时做底，故尧、舜相继百五十年，然后黎民于变。文、武、周公相继百年，然后教化大行。今无一人谈治道，而孤掌欲鸣。一人倡之，众人从而诋訾之；一时作之，后人从而倾圮之。呜呼！世道终不三代耶？振教铎以化吾侪，得数人焉相引而在事权，庶几或可望乎？

两精两备，两勇两智，两愚两意，则多寡强弱在所必较。以精乘杂，以备乘疏，以勇乘怯，以智乘愚，以有余乘不足，以有意乘不意，以决乘二三，以合德乘离心，以锐乘疲，以慎乘怠，则多寡强弱非所论矣。故战之胜负无他，得其所乘与为人所乘，其得失不啻百也。实精也，而示之以杂；实备也，而示之以疏；实勇也，而示之以怯；实智也，而示之以愚；实有余也，而示之以不足；实有意也，而示之以不意；实有决也，而示之以二三；实合德也，而示之以离心；实锐也，而示之以疲；实慎也，而示之以怠，则多寡强弱亦非所论矣。故乘之可否无他，知其所示，知其无所示，其得失亦不啻百也。故不藏其所示，凶也。误中于所示，凶也。此将家之所务审也。

守令于民，先有知疼知热，如儿如女一副真心肠，甚么爱养曲成事业做不出。只是生来没此念头，便与说绽唇舌，浑如醉梦。

兵士二党，近世之隐忧也。士党易散，兵党难驯，看来亦有法处。我欲三月而令可杀，杀之可令心服而无怨，何者？罪不在下故也。

或问："宰相之道？"曰："无私有识"。"冢宰之道？"曰："知人善任使。"

当事者，须有贤圣心肠，英雄才识。其谋国忧民也，出于恻怛至诚；其图事揆策也，必极详慎精密、踌躇及于九有，计算至于千年，其所施设，安得不事善功成、宜民利国？今也怀贪功喜事之念，为孟浪苟且之图，工粉饰弥缝之计，以遂其要荣取贵之奸，为万姓造殃不计也，为百年开衅不计也，为四海耗蠹不计也，计吾利否耳。呜呼！可胜叹哉！

为人上者，最怕器局小，见识俗。吏胥舆皂尽能笑人，不可不慎也。

为政者，立科条，发号令，宁宽些儿，只要真实行，永久行。若法极精密，而督责不严，综核不至，总归虚弥，反增烦扰。此为政者之大戒也。

民情不可使不便，不可使甚使。不便则壅阏而不通，甚者令之不行，必溃决而不可收拾；甚便则纵肆而不检，甚者法不能制，必放溢而不敢约束。故圣人同其好恶，以休其必至之情，纳之礼法，以防其不可长之渐。故能相安相习，而不至于为乱。

居官只一个快性，自家讨了多少便宜，左右省了多少负累，百姓省了多少劳费。

自委质后，终日做底是朝廷官，执底是朝廷法，干底是朝廷事。荣辱在君，爱憎在人，进退在我。吾辈而今错处，把官认作自家官，所以万事顾不得，只要保全这个在，扶持这个尊，此虽是第二等说话，然见得这个透，还算五分久。

铦矛而秌挺，金矢而秸弓，虽有《周官》之法度，而无奉行之人，典训谟训何益哉？

二帝三王功业，原不难做，只是人不曾理会。譬之遥望万丈高峰，何等巍峨，他地步原自逶迤，上面亦不陡峻，不信只小试一试便见得。

洗漆以油，洗污以灰，洗油以腻，去小人以小人，此古今妙手也。昔人明此意者几？故以君子去小人，正治之法也。正治是堂堂之阵，妙手是玄玄之机。玄玄之机，非圣人不能用也。

吏治不但错枉去懦懦无用之人，清仕路之最急者。长厚者误国蠹民，以相培植，奈何？

余佐司寇日，有罪人情极可恨，而法无以加者，司官曲拟重条，余不可。司官曰："非私恶也，以惩恶耳。"余曰："谓非私恶诚然，谓非作恶可乎？君以公恶轻重法，安知他日无以私恶轻重法者乎？刑部只有个'法'字，刑官只有个'执'字，君其慎之！"

有圣人于此，与十人论争，圣人之论是矣，十人亦各是己论以相持，莫之能下。旁观者至有是圣人者，有是十人者，莫之能定。必有一圣人至，方是圣人之论；而十人者，旁观者，又未必以后至者为圣人，又未必是圣人之是圣人也，然则是非将安取决哉？《旻天》诗人，怨王惑于邪谋，不能断以从善。噫！彼王也，未必不以邪谋为正谋，为先民之经，为大犹之程。当时在朝之臣，又安知不谓大夫为邪谋，为迕言也？是故执两端而用中，必圣人在天子之位，独断坚持，必圣人居父师之尊，诚格意孚，不然人各有口，人各有心，在下者多指乱视，在上者蓄疑败谋，孰得而禁之？孰得而定之？

易衰歇而难奋发者，我也。易懒散而难振作者，众也。易坏乱而难整饬者，事也。易蛊敝而难久常者，物也。此所以治日常少，而乱日常多也。故为政要鼓舞不倦，纲常张，纪常理。

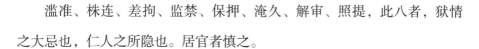

滥准、株连、差拘、监禁、保押、淹久、解审、照提，此八者，狱情之大忌也，仁人之所隐也。居官者慎之。

养民之政，孟子云："老者衣帛食肉，黎民不饥不寒。"韩子云："鳏寡孤独废疾者皆有养也。"教民之道，孟子云："使契为司徒，教以人伦，父子有亲，君臣有义，夫妇有别，长幼有序，朋友有信。放勋曰：'劳之来之，匡之直之，辅之翼之，使自得之，又从而振德之。'"《洪范》曰："无偏无陂，遵王之义；无有作好，遵王之道；无有作恶，遵王之路；无偏无党，王道荡荡；无党无偏，王道平平；无反无侧，王道正直。会其有极，归其有极。"予每三复斯言，汗辄浃背；三叹斯语，泪便交颐。嗟夫！今之民非古之民乎？今之道非古之道乎？抑世变若江河，世道终不可反乎？抑古人绝德后人终不可及乎？吾耳目口鼻视古人有何缺欠？爵禄事势视古人有何靳啬？俾六合景象若斯，辱此七尺之躯，靦面万民之上矣。

智慧长于精神，精神生于喜悦，喜悦生于欢爱。故责人者，与其怒之也，不若教之；与其教之也，不若化之。从容宽大，谅其所不能而容其所不及，恕其所不知而体其所不欲，随事讲说，随时开谕。彼乐接引之诚而喜于所好，感督责之宽而愧其不材，人非木石，无不长进。故曰："敬敷五教在宽。"又曰："无忿疾于顽。"又曰："匪怒伊教。"又曰："善诱人。"今也不令而责之豫，不言而责之意，不明而责之喻，未及令人，先怀怒意，棰诟恣加，既罪矣而不详其故，是两相仇、两相苦也，智者之所笑而有量者之所羞也。为人上者切宜戒之。

德立行成了，论不得人之贵贱、家之富贫、分之尊卑。自然上下格心，大小象指，历山耕夫有甚威灵气焰？故曰："默而成之，不言而信，存乎德行。"

宽人之恶者，化人之恶者也；激人之过者，甚人之过者也。

五刑不如一耻，百战不如一礼，万劝不如一悔。

举大事，动众情，必协众心而后济。不能尽协者，须以诚意格之，恳言入之。如不格不入，须委曲以求济事。不然彼其气力智术足以撼众而败吾之谋，而吾又以直道行之，非所以成天下之务也。古之人神谋鬼谋，以卜以筮，岂真有惑于不可知哉？定众志也，此济事之微权也。

世间万物皆有所欲，其欲亦是天理人情。天下万世公共之心，每怜万物有多少不得其欲处，有余者盈溢于所欲之外而死，不足者奔走于所欲之内而死，二者均，俱生之道也。常思天地生许多人物，自足以养之，然而不得其欲者，正缘不均之故耳。此无天地不是处，宇宙内自有任其责者。是以圣王治天下不说均就说平，其均平之术只是絜矩，絜矩之方，只是个同好恶。

做官都是苦事，为官原是苦人，官职高一步，责任便大一步，忧勤便增一步。圣人胼手胝足，劳心焦思，惟天下之安而后乐，是乐者，乐其所苦者也。众人快欲适情，身尊家润，惟富贵之得而后乐，是乐者，乐其所乐者也。

法有定而持循之不易，则下之耳目心志习而上逸。无定，则上之指授口颊烦而下乱。

世人作无益事常十九，论有益惟有暖衣、饱食、安居、利用四者而已。臣子事君亲，妇事夫，弟事兄，老慈幼，上惠下，不出乎此。《豳（bīn）风》一章，万世生人之大法，看他举动，种种皆有益事。

天下之事，要其终而后知。君子之用心、君子之建立，要其成后见事功之济否。可奈庸人俗识，逸夫利口，君子才一施设辄生议论，或附会以诬其心，或造言以甚其过，是以志趣不坚、人言是恤者辄灰心丧气，竟不卒功。识见不真、人言是听者辄罢君子之所为，不使终事。呜呼！大可愤心矣。古之大建立者，或利于千万世而不利于一时，或利于千万人而不利于一人，或利于千万事而不利于一事。其有所费也似贪，其有所劳也似虐，其不避嫌也易以招摘取议。及其成功而心事如青天白日矣，奈之何铄金销骨之口夺未竟之施，诬不白之心哉？呜呼！英雄豪杰冷眼天下之事，袖手天下之敝，付之长吁冷笑，任其腐溃决裂而不之理，玩日愒月，尸位素餐而苟且目前以全躯保妻子者岂得已哉？盖惧此也。

变法者变时势不变道，变枝叶不变本。吾怪夫后之议法者偶有意见，妄逞聪明，不知前人立法千思万虑而后决。后人之所以新奇自喜，皆前人之所以熟思而弃者也，岂前人之见不及此哉！

鳏寡孤独、疲癃残疾、颠连无告之失所者，惟冬为甚。故凡咏红炉锦帐之欢、忘雪夜呻吟之苦者，皆不仁者也。

天下之财，生者一人，食者九人；兴者四人，害者六人。其冻馁而死者，生之人十九，食之人十一。其饱暖而乐者，害之人十九，兴之人十一。呜呼！可为伤心矣。三代之政行，宁有此哉！

居生杀予夺之柄，而中奸细之术以陷正人君子，是受雇之刺客也。伤我天道，殃我子孙，而为他人快意，愚亦甚矣。愚尝戏谓一友人曰："能辱能荣，能杀能生，不当为人作荆卿。"友人谢曰："此语可为当路药石。"

秦家得罪于万世，在变了井田上。春秋以后井田已是十分病民了，但当复十一之旧，正九一之界，不当一变而为阡陌。后世厚取重敛，与秦自不相干。至于贫富不均，开天下奢靡之俗，生天下窃劫之盗，废比闾族党之法，使后世十人九贫，死于饥寒者多有，则坏井田之祸也。三代井田之

法，能使家给人足、俗俭伦明、盗息讼简，天下各得其所。只一复了井田，万事俱理。

赦何为者？以为冤邪，当罪不明之有司；以为不冤邪，当报无辜之死恨。圣王有大庆虽枯骨罔不蒙恩。今伤者伤矣，死者死矣，含愤郁郁莫不欲仇我者速罹于法以快吾心，而乃赦之，是何仁于有罪而不仁于于无辜也。将残贼幸赦而屡逞，善良闻赦而伤心，非圣王之政也。故圣王眚灾宥过不待庆时，其刑故也不论庆时，夫是之谓大公至正之道。而不以一时之喜滥恩，则法执而小人惧，小人惧则善良得其所。

庙堂之上聚议者，其虚文也。当路者持不虚之成心，循不可废之故事，特藉群在以示公耳。是以尊者嚅嗫，卑者唯诺，移日而退。巧于逢迎者观其颐指意向而极口称道，他日骤得殊荣；激于公直者知其无益有害而奋色极言，他日中以奇祸。

近世士风大可哀已。英雄豪杰本欲为宇宙树立大纲常、大事业，今也，驱之俗套，绳以虚文，不俯首吞声以从，惟有引身而退耳。是以道德之士远引高蹈，功名之士以屈养伸。彼在上者倨傲成习，看下面人皆王顺长息耳。

今四海九州之人，郡异风，乡殊俗，道德不一故也。故天下皆守先王之礼，事上接下，交际往来，揆事宰物，率遵一个成法，尚安有诋笑者乎？故惟守礼可以笑人。

凡名器服饰，自天子而下庶人而上，各有一定等差，不可僭逼。上太杀是谓逼下，下太隆是谓僭上，先王不裁抑以逼下也，而下不敢僭。

礼与刑二者常相资也，礼先刑后，礼行则刑措，刑行则礼衰。

官贵精不贵多，权贵一不贵分。大都之内，法令不行，则官多权分之故也，故万事俱驰。

名器于人无分毫之益，而国之存亡、民之死生于是乎系。是故衮冕非暖于纶巾，黄瓦非坚于白屋，别等威者非有利于身，受跪拜者非有益于己，然而圣王重之者，乱臣贼子非此无以防其渐而示之殊也。是故虽有大奸恶，而以区区之名分折之，莫不失辞丧气。吁！名器之义大矣哉！

今之用人，只怕无去处，不知其病根在来处。今之理财，只怕无来处，不知其病根在去处。

用人之道，贵当其才；理财之道，贵去其蠹。人君以识深虑远者谋社稷，以老成持重者养国脉，以振励明作者起颓敝①（tuí bì），以通时达变者调治化，以秉公持正者寄钧衡，以烛奸嫉邪者为按察，以厚下爱民者居守牧，以智深勇沉者典兵戎，以平恕明允者治刑狱，以廉静综核者掌会计，以惜耻养德者司教化，则用人当其才矣。宫妾无慢弃之帛，殿廷无金珠之玩，近侍绝贿赂之通，宠幸无不赀之赏，臣工严贪墨之诛，迎送惩威福之滥，工商重淫巧之罚，众庶谨僭奢之戒，游惰杜幸食之门，缁黄示诳诱之罪，倡优就耕织之业，则理财得其道矣。

古之官人也择而后用，故其考课也常恕。何也？不以小过弃所择也。今之官人也用而后择，却又以姑息行之，是无择也，是容保奸回也。岂不浑厚？哀哉万姓矣！

世无全才久矣，用人者各因其长可也。夫目不能听，耳不能视，鼻不能食，口不能臭，势也。今之用人不审其才之所堪，资格所及，杂然授之。方司会计，辄理刑名；既典文铨，又握兵柄。养之不得其道，用之不当其

---

①颓敝：破败。《后汉书·儒林传序》："博士倚席不讲，朋徒相视怠散，学舍颓敝，鞠为园蔬。"

才，受之者但悦美秩而不自量。以此而求济事，岂不难哉！夫公绰但宜为老而褫谌不可谋邑，今之人才岂能倍蓰古昔？愚以为学校养士，科目进人，便当如温公条议，分为数科，使各学其才之所近，而质性英发能奋众长者特设全才一科，及其授官，各任所长。夫资有所近，习有所通，施之政事，必有可观。盖古者以仕学为一事，今日分体用为两截。穷居草泽，止事词章；一入庙廊，方学政事。虽有明敏之才，英达之识，岂能观政数月便得每事尽善？不免卤莽施设，鹘突支吾。苟不大败，辄得迁升。以此用人，虽尧舜不治。夫古之明体也养适用之才，致君泽民之术固已熟于畎亩之中，苟能用我者，执此以往耳。今之学校，可为流涕矣。

官之所居曰任，此意最可玩。不惟取责任负之义，任者，任也。听其便宜信任而责成也。若牵制束缚，非任矣。

厮隶之言直彻之九重，台省以之为藏否，部院以之为进退，世道大可恨也。或讶之。愚曰："天子之用舍托之吏部，吏部之贤不肖托之抚按，抚按之耳目托之两司，两司之心腹托之守令，守令之见闻托之皂快，皂快之采访托之他邑别郡之皂快。彼其以恩仇为是非，以谬妄为情实，以前令为后宫，以旧愆为新过，以小失为大辜，密报密收，信如金石；愈伪愈详，获如至宝。谓夷、由污，谓跻、蹻廉，往往有之。而抚按据以上闻，吏部据以黜陟。一吏之荣辱不足惜，而夺所爱以失民望，培所恨以滋民殃，好恶拂人甚矣。"

居官有五要："休错问一件事，休屈打一个人，休妄费一分财，休轻劳一夫力，休苟取一文钱。"

吴越之战利用智，羌胡之战利用勇。智在相机，勇在养气。相机者务使鬼神不可知，养气者务使身家不肯顾，此百姓之道也。

兵以死使人者也。用众怒，用义怒，用恩怒。众怒仇在万姓也，汤武之师是已。义怒以直攻曲也，三军缟素是已。恩怒感激思奋也，李牧犒三军，吴起同甘苦是已。此三者，用人之心，可以死人之身，非是皆强驱之也。猛虎在前，利兵在后，以死殴死，不战安之？然而取胜者幸也，败与溃者十九。

寓兵于农，三代圣王行之甚好，家家知耕，人人知战，无论即戎，亦可弭盗，且经数十百年不用兵。说用兵，才用农十分之一耳。何者？有不道之国则天子命曰："某国不道，某方伯连师讨之。"天下无与也，天下所以享兵农未分之利。春秋以后，诸侯日寻干戈，农胥变而为兵，舍穑不事则吾国贫，因粮于敌则他国贫。与其农胥变而兵也，不如兵农分。

凡战之道，贪生者死，忘死者生，狃胜者败，耻败者胜。

疏法胜于密心，宽令胜于严主。

天下之事倡于作俑而滥于助波鼓焰之徒，至于大坏极敝，非截然毅然者不能救。于是而犹曰循旧安常，无更张以拂人意，不知其可也。

在上者能使人忘其尊而亲之，可谓盛德也已。

因偶然之事，立不变之法；惩一夫之失，苦天下之人。法莫病于此矣。近日建白，往往而然。

礼繁则难行，卒成废阁之书；法繁则易犯，益甚决裂之罪。

为尧舜之民者逸于尧舜之臣，唐、虞世界全靠四岳、九官、十二牧，当时君民各享无为之业而已。臣劳之系于国家也，大哉！是故百官逸则君劳，而天下不得其所。

治世用端人正士，衰世用庸夫俗子，乱世用憸夫佞人。憸夫佞人盛，而英雄豪杰之士不伸。夫惟不伸也，而奋于一伸，遂至于亡天下。故明主

在上必先平天下之情，将英雄豪杰服其心志，就我羁靮，不蓄其奋而使之逞。

天下之民皆朝廷之民，皆天地之民，皆吾民。

愈上则愈聋瞽，其壅蔽者众也。愈下则愈聪明，其见闻者真也。故论见闻则君之知不如相，相之知不如监司，监司之知不如守令，守令之知不如民。论壅蔽，则守令蔽监司，监司蔽相，相蔽君。惜哉！愈下之真情不能使愈上者闻之也。

周公是一部活《周礼》，世只有周公不必有《周礼》，使周公而生于今，宁一一用《周礼》哉！愚谓有周公虽无《周礼》可也，无周公虽无《周礼》可也。

民鲜耻可以观上之德，民鲜畏可以观上之威，更不须求之民。

民情甚不可郁也。防以郁水，一决则漂屋推山；炮以郁火，一发则碎石破木。桀、纣郁民情而汤、武通之，此存亡之大机也。有天下者之所夙夜孜孜者也。

天之生民非为君也，天之立君以为民也，奈何以我病百姓？夫为君之道无他，因天地自然之利而为民开寻搏节之，因人生固有之性而为民倡率裁制之，足其同欲，去其同恶，凡以安定之使无失所，而后立君之意终矣。岂其使一人肆于民上而剥天下以自奉哉？呜呼！尧舜其知此也夫。

三代之法，井田、学校，万世不可废。世官、封建，废之已晚矣。此难与不思者道。

圣王同民心而出治道，此成务者之要言也。夫民心之难同久矣。欲多而见鄙，圣王识度岂能同之？噫！治道以治民也，治民而不同之，其何能从？即从，其何能久？禹之戒舜曰："罔咈（fú）百姓以从己之欲。"夫舜之欲岂适己自便哉？以为民也，而曰："罔咈。"盘庚之迁殷也，再四晓譬；武王之伐纣也，三令五申。必如此而后事克有济。故曰："专欲难成，众怒难犯。"我之欲未必非，彼之怒未必是，圣王求以济事，则知专之不胜众也，而不动声色以因之，明其是非以悟之，陈其利害以动之，待其心安而意顺也，然后行之。是谓以天下人成天下事，事不劳而底绩。虽然，亦有先发后闻者，亦有不谋而断者，亦有拟议已成，料度已审，疾雷迅电而民不得不然者。此特十一耳、百一耳，不可为典则也。

人君有欲，前后左右之幸也。君欲一，彼欲百，致天下乱亡，则一欲者受祸，而百欲者转事他人矣。此古今之明鉴，而有天下者之所当悟也。

"平"之一字极有意味，所以至治之世只说个天下平。或言："水无高下，一经流注无不得平。"曰："此是一味平了。世间千种人，万般物，百样事，各有

分量，各有差等，只各安其位而无一毫拂戾不安之意，这便是太平。如君说则是等尊卑贵贱小大而齐之矣，不平莫大乎是。"

国家之取士以言也，固将曰言如是行必如是也。及他日效用，举背之矣。今间阎小民立片纸，凭一人，终其身执所书而责之不敢二，何也？我之所言，昭然在纸笔间也，人已据之矣。吁！执卷上数千言，凭满闱之士大夫，且播之天下，视小民片纸何如？奈之何吾资之以进身，人君资之以进人，而自处于小民之下也哉？噫！无怪也。彼固以空言求之，而终身不复责券也。

漆器之谏，非为舜忧也，忧天下后世极欲之君自此而开其萌也。天下之势，无必有，有必文，文必靡丽，靡丽必亡。漆器之谏，慎其有也。

矩之不可以不直方也，是万物之所以曲直斜正也。是故矩无言而万物则之无毫发违，直方也。哀哉！为政之徒言也。

暑之将退也先燠①（yù），天之将旦也先晦。投丸于壁，疾则内射，物极则反，不极则不反。故愚者惟乐其极，智者先惧其反。然则否不害于极，泰极其可惧乎！

余每食虽无肉味，而蔬食菜羹尝足。因叹曰："嗟夫！使天下皆如此而后盗可诛也。"枵腹菜色，盗亦死，不盗亦死。夫守廉而俟死，此士君子之所难也。奈何以不能士君子之行而遂诛之乎？此富民为王道之首务也。

穷寇不可追也，遁辞不可攻也，贫民不可威也。

无事时埋藏着许多小人，多事时识破了许多君子。

法者，御世宰物之神器，人君本天理人情而定之，人君不得与；人臣

---

① 燠：热，暖和。

为天下万世守之，人臣不得与。譬之执圭捧节，奉持惟谨而已。非我物也，我何敢私？今也不然，人藉之以济私，请托公行；我藉之以市恩，听从如响。而辩言乱政之徒又藉曰长厚、曰慈仁、曰报德、曰崇尊。夫长厚慈仁当施于法之所不犯，报德崇尊当求诸己之所得为，奈何以朝廷公法徇人情、伸己私哉？此大公之贼也。

治世之大臣不避嫌，治世之小臣无横议。

姑息之祸甚于威严，此不可与长厚者道。

卑卑世态，袅袅人情，在下者工不以道之悦，在上者悦不以道之工。奔走揖拜之日多，而公务填委；简书酬酢之文盛，而民事罔闻。时光只有此时光，精神只有此精神，所专在此，则所疏在彼。朝廷设官本劳己以安民，今也忧民以相奉矣。

天下存亡系人君喜好，鹤乘轩，何损于民？且足以亡国，而况大于此者乎？

动大众，齐万民，要主之以慈爱，而行之以威严，故曰："威克厥爱①。"又曰："一怒而安天下之民。"若姑息宽缓，煦煦沾沾，便是妇人之仁，一些事济不得。

为政以徇私、弭谤、违道、干誉为第一耻，为人上者自有应行道理，合则行，不合则去。若委曲迁就，计利虑害，不如奉身而退。孟子谓枉尺直寻，不可推起来。虽枉一寸，直千尺，恐亦未可也。或曰："处君亲之际，恐有当枉处。"曰："当枉则不得谓之枉矣，是谓权以行经，毕竟是直道而行。"

---

①威克厥爱：语出《尚书·胤征》。意谓从严治军胜过对士兵的爱惜，一定能成功；爱惜胜过从严要求，作战就不能成功。威：以权威、严格纪律使部下服从。

"与其杀不辜，宁失不经。"此舜时狱也。以舜之圣，皋陶之明，听比屋可封之民，当淳朴未散之世，宜无不得其情者，何疑而有不经之失哉？则知五听之法不足以尽民，而疑狱难决自古有之，故圣人宁不明也而不忍不仁。今之决狱辄耻不明而以臆度之见、偏主之失杀人，大可恨也。夫天道好生，鬼神有知，奈何为此？故宁错生了人，休错杀了人。错生则生者尚有悔过之时，错杀则我亦有杀人之罪。司刑者慎之。

大纛高牙，鸣金奏管，飞旌卷盖，清道唱驺，舆中之人志骄意得矣。苍生之疾苦几何？职业之修废几何？使无愧于心焉，即匹马单车，如听钧天之乐。不然是益厚吾过也。妇人孺子岂不惊炫，恐有道者笑之。故君子之车服仪从足以辨等威而已，所汲汲者固自有在也。

徇情而不废法，执法而不病情，居官之妙悟也。圣人未尝不履正奉公，至其接人处事大段圆融浑厚，是以法纪不失而人亦不怨。何者？无躁急之心而不狃一切之术也。

"宽""简"二字，为政之大体。不宽则威令严，不简则科条密。以至严之法绳至密之事，是谓烦苛暴虐之政也。困己忧民，明王戒之。

世上没个好做底官，虽抱关之吏，也须夜行早起，方为称职。才说做官好，便不是做官底人。

罪不当笞，一朴便不是；罪不当怒，一叱便不是。为人上者慎之。

君子之事君也，道则直身而行，礼则鞠躬而尽，诚则开心而献，祸福荣辱则顺命而受。

弊端最不可开，弊风最不可成。禁弊端于未开之先易，挽弊风于既成之后难。识弊端而绝之，非知者不能；疾弊风而挽之，非勇者不能。圣王在上，诛开弊端者以徇天下，则弊风自革矣。

避其来锐，击其惰归，此之谓大智，大智者不敢常在我。击其来锐，避其惰归，此之谓神武，神武者心服常在人。大智者可以常战，神武者无俟再战。

御众之道，赏罚其小者，赏罚小，则大者劝惩；甚者，赏罚甚者费省而人不惊；明者，人所共知；公者，不以己私。如是虽百万人可为一将用，不然必劳、必费、必不行，徒多赏罚耳。

为政要使百姓大家相安，其大利害当兴革者不过什一，外此只宜行所无事，不可有意立名建功以求烜赫之誉。故君子之建白，以无智名勇功为第一。至于雷厉风行，未尝不用，譬之天道然，以冲和镇静为常，疾风迅雷间用之而已。

罚人不尽数其罪，则有余惧；赏人不尽数其功，则有余望。

匹夫有不可夺之志，虽天子亦无可奈何。天子但能令人死，有视死如饴者，而天子之权穷矣。然而竟令之死，是天子自取过也。不若容而遂之，以成盛德。是以圣人体群情，不敢夺人之志，以伤天下之心，以成己之恶。

临民要庄谨，即近习门吏起居常侍之间，不可示之以可慢。

圣王之道以简为先，其繁者，其简之所不能者也。故惟简可以清心，惟简可以率人，惟简可以省人己之过，惟简可以培寿命之原，惟简可以养天下之财，惟简可以不耗天地之气。

圣人不以天下易一人之命，后世乃以天下之命易一身之尊，悲夫！吾不知得天下将以何为也。

圣君贤相在位，不必将在朝小人一网尽去之，只去元恶大奸，每种芟其甚者一二，示吾意向之所在。彼群小众邪与中人之可善可恶者莫不回心向道，以逃吾之所去，旧恶掩覆不暇，新善积累不及，而何敢怙终以自溺

耶？故举皋陶，不仁者远；去四凶，不仁者亦远。

有一种人，以姑息匪人市宽厚名；有一种人，以毛举细故市精明名，皆偏也。圣人之宽厚不使人有所恃，圣人之精明不使人无所容，敦大中自有分晓。

申、韩亦王道之，圣人何尝废刑名不综核①（zōng hé）？四凶之诛，舜之申、韩也；少正卯之诛，侏儒之斩，三都之堕，孔子之申、韩也。即雷霆霜雪，天亦何尝不申、韩哉？故慈父有梃诟，爱肉有针石。

三千三百，圣人非靡文是尚而劳苦是甘也。人心无所存属则恶念潜伏，人身有所便安则恶行滋长。礼之繁文使人心有所用而不得他适也，使人观文得情而习于善也，使人劳其筋骨手足而不偷慢以养其淫也，使彼此相亲相敬而不伤好以起争也，是范身联世制欲已乱之大防也。故旷达者浆于简便，一决而溃之则大乱起。后世之所谓礼者则异是矣，先王情文废无一在而乃习容止，多揖拜，姱（kuā）颜色，柔声气，工颂谀，艳交游，密附耳蹑足之语，极笾豆筐之费，工书刺候问之文，君子所以深疾之，欲一洗而入于崇真尚简之归，是救俗之大要也。虽然，不讲求先王之礼而一入于放达，乐有简便，久而不流于西晋者几希。

在上者无过，在下者多过。非在上者之无过，有过而人莫敢言。在下者非多过，诬之而人莫敢辩。夫惟使人无心言，然后为上者真无过；使人心服，而后为下者真多过也。

为政者贵因时。事在当因，不为后人开无故之端；事在当革，不为后人长不救之祸。

---

① 综核：谓聚总而考核之。

夫治水者，通之乃所以穷之，塞之乃所以决之也。民情亦然。故先王引民情于正，不裁于法。法与情不俱行，一存则一亡。三代之得天下，得民情也；其守天下也，调民情也。顺之而使不拂，节之而使不过，是谓之调。

治道之衰，起于文法之盛；弊蠹之滋，始于簿书之繁。彼所谓文法簿书者，不但经生黔首懵不见闻，即有司专职，亦未尝检阅校勘。何者？千宗百架，鼠蠹雨浥，或一事反复异同，或一时互有可否。后欲遵守，何所适从？只为积年老猾媒利市权之资耳，其实于事体无裨，弊蠹无损也。呜呼！百家之言不火而道终不明，后世之文法不省而世终不治。

六合都是情世界，惟朝堂官府为法世界，若也只徇情，世间更无处觅公道。

进贤举才而自以为恩，此斯世之大惑也。退不肖之怨，谁其当之？失贤之罪，谁其当之？奉君之命，尽己之职，而公法废于私恩，举世迷焉，亦可悲矣。

进言有四难："审人、审己、审事、审时。"一有未审，事必不济。

法不欲骤变，骤变虽美，骇人耳目，议论之媒也。法不欲硬变，硬变虽美，拂人心志，矫抗之藉也。故变法欲详审，欲有渐，欲不动声色，欲同民心而与之反复其议论。欲心迹如青天白日，欲独任躬行不令左右藉其名以行胸臆。欲明且确，不可含糊，使人得持两可以为重轻。欲着实举行，期有成效，无虚文搪塞，反贻实害。必如是而后法可变也。不然，宁仍旧贯而损益修举之。无喜事，喜事人上者之傻也。

新法非十有益于前，百无虑于后，不可立也。旧法非于事万无益，于理大有害，不可更也。要在文者实之，偏者救之，敝者补之，流者反之，怠废者申明而振作之。此治体调停之中策，百世可循者也。

用三代以前见识而不迁，就三代以后家数而不俗，可以当国矣。

善处世者，要得人自然之情。得人自然之情，则何所不得？失人自然之情，则何所不失？不惟帝王为然，虽二人同行，亦离此道不得。

夫坐法堂，厉声色，侍列武卒，错陈严刑，可生可杀，惟吾所欲为而莫之禁，非不泰然得志也。俄而有狂士直言正色，诋过攻失，不畏尊严，

则王公贵人为之夺气。于斯时也，威非不足使之死也，理屈而威以劫之，则能使之死而不能使之服矣。大盗昏夜持利刃而加人之颈，人焉得而不畏哉？伸无理之威以服人，盗之类也，在上者之所耻也。彼以理伸，我以威伸，则彼之所伸者盖多矣。故为上者之用威，所以行理也，非以行势也。

"礼"之一字，全是个虚文，而国之治乱、家之存亡、人之死生、事之成败罔不由之。故君子重礼，非谓其能厚生利用人，而厚生利用者之所必赖也。

兵革之用，德化之衰也。自古圣人亦甚盛德，即不过化存神，亦能久道成孚，使彼此相安于无

事。岂有四夷不可讲信修睦作邻国耶？何至高城深池以为卫，坚甲利兵以崇诛，侈万乘之师，靡数百万之财以困民，涂百万生灵之肝脑以角力，圣人之智术而止于是耶？将至愚极拙者谋之，其计岂出此下哉？若曰无可奈何不得不尔，无为贵圣人矣。将干羽曲格、因垒崇降，尽虚语矣乎？夫无德化可恃，无恩信可结，而曰去兵，则外夷交侵，内寇啸聚，何以应敌？不知所以使之不侵不聚者，亦有道否也？古称"四夷来王"，八蛮通道，越裳重译，日月霜露之所照坠者莫不尊亲，断非虚语。苟于此而岁岁求之，日日讲之，必有良法，何至因天下之半而为此无可奈何之策哉！

事无定分则人人各诿其劳而万事废，物无定分则人人各满其欲而万物争。分也者，物各付物，息人奸懒贪得之心，而使事得其理、人得其情者也。分定虽万人不须交一言。此修齐治平之要务，二帝三王之所不能外也。

骄惯之极，父不能制子，君不能制臣，夫不能制妻，身不能自制。视死如饴，何威之能加？视恩为玩，何惠之能益？不祸不止。故君子情盛不敢废纪纲，兢兢然使所爱者知恩而不敢肆，所以生之也，所以全之也。

物理人情，自然而已。圣人得其自然者以观天下，而天下之人不能逃圣人之洞察；握其自然者以运天下，而天下之人不觉为圣人所斡旋。即其轨物所绳于矫拂，然拂其人欲自然之私，而顺其天理自然之公。故虽有倔强锢蔽之人，莫不憬悟而驯服，则圣人触其自然之机而鼓其自然之情也。

监司视小民蔼然，待左右肃然，待寮寀温然，待属官侃然，庶几乎得体矣。

自委质后，此身原不属我。朝廷名分，为朝廷守之。一毫贬损不得，非抗也；一毫高亢不得，非卑也。朝廷法纪为朝廷执之，一毫徇人不得，非固也；一毫任己不得，非蒽也。

未到手时，嫌于出位而不敢学；既到手时，迫于应酬而不及学。一世业官苟且，只于虚套搪塞，竟不嚼真味，竟不见成功。虽位至三公，点检真足愧汗。学者思之。

今天下一切人、一切事，都是苟且做，寻不着真正题目。便认了题目，尝不着真正滋味。欲望三代之治甚难。

凡居官，为前人者，无干誉矫情立一切不可常之法以难后人；为后人者，无矜能露迹为一朝即改革之政以苦前人。此不惟不近人情，政体自不宜尔。若恶政弊规，不防改图，只是浑厚便好。

将古人心信今人，真是信不过；若以古人至诚之道感今人，今人未必在豚鱼下也。

泰极必有受其否者，否极必有受其泰者。故水一壅必决，水一决必涸。世道纵极，必有操切者出，出则不分贤愚，一番人受其敝。严极必有长厚者出，出则不分贤愚，一番人受其福。此非独人事，气数固然也。故智者乘时因势，不以否为忧，而以泰为惧。审势相时，不决裂于一惩之后，而骤更以一切之法。昔有猎者入山，见驺虞以为虎也，杀之，寻复悔。明日见虎以为驺虞也，舍之，又复悔。主时势者之过于所惩也，亦若是夫。

法多则遁情愈多，譬之逃者，入千人之群则不可觅，入三人之群则不可藏矣。

兵，阴物也；用兵，阴道也，故贵谋。不好谋不成。我之动定敌人不闻，敌之动定尽在我心，此万全之计也。

取天下，守天下，只在一种人上加意念，一个字上做工夫。一种人是那个？曰"民"。一个字是甚么？曰"安"。

礼重而法轻，礼严而法恕，此二者常相权也。故礼不得不严，不严则肆而入于法；法不得不恕，不恕则激而法穷。

夫礼也，严于妇人之守贞而疏于男子之纵欲，亦圣人之偏也。今舆隶仆僮皆有婢妾娟女，小童莫不淫狎，以为丈夫之小节而莫之问，陵嫡失所，逼妾殒身者纷纷。恐非圣王之世所宜也，此不可不严为之禁也。

西门疆尹河西，以赏劝民。道有遗羊，值五百，一人守而待。失者谢之，不受。疆曰："是义民也。"赏之千。其人喜，他日谓所知曰："汝遗金，我拾之以还。"所知者从之。以告疆曰："小人遗金一两，某拾而还之。"疆曰："义民也。"赏之二金。其人愈益喜。曰："我贪，每得利则失名，今也名利两得，何惮而不为？"

笃恭之所发，事事皆纯王，如何天下不平？或曰："才说所发，不动声色乎？"曰："日月星辰皆天之文章，风雷雨露皆天之政令，上天依旧笃恭在那里。笃恭，君子之无声无臭也。无声无臭，天之笃恭也。"

君子小人调停，则势不两立，毕竟是君子易退，小人难除。若攻之太惨，处之太激，是谓土障狂澜，灰埋烈火。不若君子秉成而择才以使之，任使不效，而次第裁抑之。我悬富贵之权而示之的曰："如此则富贵，不如此则贫贱。"彼小人者，不过得富贵耳，其才可以偾天下之事，亦可以成天下之功；可激之酿天下之祸，亦可养之兴天下之利。大都中人十居八九，其大奸凶极顽悍者亦自有数。弃人于恶而迫之自弃，俾中人为小人，小小人为大小人，甘心抵死而不反顾者，则吾党之罪也。噫！此难与君子道，三代以还，覆辙一一可鉴。此品题人物者所以先器识也。

当多事之秋，用无才之君子，不如用有才之小人。

肩天下之任者全要个气，御天下之气者全要个理。

无事时惟有丘民好蹂践，自吏卒以上，人人得而鱼肉之。有事时惟有

丘民难收拾，虽天子亦无躲避处，何况衣冠？此难与诵诗读书者道也。

余居官有六自："簿赋均徭先令自审，均地先令自丈，未完令其自限，纸赎令其自催，干证催词讼令其自拘，干证拘小事令其自处。"乡约亦往往行得去，官逸而事亦理，久之可省刑罚。当今天下之民极苦官之繁苛，一与宽仁，其应如响。

自井田废而窃劫始多矣。饱暖无资，饥寒难耐，等死耳。与其瘠僵于沟壑无人称廉，不若苟活于旦夕未必即犯。彼义士廉夫尚难责以饿死，而况种种贫民半于天下乎？彼膏粱文绣坐于法堂而严刑峻法以正窃劫之罪者，不患无人，所谓"哀矜而勿喜"者谁与？余以为，衣食足而为盗者，杀无赦；其迫于饥寒者，皆宜有以处之。不然罪有所由而独诛盗，亦可愧矣。

余作《原财》一篇，有六生十二耗。六生者何？曰垦荒闲之田，曰通水泉之利，曰教农桑之务，曰招流移之民，曰当时事之宜，曰详积贮之法。十二耗者何？曰严造饮之禁，曰惩淫巧之工，曰重游手之罚，曰绝倡优剧戏，曰限在官之役，曰抑僭奢之俗，曰禁寺庙之建，曰戒坊第游观之所刻无益之书，曰禁邪教之倡，曰重迎送供张之罪，曰定学校之额、科举之制，曰诛贪墨之吏。语多愤世，其文不传。

太和之气虽贯彻于四时，然炎徼以南常热，朔方以北常寒姑无论，只以中土言之，纯然暄燠而无一毫寒凉之气者，惟是五月半后、八月半前九十日耳。中间亦有夜用夹绵时。至七月而暑已处，八月而白露零，九月寒露霜降，亥子丑寅其寒无俟言矣。二三月后犹未脱绵，谷雨以后始得断霜。四月已夏，犹谓清和，大都严肃之气岁常十八，而草木二月萌芽，十月犹有生意，乃生育长养不专在于暄燠，而严肃之中正所以操纵冲和之机者也。圣人之为政也法天，当宽则用春夏，当严则用秋冬，而常持之体则于严威之中施长养之惠。何者？严不匮，惠易穷，威中之惠鼓舞人群，惠中之惠骄驰众志。子产相邻，铸刑书，诛强宗，伍田畴，褚衣冠。及语子太叔，犹有莫如猛之言，可不谓严乎？乃孔子之评子产，则曰"惠人"也，他日又曰子产"众人之母"。孔子之为政可考矣。彼沾沾煦煦，尚姑息以养民之恶，卒至废驰玩愒，令不行，禁不止，小人纵恣，善良吞泣，则孔子之罪人也。故曰居上以宽为本，未尝以宽为政。严也者，所以成其宽也。故怀宽心不宜任宽政，是以"懦主杀臣，慈母杀子"。

余息而在沟壑，斗珠不如升糠；裸裎而卧冰雪，败絮重于绣縠。举世用人，皆珠縠之贵也。有甚高品，有甚清流？不适缓急之用，即真非所急矣。

盈天地间只靠二种人为命，曰农夫、织妇。却又没人重他，是自戕其命也。

一代人才自足以成一代之治，既作养无术而用之者又非其人，无怪乎万事不理也。

三代之后，治天下只求个不敢。不知其不敢者，皆苟文以应上也。真敢在心，暗则足以蛊国家，明之足以亡社稷，乃知不敢不足恃也。

古者国不易君，家不易大夫，故其治因民宜俗，立纲陈纪。百姓与己相安，然后从容渐渍，日新月盛，而治功成。故曰"必世后仁"，曰"久道成化"。譬之天地不悠欠便成物不得。自封建变而为郡县，官无久暖之席，民无尽识之官，施设未竟而谗毁随之，建官未久而黜陟随之。方胹熊蹯而夺之薪，方缫茧丝而截其绪。一番人至，一度更张。各有性情，各有识见。百姓闻其政令半不及理会，听其教化尚未及信从，而新者卒至，旧政废阁。何所信从？何所遵守？况加以监司之掣肘，制一帧而不问首之大

小，都使之冠；制一衣而不问时之冬夏，必使之服。不审民情便否，先以簿书督责，即高才疾足之士，俄顷措置之功，亦不过目前小康，一事小补，而上以此为殿最，下以此为欢虞，呜呼！伤心矣。先正有言，人不里居，田不井授，虽欲言治，皆苟而已。愚谓建官亦然，政因地而定之，官择人而守之，政善不得更张，民安不得易法。其多事扰民，任情变法，与惰政慢法者斥遂之，更其人不易其治，则郡县贤于封建远矣。

法之立也，体其必至之情，宽以自生之路，而后绳其逾分之私，则上有直色而下无心言。今也小官之俸不足供饔飧①（yōng sūn），偶受常例而辄以贪法罢之，是小官终不可设也。识体者欲广其公而闭之私，而当事者又计其私，某常例、某从来也。夫宽其所应得而后罪其不义之取，与夫因有不义之取也遂俭于应得焉孰是？盖仓官月粮一石而驿丞俸金岁七两云。

顺心之言易入也，有害于治；逆耳之言裨治也，不可于人。可恨也！夫惟圣君以逆耳者顺于心，故天下治。

使马者知地险，操舟者观水势，驭天下者察民情，此安危之机也。

宇内有三权："天之权曰祸福，人君之权曰刑赏，天下之权曰褒贬。"祸福不爽，曰天道之清平，有不尽然者，夺于气数。刑赏不忒，曰君道之清平，有不尽然者，限于见闻，蔽于喜怒。褒贬不诬，曰人道之清平，有不尽然者，偏于爱憎，误于声响。褒贬者，天之所恃以为祸福者也，故曰："天视自我民视，天听自我民听。"君之所恃以为刑赏者也，故曰："好人之所恶，恶人之所好，是谓拂人之性。"褒贬不可以不慎也，是天道、君道之所用也。一有作好作恶，是谓天之罪人，君之戮民。

①饔飧：做饭。早饭和晚饭；饭食。

而今当民穷财尽之时，动称矿税之害。以为事干君父，谏之不行，总付无可奈何。吾且就吾辈安民节用以自便者言之。饮食入腹，三分银用之不尽，而食前方丈，总属暴殄，要他何用？仆隶二人，无三十里不肉食者，不程饭桌，要他何用？轿扛人夫，吏书马匹，宽然有余，而鼓吹旌旗，要他何用？下莞上簟，公座围裙，尽章物采矣，而满房铺毡，要他何用？上司新到，须要参谒，而节寿之日，各州县币帛下程，充庭盈门，要他何用？前呼后拥，不减百人，巡捕听事，不缺官吏，而司道府官交界送接，到处追随，要他何用？随巡司道，拜揖之外，张筵互款，期会不遑，而带道文卷尽取抬随，带道书吏尽人跟随，要他何用？官官如此，在在如此，民间节省，一岁尽多，此岂朝廷令之不得不如此耶？吾辈可以深省矣。

酒之为害不可胜纪也，有天下者不知严酒禁，虽谈教养，皆苟道耳。此可与留心治道者道。

簿书所以防奸也，簿书愈多而奸愈黠，何也？千册万簿，何官经眼？不过为左右开打点之门，广刁难之计，为下司增纸笔之孽，为百姓添需索之名。举世昏迷，了不经意，以为当然，一细思之，可为大笑。有识者裁簿书十分之九而上下相安，弊端自清矣。

养士用人，国家存亡第一紧事，而今只当故事。

臣是皋、夔、稷、契，君自然是尧、舜，民自然是唐、虞。士君子当自责我是皋、夔、稷、契否？终日悠悠泄泄，只说吾君不尧、舜，弗俾厥后惟尧、舜，是谁之愧耻？吾辈高爵厚禄，宁不皇汗。

惟有为上底难，今人都容易做。

听讼者要如天平，未称物先须是对针，则称物不爽。听讼之时心不虚平，色态才有所著，中证便有趋向，况以辞示之意乎？当官先要慎此。

天下之势，顿可为也，渐不可为也。顿之来也骤，渐之来也远。顿之着力在终，渐之着力在始。

屋漏尚有十目十手，为人上者，大庭广众之中，万手千目之地，譬之悬日月以示人，分毫掩护不得，如之何弗慎？

事休问大家行不行，旧规有不有，只看义上协不协。势不在我，而于义无害，且须勉从，若有害于义，即有主之者，吾不敢从也。

有美意，必须有良法乃可行。有良法，又须有良吏乃能成。良吏者，本真实之心，有通变之才，厉明作之政者也。心真则为民恳至，终始如一；才通则因地宜民，不狃于法；明作则禁止令行，察奸厘弊，如是而民必受福。故天下好事，要做必须实做，虚者为之，则文具以扰人；不肖者为之，则济私以害政。不如不做，无损无益。

把天地间真实道理作虚套子干，把世间虚套子作实事干，吁！所从来久矣。非霹雳手段，变此锢习不得。

自家官靠着别人做，只是不肯踏定脚跟挺身自拔，此缙绅第一耻事。若铁铮铮底做将去，任他如何，亦有不颠踬僵①仆时。纵教颠踬僵仆，也无可奈何，自是照管不得。

作"焉能为有无"底人，以之居乡，尽可容得。只是受一命之寄，便是旷一命之官；在一日之职，便是废一日之业。况碌碌苟苟，久居高华。唐、虞、三代课官是如此否？今以其不贪酷也而容之，以其善夤缘也而进之，国一无所赖，民一无所裨，而俾之贪位窃禄，此人何足责？用人者无辞矣。

---

① 颠踬僵：被东西绊倒。

近日居官，动说旧规，彼相沿以来，不便于己者悉去之，便于己者悉存之，如此，旧规百世不变。只将这念头移在百姓身上，有利于民者悉修举之，有害于民者悉扫除之，岂不是居官真正道理。噫！利于民生者皆不便于己，便于己者岂能不害于民？从古以来，民生不遂，事故日多，其由可知己。

古人事业精专，志向果确，一到手便做，故孔子治鲁三日而教化大行。今世居官，奔走奉承，簿书期会，不紧要底虚文，先占了大半工夫，况平日又无修政立事之心、急君爱民之志，蹉跎因循，但以浮泛之精神了目前之俗事。即有志者，亦不过将正经职业带修一二足矣。谁始此风？谁甚此风？谁当责任而不易此风？此三人之罪不止于罢黜矣。

做上官底只是要尊重，迎送欲远，称呼欲尊，拜跪欲恭，供具欲丽，酒席欲丰，驺从欲都，伺候欲谨。行部所至，万人负累，千家愁苦，即使于地方有益，苍生所损已多。及问其职业，举是誉文滥套，纵虎狼之吏胥骚扰传邮，重琐尾之文移督绳郡县，括奇异之货币交结要津，习圆软之容辞网罗声誉。至生民疾苦，若聋瞀然。岂不骤贵躐迁①（liè qiān），然而显负君恩，阴触天怒，吾党耻之。

士君子到一个地位，就理会一个地位底职分，无逆料时之久暂而苟且其行，无期必人之用否而怠忽其心。入门就心安志定，为久远之计。即使不久于此，而一日在官，一日尽职，岂容一日苟禄尸位哉！

水以润苗，水多则苗腐；膏以助焰，膏重则焰灭。为治一宽，非民之福也。故善人百年始可去杀。天有四时，不能去秋。

---

① 躐迁：越级提升。

古之为人上者，不虐人以示威，而道法自可畏也；不卑人以示尊，而德容自可敬也。脱势分于堂阶而居尊之休未尝亵，见腹心于词色而防检之法未尝疏。呜呼！可想矣。

为政以问察为第一要，此尧舜治天下之妙法也。今人塞耳闭目只凭独断，以宁错勿问，恐蹈耳软之病，大可笑。此不求本原耳。吾心果明，则择众论以取中，自无偏听之失。心一愚暗，即询岳牧刍荛，尚不能自决，况独断乎？所谓独断者，先集谋之谓也。谋非集众不精，断非一己不决。

治道只要有先王一点心，至于制度文为，不必一一复古。有好古者，将一切典章文物都要反太古之初，而先王精意全不理会，譬之刻木肖人，形貌绝似，无一些精神贯彻，依然是死底。故为政不能因民随时，以寓潜移默化之机，辄纷纷更变，惊世骇俗，绍先复古，此天下之拙夫愚子也。意念虽佳，一无可取。

赏及淫人则善者不以赏为荣，罚及善人则恶者不以罚为辱。是故君子不轻施恩，施恩则劝；不轻动罚，动罚则惩。

在上者当慎无名之赏。众皆藉口以希恩，岁遂相沿为故事。故君子恶苟恩。苟恩之人，顾一时，市小惠，徇无厌者之情，而财用之贼也。

要知用刑本意原为弼教，苟宽能教，更是圣德感人，更见妙手作用。若只恃雷霆之威，霜雪之法，民知畏而不知愧，待无可畏时，依旧为恶，何能成化？故畏之不如愧之，忿之不如训之，远之不如感之。

法者，一也。法曹者，执此一也。以贫富贵贱二之，则非法矣。或曰："亲贵难与疏贱同法。"曰："是也，八议已别之矣。八议之所不别而亦二之，将何说之辞？夫执天子之法而顾忌己之爵禄，以徇高明而虐茕独，如国法天道何？裂纲坏纪，摧善长恶，国必病焉。"

治人治法不可相无，圣人竭耳目力，此治人也。继之以规矩准绳、六律五音，此治法也。说者犹曰有治人无治法。然则治人无矣，治法可尽废乎？夫以藏在盟府之空言，犹足以伏六百年后之霸主，而况法乎？故治天下者以治人立治法，法无不善；留治法以待治人，法无不行。

君子有君子之长，小人有小人之长。用君子易，用小人难，惟圣人能用小人。用君子在当其才，用小人在制其毒。

只用人得其当，委任而责成之，不患天下不治。二帝三王急亲贤，作当务之急第一事。

古之圣王不尽人之情，故下之忠爱尝有余。后世不然，平日君臣相与仅足以存体面而无可感之恩，甚或拂其心而怀待逞之志，至其趋大事、犯大难，皆出于分之不得已。以不得已之心供所不欲之役，虽临时固结，犹死不亲，而上之诛求责望又复太过，故其空名积势不足以镇服人心而庇其身国。呜呼！民无自然之感而徒迫于不得不然之势，君无油然之爱而徒劫之不敢不

然之威，殆哉！

古之学者，穷居而筹兼善之略。今也同为僚寀，后进不敢问先达之事，右署不敢知左署之职。在我避侵职之嫌，在彼生望蜀之议。是以未至其地也不敢图，既至其地也不及习，急遽苟且，了目前之套数而已，安得树可久之功，张无前之业哉？

百姓宁贱售而与民为市，不贵值而与官为市。故物满于廛（chán），货充于肆，官求之则不得，益价而求之亦不得。有一官府欲采缯，知市值，密使吏增直，得之。既行，而商知其官买也，追之，已入公门矣。是商也，明日逃去。人谓商曰："此公物不亏值。"曰："吾非为此公。今日得我一缯，他日责我无极。人人未必皆此公，后日未必犹此公也。减直何害？甚者经年不予直；迟直何害？甚者竟不予直；一物无直何害？甚者数取皆无直。吏卒因而附取亦无直。无直何害？甚者无是货也而责之有，捶楚乱加。为之遍索而不得，为之远求而难待。诛求者非一官，逼取者非一货，公差之需索，公门之侵扣，价银之低假又不暇论心。嗟夫！宁逢盗劫，无逢官赊。盗劫犹申冤于官，官赊则无所赴诉矣。"予闻之，谓僚友曰："民不我信，非民之罪也。彼固求货之出手耳，何择于官民？又何亲于民而何仇于官哉？无轻取，无多取，与民同直而即日面给焉，年年如是，人人如是，又禁府州县之不如是者，百姓独非人哉？无彼尤也。"

"公正"二字是撑持世界底，没了这二字，便塌了天。

人臣有二惩，曰私，曰伪。私则利己徇人而公法坏，伪则弥缝粉饰而实政堕。公法坏则豪强得以横恣，贫贱无所控诉而愁怨多。实政堕则视国民不啻越秦，逐势利如同商贾而身家肥。此乱亡之渐也，何可不惩。

"与上大夫言，訚訚①（yín yín）如也"朱注云："訚訚，和悦而诤。"只一"诤"字，十分扶持世道。近世见上大夫，少不了和悦，只欠一"诤"字。

古今观人，离不了好恶，武叔毁仲尼，伯寮愬子路，臧仓沮孟子，从来圣贤未有不遭谤毁者，故曰："其不善者恶之，不为不善所恶，不成君子。后世执进退之柄者只在乡人皆好之上取人，千人之誉不足以敌一人之毁，更不察这毁言从何处来，更不察这毁人者是小人是君子。是以正士伤心，端人丧气。一入仕途，只在弥缝涂抹上做工夫，更不敢得罪一人。呜呼！端人正士叛中行而惟乡愿是师，皆由是非失真、进退失当者驱之也。

图大于细，不劳力，不费财，不动声色，暗收百倍之功。用柔为刚，愈涵容；愈愧屈，愈契腹心，化作两人之美。

铨署楹帖："直者无庸我力，枉者我无庸力，何敢贪天之功；恩则以奸为贤，怨则以贤为奸，岂能逃鬼之责。"

公署楹帖："只一个志诚，任从你千欺百罔；有三尺明法，休犯他十恶五刑。"

公署楹帖："皇天下鉴此心，敢不光明正直；赤子来游吾腹，愿言岂弟慈祥。"

按察司署楹帖："光天化日之下，四方阴邪休行；大冬严雪之中，一点阳春自在。"

发示驿递："痛苍赤食草饭沙，安忍吸民膏以纵口腹；睹闾阎卖妻鬻子，岂容穷物力而拥车徒。"

---

①訚訚：说话和悦而又能辨明是非之貌。

发示州县："悯其饥，念其寒，谁不可怜子女，肯推毫发与苍生，不枉为民父母；受若直，怠若事，谁能放过仆童，况糜膏脂无治状，也应念及儿孙。"

襄垣县署楹帖："百姓有知，愿教竹头生笋；三堂无事，任从门外张罗。"

莫以勤劳怨辛苦，朝庭觅你做奶母。

城门四联："东延和门：'青帝布阳春，郁郁葱葱生气溢沙随之外；黄堂流德泽，融融液液太和在梁苑之西。'南文明门：'万丈文光北射斗牛通魁柄；三星物采东联箕尾上台躔。'西宝成门：'万宝告成，耕夫织妇白叟黄童年年歌大有；五征来备，东舍西邻村北疃处处乐同人。'北钟祥门：'洪涛来万里恩波，远抱崇墉浮瑞霭；玄女注千年圣水，潜滋环海护生灵。'"

内文导读

　　六艺中的"数"指的是数学或算法。有人说本卷文不对题；但也有人说，数学或算法有"谋算"的意思，而"人情""物理""广喻"和"词章"有着和其相似的思维方式，所以，作者以"数"为题。不管怎么说，在本卷中，作者无情吐槽了当时人们的种种人性，细细读来，与今人无异，令人感同身受，至于题是否完全与文相符，已经不那么重要了。

人情

内文导读

本章所讲的"人情"和我们通常所讲的有所区别。《礼记·礼运》中说，"何谓人情？喜、怒、哀、惧、爱、恶、欲，七者弗学而能。"所以"人情"的意思是指人的各种情感的表达。一个人这"七者"的外露，一定是有诱因的，诱因多来自于爱恨冷暖、利益得失。作者从人性的角度，看似是阐述人的各种情感的外露，其实是在批判人性的弱点，给世人指出修身的良方。

无所乐有所苦，即父子不相保也，而况民乎？有所乐无所苦，即戎狄且相亲也，而况民乎？

世之人，闻人过失，便喜谈而乐道之；见人规己之过，既掩护之，又痛疾之；闻人称誉，便欣喜而夸张之；见人称人之善，既盖藏之，又搜索之。试思这个念头是君子乎？是小人乎？

乍见之患，愚者所惊；渐至之殃，智者所忽也。以愚者而当智者之所忽，可畏哉！

论人情只往薄处求，说人心只往恶边想，此是私而刻底念头，自家便是个小人。古人责人每于有过中求无过，此是长厚心、盛德事，学者熟思，自有滋味。

人说己善则喜，人说己过则怒。自家善恶自家真知，待祸败时欺人不得。人说体实则喜，人说体虚则怒，自家病痛自家独觉，到死亡时欺人不得。

一巨卿还家，门户不如做官时，悄然不乐曰："世态炎凉如是，人何以堪？"余曰："君自炎凉，非独世态之过也。平常淡素是我本来事，热闹纷华是我傥来事。君留恋富贵以为当然，厌恶贫贱以为遭际，何炎凉如之，而暇叹世情哉？"

迷莫迷于明知，愚莫愚于用智，辱莫辱于求荣，小莫小于好大。

两人相非，不破家忘身不止，只回头认自家一句错，便是无边受用；两人自是，不反面稽唇不止，只温语称人一句好，便是无限欢欣。

将好名儿都收在自家身上，将恶名儿都推在别人身上，此天下通情。不知此两个念头都揽个恶名在身，不如让善引过。

露己之美者恶，分人之美者尤恶，而况专人之美，窃人之美乎？吾党戒之。

守义礼者，今人以为倨傲；工谀佞者，今人以为谦恭。举世名公达宦自号儒流，亦迷乱相责而不悟，大可笑也。

爱人以德而令人仇，人以德爱我而仇之，此二人者皆愚也。

无可知处尽有可知之人，而忽之谓之瞀；可知处尽有不可知之人，而忽之亦谓之瞀。

世间有三利衢坏人心术，有四要路坏人气质，当此地而不坏者，可谓定守矣。君门，士大夫之利衢也。公门，吏胥之利衢也。市门，商贾之利衢也。翰林、吏部、台、省，四要路也。有道者处之，在在都是真我。

朝廷法纪做不得人情，天下名分做不得人情，圣贤道理做不得人情，他人事做不得人情，我无力量做不得人情。以此五者徇人，皆安也。君子慎之。

古人之相与也，明目张胆，推心置腹。其未言也，无先疑；其既言也，无后虑。今人之相与也，小心屏息，藏意饰容。其未言也，怀疑畏；其既言也，触祸机。哀哉！安得心地光明之君子，而与之披情愫、论肝膈也？哀哉！彼亦示人以光明，而以机阱陷人也。

古之君子，不以其所能者病人；今人却以其所不能者病人。

古人名望相近则相得，今人名望相近则相妒。

福莫大于无祸，祸莫大于求福。

言在行先，名在实先，食在事先，皆君子之所耻也。

两悔无不释之怨，两求无不合之交，两怒无不成之祸。

己无才而不让能，甚则害之；己为恶而恶人之为善，甚则诬之；己贫贱而恶人之富贵，甚则倾之；此三妒者，人之大戮也。

以患难时，心居安乐；以贫贱时，心居富贵；以屈局时，心居广大，则无往而不泰然。以渊谷视康庄，以疾病视强健，以不测视无事，则无往而不安稳。

不怕在朝市中无泉石心，只怕归泉石时动朝市心。

积威与积恩，二者皆祸也。积威之祸可救，积恩之祸难救。积威之后，宽一分则安，恩一分则悦；积恩之后，止而不加则以为薄，才减毫发则以为怨。恩极则穷，穷则难继；爱极则纵，纵则难堪。不可继则不进，其势必退。故威退为福，恩退为祸；恩进为福，威进为祸。圣人之非靳恩也，惧祸也。湿薪之解也易，燥薪之束也难。圣人之靳恩也，其爱人无已之至情，调剂人情之微权也。

人皆知少之为忧，而不知多之为忧也。惟智者忧多。

众恶之必察焉，众好之必察焉，易；自恶之必察焉，自好之必察焉，难。

有人情之识，有物理之识，有事体之识，有事势之识，有事变之识，有精细之识，有阔大之识。此皆不可兼也，而事变之识为难，阔大之识为贵。

圣人之道，本不拂人，然亦不求可人。人情原无限量，务可人不惟不是，亦自不能。故君子只务可理。

施人者虽无已，而我常慎所求，是谓养施；报我者虽无已，而我常不敢当，是谓养报；此不尽人之情，而全交之道也。

攻人者，有五分过恶，只攻他三四分，不惟彼有余惧，而亦倾心引服，足以塞其辩口。攻到五分，已伤浑厚，而我无救性矣。若更多一分，是贻之以自解之资，彼据其一而得五，我贪其一而失五矣。此言责家之大戒也。

见利向前，见害退后，同功专美于己，同过委罪于人，此小人恒态，而丈夫之耻行也。

任彼薄恶，而吾以厚道敦之，则薄恶者必

愧感，而情好愈笃。若因其薄恶也，而亦以薄恶报之，则彼我同非，特分先后耳，毕竟何时解释？此庸人之行，而君子不由也。

恕人有六：或彼识见有不到处，或彼听闻有未真处，或彼力量有不及处，或彼心事有所苦处，或彼精神有所忽处，或彼微意有所在处。先此六恕而命之不从，教之不改，然后可罪也已。是以君子教人而后责人，体人而后恕人。

直友难得，而吾又拒以讳过之声色；佞人不少，而吾又接以喜谀之意态。呜呼！欲不日入于恶也难矣。

笞、杖、徒、流、死，此五者小人之律令也；礼、义、廉、耻，此四者君子之律令也。小人犯津令刑于有司，君子犯律令刑于公论。虽然，刑罚滥及，小人不惧，何也？非至当之刑也；毁谤交攻，君子不惧，何也？非至公之论也。

情不足而文之以言，其言不可亲也；诚不足而文之以貌，其貌不足信也。是以天下之事贵真，真不容掩面，见之言貌，其可亲可信也夫！

势、利、术、言，此四者公道之敌也。炙手可热则公道为屈，贿赂潜通则公道为屈，智巧阴投则公道为屈，毁誉肆行则公道为屈。世之冀幸受诬者，不啻十五也，可慨夫！

圣人处世只于人情上做工夫，其于人情又只于未言之先、不言之表上做工夫。

美生爱，爱生狎，狎生玩，玩生骄，骄生悍，悍生死。

礼是圣人制底，情不是圣人制底。圣人缘情而生礼，君子见礼而得情。众人以礼视礼，而不知其情，由是礼为天下虚文，而崇真者思弃之矣。

人到无所顾惜时，君父之尊不能使之严，鼎镬之威不能使之惧，千言万语不能使之喻，虽圣人亦无如之何也已。圣人知其然也，每养其体面，体其情私，而不使至于无所顾惜。

称人以颜子，无不悦者，忘其贫贱而夭；称人以桀、纣、盗跖，无不怒者，忘其富贵而寿。好善恶恶之同然如此，而作人却与桀、纣、盗跖同归，何恶其名而好其实耶？

今人骨肉之好不终，只为看得"尔""我"二字太分晓。

圣人制礼本以体人情，非以拂之也。圣人之心非不因人情之所便而各顺之，然顺一时便一人，而后天下之大不顺便者因之矣。故圣人不敢恤小便拂大顺，徇一时弊万世，其拂人情者，乃所以宜人情也。

好人之善，恶人之恶，不难于过甚。只是好己之善，善己之恶，便不如此痛切。

诚则无心，无心则无迹，无迹则人不疑，即疑，久将自消。我一着意，自然着迹，着迹则两相疑，两相疑则似者皆真，故着意之害大。三五岁之男女终日谈笑于市，男女不相嫌，见者亦无疑于男女，两诚故也。继母之慈，嫡妻之惠，不能脱然自忘，人未必脱然相信，则着意之故耳。

一人运一甓（pì），其行疾，一人运三甓，其行迟，又二人共舁十甓，其行又迟，比暮而较之，此四人者其数均。天下之事苟从其所便，而足以济事，不必律之使一也，一则人情必有所苦。先王不苦人所便以就吾之一而又病于事。

人之情，有言然而意未必然，有事然而意未必然者，非勉强于事势，则束缚于体面。善体人者要在识其难言之情，而不使其为言与事所苦。此圣人之所以感人心，而人乐为之死也。

人情愈体悉愈有趣味，物理愈玩索愈有入头。

不怕多感，只怕爱感。世之逐逐恋恋，皆爱感者也。

人情之险也，极矣。一令贪，上官欲论之而事泄，彼阳以他事得罪，上官避嫌，遂不敢论，世谓之钳口计。

"有二三道义之友，数日别便相思，以为世俗之念，一别便生亲厚之情，一别便疏。"余曰："君此语甚有趣，向与淫朋狎友滋味迥然不同，但真味未深耳。孔、孟、颜、思，我辈平生何尝一接？只今诵读体认间如朝夕同堂对语，如家人父子相依，何者？心交神契，千载一时，万里一身也。久之，彼我且无，孰离孰合，孰亲孰疏哉？若相与而善念生，相违而欲心长，即旦暮一生，济得甚事？"

受病于平日，而归咎于一旦。发源于脏腑，而求效于皮毛。太仓之竭也，责穷于囷底。大厦之倾也，归罪于一霖。

世之人，闻称人之善辄有妒心，闻称人之恶辄有喜心，此天理忘而人欲肆者也。孔子所恶，恶称人之恶；孔子所乐，乐道人之善。吾人岂可另有一副心肠。

人欲之动，初念最炽①，须要迟迟，就做便差了。天理之动，初念最勇，须要就做，迟迟便歇了。

凡人为不善，其初皆不忍也，其后忍不忍半，其后忍之，其后安之，其后乐之。呜呼！至于乐为不善而后良心死矣。

闻人之善而掩覆之，或文致以诬其心；闻人之过而播扬之，或枝叶以多其罪。此皆得罪于鬼神者也，吾党戒之。

"恕"之一字，是个好道理，看那惟心者是甚么念头。好色者恕人之

———————

① 炽：热烈旺盛。

淫，好货者恕人之贪，好饮者恕人之醉，好安逸者恕人之惰慢，未尝不以己度人，未尝不视人犹己，而道之贼也。故行恕者，不可以不审也。

心怕二三，情怕一。

别个短长作己事，自家痛痒问他人。

休将烦恼求恩爱，不得恩爱将烦恼。

利算无余处，祸防不意中。

物理

内文导读

这章的"物理"和今天的"物理"意义不同。物，指天地万物，包括天文地理及一些自然现象。理，指万物万象机理的认识。这方面，除了传统的阴阳五行之理外，还有作者的"气"说之理，和今天物理的"理"毫不相干。作者在"物理"方面的认识远离数学和力学，认识比较肤浅，目的也是以物性喻理，引人悟理，以理育人。从这个角度来说，还是有积极意义的。

鸥鸦，其本声也如鹊鸠，然第其声可憎，闻者以为不祥，每弹杀之。夫物之飞鸣，何尝择地哉？集屋鸣屋，集树鸣树。彼鸣屋者，主人疑之矣，不知其鸣于野树，主何人不祥也？至于犬人行、鼠人言、豕人立，真大异事，然不祥在物，无与于人。即使于人为凶，然亦不过感戾气而呈兆，在物亦莫知所以然耳。盖鬼神爱人，每示人以趋避之几，人能恐惧修省，则可转祸为福。如景公之退孛星，高宗之枯桑穀，妖不胜德，理气必然。然则妖异之呈兆，即蓍龟之告，繇是吾师也，何深恶而痛去之哉？

春夏秋冬不是四个天，东西南北不是四个地，温凉寒热不是四种气，喜怒哀乐不是四张面。

临池者不必仰观，而日月星辰可知也；闭户者不必游览，而阴晴寒暑可知也。

有国家者要知真正祥瑞，真正祥瑞者，致祥瑞之根本也。民安物阜，四海清宁，和气熏蒸，而祥瑞生焉，此至治之符也。至治已成，而应征乃见者也，即无祥瑞，何害其为至治哉？若世乱而祥瑞生焉，则祥瑞乃灾异耳。是故灾祥无定名，治乱有定象。庭生桑穀未必为妖，殿生玉芝未必为瑞。是故圣君不惧灾异，不喜祥瑞，尽吾自修之道而已。不然，岂后世祥瑞之主出二帝三王上哉？

先得天气而生者，本上而末下人是已。先得地气而生者，本下而末上草木是已。得气中之质者；飞。得质中之气者，走。得浑沦磅礴之气质者，为山河，为巨体之物。得游散纤细之气质者，为蟏蟥蚊蚁蠢动之虫，为苔藓萍蓬蕖节之草。

入钉惟恐其不坚，拔钉推恐其不出。下锁惟恐其不严，开锁惟恐其不易。

以恒常度气数，以知识定窈冥，皆造化之所笑者也。造化亦定不得，造化尚听命于自然，而况为造化所造化者乎？堪舆星卜诸书，毕屡中者也。

古今载藉，莫滥于今日。括之有九：有全书，有要书，有赘书，有经世之书，有益人之书，有无用之书，有病道之书，有杂道之书，有败俗之书。《十三经注疏》《二十一史》此谓全书。或撮其要领，或类其俊腴，如《四书》《六经集注》《通鉴》之类，此谓要书。当时务，中机宜，用之而物阜民安，功成事济，此谓经世之书。言虽近理；而掇拾陈言，不足以羽翼经史，是谓赘书。医技农卜，养生防患，劝善惩恶，是谓益人之书。无关于天下国家，无益于身心性命，语不根心，言皆应世，而妨当世之务，是

谓无用之书，又不如赘。佛老庄列，是谓病道之书。迂儒腐说，贤智偏言，是谓杂道之书，淫邪幻诞，机械夸张，是谓败俗之书。有世道之责者，不毅然沙汰而芟锄之，其为世教人心之害也不小。

火不自知其热，水不自知其寒，鹏不自知其大，蚁不自知其小，相忘于所生也。

声无形色，寄之于器；火无体质，寄之于薪；色无着落，寄之草木。故五行惟火无体，而用不穷。

大风无声，湍水无浪，烈火无焰，万物无影。

万物得气之先。

无功而食，雀鼠是已；肆害而食，虎狼是已。士大夫可图诸座右。

熏香莸臭，莸固不可有熏也，是多了底，不如无臭。无臭者，臭之母也。

圣人因蛛而知网罟，蛛非学圣人而布丝也；因蝇而悟作绳，蝇非学圣人而交足也。物者，天能；圣人者，人能。

执火不焦指，轮圆不及下者，速也。

柳炭松弱无力，见火即尽。榆炭稍强，火稍烈。桑炭强，山栗炭更强。皆逼人而耐久。木死成灰，其性自在。

莫向落花长太息，世间何物无终尽。

广喻

内文导读

道理，往往蕴含在天地万物万象当中，所以，天地万物万象对人有着无声的教化，会让人受益匪浅。广喻，就是用很多比喻去阐述道理，而比喻的本体，就是天地万物万象。不得不说，作者在悟理上有很强的体悟，角度新颖，足见作者是一个非常睿智的人。

剑长三尺，用在一丝之铦刃；笔长三寸，用在一端之锐毫，其余皆无用之羡物也。虽然，使剑与笔但有其铦者锐者焉，则其用不可施。则知无用者，有用之资；有用者，无用之施。易牙不能无爨（cuàn）子[①]，欧冶不能无砧手，工输不能无钻厮。苟不能无，则与有用者等也，若之何而可以相病也？

坐井者不可与言一度之天，出而四顾，则始觉其大矣。虽然，云木碍眼，所见犹拘也，登泰山之巅，则视天莫知其际矣。虽然，不如身游八极之表，心通九垓之外。天在胸中如太仓一粒，然后可以语通达之识。

着味非至味也，故玄酒为五味先；着色非至色也，故太素为五色主；着象非至象也，故无象为万象母；着力非至力也，故大块载万物而不负；

---

① 爨子：烧水用的器具。这里指灶下帮厨之人。

着情非至情也，故太清生万物而不亲；着心非至心也，故圣人应万事而不有。

凡病人面红如赭、发润如油者不治，盖萃一身之元气血脉尽于面目之上也。呜呼！人君富四海，贫可以惧矣。

有国家者，厚下恤民，非独为民也。譬之于墉，广其下，削其上，乃可固也；譬之于木，溉其本，剔其末，乃可茂也。夫墉未有上丰下狭而不倾，木未有露本繁末而不毙者。可畏也夫！

天下之势，积渐成之也。无忽一毫舆羽折轴者，积也。无忽寒露寻至坚冰者，渐也。自古天下国家、身之败亡，不出"积渐"二字。积之微渐之始，可为寒心哉！

火之大灼者无烟，水之顺流者无声，人之情平者无语。

风之初发于谷也，拔木走石，渐远而减，又远而弱，又远而微，又远而尽。其势然也。使风出谷也，仅能振叶拂毛，即咫尺不能推行矣。京师号令之首，纪法不可以不振也。

背上有物，反顾千万转而不可见也，遂谓人言不可信，若必待自见，则无见时矣。

人有畏更衣之寒而忍一岁之冻，惧一针之痛而甘必死之疡者。一劳永逸，可与有识者道。

齿之密比，不嫌于相逼，固有故也。落而补之，则觉有物矣。夫惟固有者多不得，少不得。

婴珠佩玉，服锦曳罗，而饿死于室中，不如丐人持一升之粟。是以明王贵用物，而诛尚无用者。

元气已虚，而血肉未溃，饮食起居不甚觉也，一旦外邪袭之，溘然死矣。不怕千日怕一旦，一旦者，千日之积也。千日可为，一旦不可为矣。故慎于千日，正以防其一旦也。有天下国家者，可惕然惧矣。

以果下车驾骐骥，以盆池水养蛟龙，以小廉细谨绳英雄豪杰，善官人者笑之。

水千流万派，始于一源，木千枝万叶，出于一本；人千酬万应，发于一心；身千病万症，根于一脏。眩于千万，举世之大迷也；直指原头，智者之独见也。故病治一，而千万皆除；政理一，而千万皆举矣。

水、签、灯烛、日月、眼，世间惟此五照，宜谓五明。

毫厘之轻，斤钧之所藉以为重者也；合勺之微，斛斗之所赖以为多者也；分寸之短，丈尺之所需以为长者也。

人中黄之秽，天灵盖之凶，人人畏恶之矣。卧病于床，命在须臾，片脑苏合，

玉屑金泊，固有视为无用之物，而惟彼之岖岖者，时有所需也。胶柱用人于缓急之际，良可悲矣！

长戟利于锥，而戟不可以为锥；猛虎勇于狸，而虎不可以为狸。用小者无取于大，犹用大者无取于小，二者不可以相诮也。

夭乔之物利于水泽，土燥烈，天旱干，固枯槁矣。然沃以卤水则黄，沃以油浆则病，沃以沸汤则死，惟井水则生，又不如河水之王。虽然，倘浸渍汪洋，泥淖经月，惟水物则生，其他未有不死者。用恩顾不难哉！

鉴不能自照，尺不能自度，权不能自称，囿于物也。圣人则自照、自度、自称，成其为鉴、为尺、为权，而后能妍媸长短，轻重天下。

冰凌烧不熟，石沙蒸不黏。

火性空，故以兰麝投之则香，以毛骨投之则殠；水性空，故烹茶则清苦，煮肉则腥膻，无我故也。无我故能物物，若自家有一种气味，杂于其间则物矣。物与物交，两无宾主，同归于杂。如煮肉于茶，投毛骨于兰麝，是谓浑淆驳杂。物且不物，况语道乎？

大车满载，蚊蚋千万集焉，其去其来，无加于重轻也。

苍松古柏与夭桃秾李争妍，重较鸾镳①（biāo）与冲车猎马争步，岂直不能？亦可丑矣。

射之不中也，弓无罪，矢无罪，鹄无罪；书之弗工也，笔无罪，墨无罪，纸无罪。

锁钥各有合，合则开，不合则不开。亦有合而不开者，必有所以合而不开之故也。亦有终日开，偶然抵死不开，必有所以偶然不开之故也。万

---

① 鸾镳：镳，马嚼子两端露出嘴外的部分。借指鸾驾。

事必有故，应万事必求其故。

　　窗间一纸，能障拔木之风；胸前一瓠，不溺拍天之浪。其所托者然也。

　　人有馈一木者，家僮曰："留以为梁。"余曰："木小不堪也。"僮曰："留以为栋。"余曰："木大不宜也。"僮笑曰："木一也，忽病其大，又病其小。"余曰："小子听之，物各有宜用也，言各有攸当也，岂惟木哉？"他日为余生炭满炉烘人。余曰："太多矣。"乃尽湿之，留星星三二点，欲明欲灭。余曰："太少矣。"僮怨曰："火一也，既嫌其多，又嫌其少。"余曰："小子听之，情各有所适也，事各有所量也，岂惟火哉？"

　　海投以污秽，投以瓦砾，无所不容；取其宝藏，取其生育，无所不与。广博之量足以纳，触忤而不惊；富有之积足以供采取而不竭。圣人者，万物之海也。

　　镜空而无我相，故照物不爽分毫。若有一丝痕，照人面上便有一丝；若有一点瘢，照人面上便有一点，差不在人面也。心体不虚，而应物亦然。故禅家尝教人空诸有，而吾儒惟有喜怒哀乐未发之中，故有发而中节之和。

　　人未有洗面而不闭目，撮红而不虑手者，此犹爱小体也。人未有过檐滴而不疾走，践泥涂而不揭足者，此直爱衣履耳。七尺之躯顾不如一履战？乃沉之滔天情欲之海，拼于焚林暴怒之场，粉身碎体甘心焉而不顾，悲夫！

　　恶言如鸱枭之叫，闲言如燕雀之喧，正言如狻猊之吼，仁言如鸾凤之鸣。以此思之，言可弗慎与？

　　左手画圆，右手画方，是可能也。鼻左受香，右受恶；耳左听丝，右听竹；目左视东，右视西，是不可能也。二体且难分，况一念而可杂乎？

　　掷发于地，虽乌获不能使有声；投核于石，虽童子不能使无声。人岂

能使我轻重哉？自轻重耳。

泽潞之役，余与僚友并肩舆。日莫矣，僚友问舆夫："去路几何？"曰："五十里。"僚友怃然。少间又问："尚有几何？"曰："四十五里。"如此者数问，而声愈厉，意迫切不可言，甚者怒骂。余少憩车中，既下车，戏之曰："君费力如许，到来与我一般。"僚友笑曰："余口津且竭矣，而咽若火，始信兄讨得便宜多也。"问卜筮者亦然。天下岂有儿不下迫而强自催生之理乎？大抵皆揠苗之见也。

进香叫佛某不禁，同僚非之。余怃然曰："王道荆榛而后蹊径多。彼所为诚非善事，而心且福利之，为何可弗禁？所赖者缘是以自戒，而不敢为恶也。故岁饥不禁草木之实，待年丰彼自不食矣。善乎？孟子之言曰：'君子反经而已矣'。'而已矣'三字，旨哉妙哉！涵蓄多少趣味！"

日食脍炙者，日见其美，若不可一日无。素食三月，闻肉味只觉其腥矣。今与脍炙人言腥，岂不讶哉？

钩吻、砒霜也都治病，看是甚么医手。

家家有路到长安，莫辨东西与南北。

一薪无焰，而百枝之束燎原；一泉无渠，而万泉之会溢海。

钟一鸣，而万户千门有耳者莫不入其声，而声非不足。使钟鸣于百里无人之野，无一人闻之，而声非有余。钟非人人分送其声而使之入人人，非取足于钟之声以盈吾耳，此一贯之说也。

未有有其心而无其政者，如渍种之必苗，蓺兰之必香；未有无其心而有其政者，如塑人之无语，画鸟之不飞。

某尝与友人论一事，友人曰："我胸中自有权量。"某曰："虽妇人孺子未尝不权量，只怕他大斗小秤。"

齁齁^① 惊邻而睡者不闻，垢污满背而负者不见。

爱虺蝮而抚摩之，鲜不受其毒矣；恶虎豹而搏之，鲜不受其噬矣。处小人在不远不近之间。

玄奇之疾，医以平易。英发之疾，医以深沉；阔大之疾，医以充实。

不远之复，不若未行之审也。

千金之子非一日而贫也。日朘月削，损于平日而贫于一旦，不咎其积，而咎其一旦，愚也。是故君子重小损，矜细行，防微敝。

上等手段用贼，其次拿贼，其次躲着贼走。

曳新履者，行必择地。苟择地而行，则履可以常新矣。

被桐以丝，其声两相藉也。道不孤成，功不独立。

坐对明灯，不可以见暗，而暗中人见对灯者甚真。是故君子贵处幽。

无涵养之功，一开口动身便露出本相，说不得你有灼见真知；无保养之实，遇外感内伤依旧是病人，说不得你有真传口授。

磨墨得省身克己之法，膏笔得用人处事之法，写字得经世宰物之法。

不知天地观四时，不知四时观万物。四时分成是四截，总是一气呼吸，譬如釜水寒温热凉，随火之有无而变，不可谓之四水。万物分来是万种，总来一气熏陶，譬如一树花，大小后先，随气之完欠而成，不可谓之殊花。

阳主动，动生燥，有得于阳，则祖裼可以卧冰雪，阴主静，静生寒，有得于静，则盛暑可以衣裘褐。君子有得于道，焉往如不裕如哉？外若可挠，必内无所得者也。

或问："士希贤，贤希圣，圣希天，何如？"曰："体味之不免有病。

---

① 齁齁：打鼾声。形容熟睡。

士贤圣皆志于天，而分量有大小，造诣有浅深者也。譬之适长安者，皆志于长安，其行有疾迟，有止不止耳。若曰：跬步者希百里，百里者希千里，则非也。故造道之等，必由贤而后能圣，志之所希，则合下便欲与圣人一般。"

言教不如身教之行也，事化不如意化之妙也。事化信，信则不劳而教成；意化神，神则不知而俗变。螟蛉语生，言化也。鸟孚生，气化也。鳖思生，神化也。

天道渐则生，骤则杀。阴阳之气皆以渐，故万物长养而百化昌遂。冬燠则生气散，夏寒则生气收，皆骤也。故圣人举事，不骇人听闻。

只一条线，把紧要机括提掇得醒，满眼景物都生色，到处鬼神都响应。

一法立而一弊生，诚是，然因弊生而不立法，未见其为是也。夫立法以禁弊，犹为防以止水也，堤薄土疏而乘隙决溃诚有之矣，未有因决而废防者。无弊之法，虽尧、舜不能。生弊之法亦立法者之拙也。故圣人不苟立法，不立一事之法，不为一切之法，不惩小弊而废良法，不为一对之弊而废可久之法。

庙堂之上最要荡荡平平，宁留有余不尽之意，无为一着快心之事。或者不然予言，予曰："君见悬坠乎？悬坠者，以一线系重物，下垂往来不定者也。当两壁之间，人以一手撼之，撞于东壁重则反于西壁亦重，无撞而不反之理，无撞重而反轻之理，待其定也，中悬而止。君快于东壁之一撞，而不虑西壁之一反乎？国家以无事为福，无心处事，当可而止，则无事矣。

地以一气嘘万物，而使之生，而物之受其气者，早暮不同，则物之性殊也，气无早暮，夭乔不同，物之体殊也，气无夭乔，甘苦不同，物之味殊也，气无甘苦，红白不同，物之色殊也，气无红白，荣悴不同，物之禀遇殊也，气无荣悴。尽吾发育之力，满物各足之分量；顺吾生植之道，听其取足之多寡，如此而已。圣人之治天下也亦然。

口塞而鼻气盛，鼻塞而口气盛，鼻口俱塞，胀闷而死。治河者不可不知也。故欲其力大而势急，则塞其旁流，欲其力微而势杀也，则多其支派，欲其蓄积而有用也，则节其急流。治天下之于民情也亦然。

木钟撞之也有木声，土鼓击之也有土响，未有感而不应者也，如何只是怨尤？或曰："亦有感而不应者。"曰："以发击鼓，以羽撞钟，何应之有？"

四时之气，先感万物，而万物应。所以应者何也？天地万物一气也。故春感而粪壤气升，雨感而础石先润，磁石动而针转，阳燧映而火生，况有知乎？格天动物，只是这个道理。

积衰之难振也，如痿人之不能起。若久痿，须补养之，使之渐起，若新痿，须针砭之，使之骤起。

器械与其备二之不精，不如精其一之为约。二而精之，万全之虑也。

我之子我怜之，邻人之子邻人怜之，非我非邻人之子，而转相鞠育，则不死为恩矣。是故公廨不如私舍之坚，驿马不如家骑之肥，不以我有视之也。苟扩其无我之心，则垂永逸者。不惮今日之一劳，惟民财与力之可惜耳，奚必我居也？怀一体者，当使刍牧之常足，惟造物生命之可悯耳，奚必我乘也？呜呼！天下之有我久矣，不独此一二事也。学者须要打破这藩篱，才成大世界。

胾炙之处，蝇飞满几，而太羹玄酒不至。胾炙日增，而欲蝇之集太羹玄酒，虽驱之不至也。胾炙彻而蝇不得不趋于太羹玄酒矣。是故返朴还淳，莫如崇俭而禁其可欲。

驼负百钧，蚁负一粒，各尽其力也，象饮数石，鼷①（xī）饮一勺，各充其量也。君子之用人，不必其效之同，各尽所长而已。

古人云："声色之于以化民，末也。"这个末，好容易底。近世声色不行，动大声色，大声色不行，动大刑罚，大刑罚才济得一半事，化不化全不暇理会。常言三代之民与礼教习，若有奸宄然后丽刑，如腹与菽粟，偶一失调，始用药饵。后世之民与刑罚习，若德化不由，日积月累，如孔子之"三年"，王者之"必世"，骤使欣然向道，万万不能。譬之刚肠硬腹之人，服大承气汤三五剂始觉，而却以四物，君子补之，非不养人，殊与疾悖，而反生他症矣。却要在刑政中兼德礼，则德礼可行，所谓兼攻兼补，以攻为补，先攻后补，有宜攻有宜补，惟在剂量。民情不拂不纵始得，噫！可与良医道。

得良医而挠之，与委庸医而听之，其失均。

以莫邪授婴儿而使之御虏，以繁弱授蒙瞍而使之中的，其不胜任，授者之罪也。

道途不治，不责妇人，中馈不治，不责仆夫。各有所官也。

齐有南北官道汙下者里余，雨多行潦，行者不便则傍西踏人田行，行数日而成路。田家苦之，断以横墙，十步一堵，堵数十焉，行者避墙更西，踏田愈广，数日又成路。田家无计，乃蹲田边且骂且泣，欲止欲讼，而无如多人何也。或告之曰："墙之所断，已成弃地矣。胡不仆墙而使之通，犹得省于墙之更西者乎？"予笑曰："更有奇法，以筑墙之土垫道，则道平矣。道平人皆由道，又不省于道之西者乎？安用墙为？"越数日道成，道

①鼷：一种小老鼠，亦称"耳鼠"。一说就是小家鼠。

傍无一人迹矣。

瓦砾在道，过者皆弗见也，裹之以纸，人必拾之矣，十袭而椟之，人必盗之矣。故藏之，人思亡之，掩之，人思捡之；围之，人思窥之；障之，人思望之，惟光明者不令人疑。故君子置其身于光天化日之下，丑好在我，我无饰也，爱憎在人，我无与也。

稳桌脚者于平处着力，益甚其不平。不平有二：有两隅不平，有一隅不平。于不少处着力，必致其敧斜。

极必反，自然之势也。故绳过绞则反转，掷过急则反射。无知之物尚尔，势使然也。

是把钥匙都开底锁，只看投簧不投簧。

蜀道不难，有难于蜀道者，只要在人得步。得步则蜀道若周行，失步则家庭皆蜀道矣。

未有冥行疾走于断崖绝壁之道而不倾跌者。

张敬伯常经山险，谓余曰，"天下事常震于始，而安于习。某数过栈道，初不敢移足，今如履平地矣。"余曰："君始以为险，是不险；近以为不险，却是险。"

君子之教人也，能妙夫因材之术，不能变其各具之质。譬之地然，发育万物者，

其性也，草得之而为柔，木得之而为刚，不能使草之为木，而木之为草也。是故君子以人治人，不以我治人。

无星之秤，公则公矣，而不分明，无权之秤，平则平矣，而不通变。君子不法焉。

羊肠之隘，前车覆而后车协力，非以厚之也。前车当关，后车停驾，匪惟同缓急，亦且共利害。为人也，而实自为也。呜呼！士君子共事而忘人之急，无乃所以自孤也夫？

万水自发源处入百川，容不得，入江、淮、河、汉，容不得，直流至海，则浩浩恢恢，不知江、淮几时入，河、汉何处来，兼收而并容之矣。闲杂懊恼，无端谤讟①（dú），傥来横逆，加之众人，不受，加之贤人，不受，加之圣人，则了不见其辞色，自有道以处之。故圣人者，疾垢之海也。

两物交必有声，两人交必有争。有声，两刚之故也。两柔则无声，一柔一刚亦无声矣。有争，两贪之故也。两让则无争，一贪一让亦无争矣。抑有进焉，一柔可以驯刚，一让可以化贪。

石不入水者，坚也，磁不入水者，密也。人身内坚而外密；何外感之能入？物有一隙，水即入一隙，物虚一寸，水即入一寸。

人有兄弟争长者，其一生于甲子八月二十五日，其一生于乙丑二月初三日。一曰："我多汝一岁。"一曰："我多汝月与日。"不决，讼于有司，有司无以自断，曰："汝两人者，均平不相兄，更不然，递相兄可也。"

挞人者梃也，而受挞者不怨梃，杀人者刃也，而受杀者不怨刃。

人间等子多不准，自有准等儿，人又不识。我自是定等子底人，用底

---

① 讟：怨恨。

是时行天平法马。

颈擎一首，足荷七尺，终身由之而不觉其重，固有之也。使他人之首枕我肩，他人之身在我足，则不胜其重矣。

不怕炊不熟，只愁断了火。火不断时，炼金煮砂可使为水作泥。而今冷灶清锅，却恁空忙作甚？

王酒者，京师富店也。树百尺之竿揭，金书之帘，罗玉相之器，绘五楹之室，出十石之壶，名其馆曰"五美"，饮者争趋之也。然而酒恶，明日酒恶之名遍都市。又明日，门外有张罗者。予叹曰："嘻！王酒以'五美'之名而彰一恶之实，自取穷也。夫京师之市酒者不减万家，其为酒恶者多矣，必人人尝之，人人始知之，待人人知之，已三二岁矣。彼无所表著以彰其恶，而饮者亦无所指记以名其恶也，计所获视王酒亦百倍焉。朱酒者，酒美亦无所表著，计所获视王酒亦百倍焉。"或曰："为酒者将掩名以售其恶乎？"曰："二者吾不居焉，吾居朱氏。夫名为善之累也，故藏修者恶之。彼朱酒者无名，何害其为美酒哉？"

有脍炙于此，一人曰咸，一人曰酸，一人曰淡，一人曰辛，一人曰精，一人曰粗，一人曰生，一人曰熟，一人曰适口，未知谁是。质之易牙而味定矣。夫明知易牙之知味，而未必己口之信从，人之情也。况世未必有易牙，而易牙又未易识，识之又来必信从已。呜呼！是非之难一久矣。

余燕服长公服少许，余恶之，令差短焉。或曰："何害？"余曰："为下者出其分寸长，以形在上者之短，身之灾也，害孰大焉？"

水至清不掩鱼鲕（ér）之细，练至白不藏蝇点之缁。故"清白"二字，君子以持身则可，若以处世，道之贼而祸之薮也。故浑沦无所不包，幽晦无所不藏。

一人入饼肆，问："饼直几何？"馆人曰："饼一钱一。"食数饼矣，钱如数与之，馆人曰："饼不用面乎？应面钱若干。"食者曰，"是也。"与之，又曰："不用薪水乎？应薪水钱若干。"食者曰："是也。"与之。又曰："不用人工为之乎？应工钱若干。"食者曰，"是也。"与之。归而思于路曰："吾愚也哉！出此三色钱，不应又有饼钱矣。"

一人买布一匹，价钱百五十，令染人青之，染人曰："欲青，钱三百。"既染矣，逾年而不能取，染人牵而索之曰："若负我钱三百，何久不与？吾讼汝。"买布者惧，跽而恳之曰："我布值已百五十矣，再益百五十，其免我乎？"染人得钱而释之。

无盐而脂粉，犹可言也，西施而脂粉，不仁甚矣。

昨见一少妇行哭甚哀，声似贤节，意甚怜之。友人曰："子得无视妇女乎？"曰："非视也，见也。大都广衢之中，好丑杂沓，情态缤纷，入吾目者千般万状，不可胜数也，吾何尝视？吾何尝不见？吾见此妇亦如不可胜数者而已。夫能使聪明不为所留，心志不为所引，如风声日影然，何害其为见哉？子欲入市而闭目乎？将有所择而见乎？虽然，吾犹感心也，见可恶而恶之，见可哀而哀之，见可好而好之。虽惰性之正犹感也，感则人，无感则天。感之正者圣人，感之杂者众人，感之邪者小人。君子不能无感，慎其所以感之者。此谓动处试静，乱中见治，工夫效验都在这里。"

尝与友人游囿，品题众芳，渠以艳色浓香为第一。余曰："浓香不如清香，清香不若无香之为香，艳色不如浅色，浅色不如白色之为色。友人曰："既谓之花，不厌浓艳矣。"余曰："花也，而能淡素，岂不尤难哉？若松柏本淡素，则不须称矣。"

服砒霜巴豆者，岂不得肠胃一时之快？而留毒五脏，以贼元气，病者暗受而不知也。养虎以除豺狼，豺狼尽而虎将何食哉？主人亦可寒心矣。是故梁冀去而五侯来，宦官灭而董卓起。

以佳儿易一跛子，子之父母不从，非不辨美恶也，各有所爱也。

一人多避忌，家有庆贺，一切尚红而恶素。客有乘白马者，不令入厩。闲有少年面白者，善谐谑，以朱涂面入，主人惊问，生曰："知翁之恶素也，不敢以白面取罪。"满座大笑，主人愧而改之。

有过彭泽者，值盛夏风涛拍天，及其反也，则隆冬矣，坚冰可履。问旧馆人："此何所也？"曰："彭泽。"怒曰："欺我哉！吾始过彭泽可舟也，而今可车。始也水活泼，而今坚结，无一似昔也，而君曰彭泽，欺我哉！"

人有夫妇将他出者，托仆守户。爱子在床，火延寝室。及归，妇人震号，其夫环庭追仆而杖之。当是时也，汲水扑火，其儿尚可免与！

发去木一段，造神椟一，镜台一，脚桶一。锡五斤，造香炉一，酒壶一，溺器一。此造物之象也。一段之木，五斤之锡，初无贵贱荣辱之等，赋界之初无心，而成形之后各殊，造物者亦不知莫之为而为耳。木造物之不还者，贫贱忧戚，当安于有生之初，锡造物之循环者，富贵福泽，莫恃为固有之物。

某尝入一富室，见四海奇珍山积，曰："某物予取诸蜀，某物予取诸越，不远数千里，积数十年以有今日。"谓予："公有此否？"曰："予性无所嗜，设有所嗜，则百物无足而至前。"问："何以得此？"曰："我只是积钱。"

弄潮于万层波面，进步于百尺竿头。

人之手无异于己之手也，腋肋足底，己摸之不痒，而人摸之则痒。补之齿不大于己之齿也，己之齿不觉塞，而补之齿觉塞。

四脚平稳不须又加榰①（zhī）垫。

只见倒了墙，几曾见倒了地。

无垢子浴面，拭之以巾，既而洗足，仍以其巾拭之。弟子曰：舛矣，先生之用物也，即不为物分清浊，岂不为身分贵贱乎？"无垢子曰："嘻！汝何太分别也。足未濯时，面洁于足；足既濯时，何殊于面？面若不浴，面同于足，洁足污面，孰贵孰贱？"予谓弟子曰："此禅宗也。分别与不分别，此孔、释之所以殊也。"

两家比舍而居，南邻墙颓，北邻为之涂墍丹垩而南邻不归德，南邻失火，北邻为之焦头烂额而南邻不谢劳。

---

① 榰：支撑。

喜者大笑，而怒者亦大笑；哀者痛哭，而乐者亦痛哭；欢畅者歌，而忧思者亦歌；逃亡者走，而追逐者亦走。岂可以形论心哉。

抱得不哭孩儿易，抱得孩儿不哭难。

疥癣虽小疾，只不染在身上就好。一到身上，难说是无病底人。

一滴多于一斝（jiǎ），一分长似一寻，谁谓细微可忽？死生只系滴分。

四板筑墙，下面仍为上面；两杆推磨，前头即是后头。

白花菜，掐不尽，一股挕十头，一夜生三寸。

钻脑既滑忙扯索，轧头才转紧蹬杆。

谁见八珍能半饱，我欲一捷便收兵。

水银岂可荡漾，沐猴更莫教调。

赋蚕一联：苟丝纶之既尽，虽鼎镬其奚辞。

咏舆夫一联：倒垂背上珍珠树，高起肩头玛瑙峰。

词章

词章同"辞章"，诗文的总称，语出韩愈《柳子厚墓志铭》"居闲益自刻苦，务记览，为词章"。作者在本章阐述的是诗文之道。在谈论文章立意、作文技巧中，不仅透露出作者的作文观，是文以载道的实践者，更透露出他忠贤正直的个性和充满正能量的人生态度。

"六经"之文不相师也，而后世不敢轩轾。后之为文者，吾惑矣。拟韩临柳，效马学班，代相祖述，窃其糟粕，谬矣。夫文以载道也，苟文足以明道，谓吾之文为"六经"可也。何也？与"六经"不相叛也。否则，发明申、韩之学术，饰以"六经"之文法，有道君子以之覆瓿（bù）矣。

诗、词、文、赋，都要有个忧君爱国之意，济人利物之心，春风舞雩之趣，达天见性之精；不为赘言，不袭余绪，不道鄙迂，不言幽僻，不事刻削，不徇偏执。

一先达为文，示予令改之，予谦让。先达曰："某不护短，即令公笑我，只是一人笑。若为我回护，是令天下笑也。"予极服其诚，又服其智。嗟夫！恶一人面指，而安受天下之背笑者，岂独文哉？岂独一二人哉？观此可以悟矣。

议论之家，旁引根据，然而，据传莫如据经，据经莫如据理。

古今载籍之言率有七种：一曰天分语。身为道铸，心是理成，自然而然，毫无所为，生知安行之圣人。二曰性分语。理所当然，职所当尽，务满分量，毙而后已，学知利行之圣人。三曰是非语。为善者为君子，为恶者为小人，以劝贤者。四曰利害语。"作善降之百祥，作不善降之百殃"，以策众人。五曰权变语。托词画策以应务。六曰威令语。五刑以防淫。七曰无奈语。五兵以禁乱。此语之外，皆乱道之谈也，学者之所务辨也。

疏狂之人多豪兴，其诗雄，读之令人洒落，有起懦之功。清逸之人多芳兴，其诗俊，读之令人自爱，脱粗鄙之态。沉潜之人多幽兴，其诗淡，读之令人寂静，动深远之思。冲淡之人多雅兴，其诗老，读之令人平易，消童稚之气。

愁红怨绿，是儿女语，对白抽黄，是骚墨语，叹老嗟卑，是寒酸语，慕膻附腥，是乞丐语。

艰语深辞，险句怪字，文章之妖而道之贼也，后学之殃而木之灾也。路本平，而山溪之，日月本明，而云雾之。无异理，有异言，无深情，有深语。是人不诛，而是书不焚，有世教之责者之罪也。若曰其人学博而识深，意奥而语奇，然则孔、孟之言浅鄙甚矣。

圣人不作无用文章，其论道则为有德之言，其论事则为有见之言，其叙述歌咏则为有益世教之言。

真字要如圣人燕居，危坐端庄而和气自在，草字要如圣人应物，进退存亡，辞受取予，变化不测，因事异施而不失其中。要之同归于任其自然，不事造作。

圣人作经，有指时物者，有指时事者，有指方事者，有论心事者，当

时精意与身往矣。话言所遗，不能写心之十一，而儒者以后世之事物，一己之意见度之，不得则强为训诂。呜呼！汉宋诸儒不生，则先圣经旨后世诚不得十一，然以牵合附会而失其自然之旨者，亦不少也。

圣人垂世则为持衡之言，救世则有偏重之言。持衡之言达之天下万世者也，可以示极，偏重之言因事因人者也，可以矫枉。而不善读书者，每以偏重之言垂训，乱道也夫！诬圣也夫！

言语者，圣人之糟粕也。圣人不可言之妙，非言语所能形容。汉宋以来，解经诸儒泥文拘字，破碎牵合，失圣人天然自得之趣，晦天下本然自在之道，不近人情，不合物理，使后世学者无所适从。且其负一世之高名，系千古之重望，遂成百世不刊之典。后学者岂无千虑一得，发前圣之心传，而救先儒之小失？然一下笔开喙，腐儒俗士不辨是非，噬指而惊，掩口而笑，且曰："兹先哲之明训也，安得妄议？"噫！此诚信而好古之义也。泥传离经，勉从强信，是先儒阿意曲从之子也。昔朱子将终，尚改《诚意》注说，使朱子先一年而卒，则《诚意章》必非精到之语；使天假朱子数年，所改宁止《诚意章》哉？

圣人之言，简淡明直中有无穷之味，大羹玄酒也；贤人之言，一见便透，而理趣充溢，读之使人豁然，脍炙珍羞也。

圣人终日信口开阖，千言万语，随事问答，无一字不可为训。贤者深沉而思，稽留而应，平气而言，易心而语，始免于过。出此二者，而恣口放言，皆狂迷醉梦语也，终日言无一字近道，何以多为？

诗低处在觅故事寻对头，高处在写胸中自得之趣，说眼前见在之景。

自孔子时便说"史不阙文"，又曰"文胜质则史"，把"史"字就作了一"伪"字看。如今读史只看他治乱兴亡，足为法戒，至于是非真伪，总是除外底。譬之听戏文一般，何须问他真假，只是足为感创，便于风化有关。但有一桩可恨处，只缘当真看，把伪底当真，只缘当伪看，又把真底当伪。这里便宜了多少小人，亏枉了多少君子。

诗辞要如哭笑，发乎情之不容已，则真切而有味。果真矣，不必较工拙。后世只要学诗辞，然工而失真，非诗辞之本意矣。故诗辞以情真切、语自然者为第一。

古人无无益之文章，其明道也不得不形而为言，其发言也不得不成而为文。所谓因文见道者也，其文之古今工拙无论。唐宋以来，渐尚文章，然犹以道饰文，意虽非古，而文犹可传，后世则专为文章矣。工其辞语，涣其波澜，炼其字句，怪其机轴，深其意指，而道则破碎支离，晦盲否塞矣，是道之贼也。而无识者犹以文章崇尚之，哀哉！

文章有八要，简、切、明、尽、正、大、温、雅。不简则失之繁冗，不切则失之浮泛，不明则失之含糊，不尽则失之疏遗，不正则理不足以服人，不大则失冠冕之体，不温则暴戾刻削，不雅则鄙陋浅俗。庙堂文要有天覆地载，山林文要有仙风道骨，征伐文要有吞象食牛，奏对文要有忠肝义胆。诸如此类，可以例求。

学者读书只替前人解说，全不向自家身上照一照。譬之小郎替人负货，努尽筋力，觅得几文钱，更不知此中是何细软珍重。

《太玄》虽终身不看亦可。

自乡举里选之法废，而后世率尚词章。唐以诗赋求真才，更为可叹。宋以经义取士，而我朝因之。夫取士以文，已为言举人矣。然犹曰：言，心声也。因文可得其心，因心可知其人。其文爽亮者，其心必光明，而察其粗浅之病；其文劲直者，其人必刚方，而察其豪悍之病；其文藻丽者，